中国近现代稀见史料丛刊【第三辑】

张剑 徐雁平 彭国忠 主编

壬癸避难日志
辛卯年日记

陶兆麒 著

张 霞 整理

凤凰出版社

图书在版编目（CIP）数据

壬癸避难日志　辛卯年日记 / 陶兆麒著 ; 张霞整理.
-- 南京 : 凤凰出版社, 2016.9（2024.10重印）
（中国近现代稀见史料丛刊. 第三辑）
ISBN 978-7-5506-2415-3

Ⅰ. ①壬… Ⅱ. ①陶… ②张… Ⅲ. ①陶兆麒－日记
Ⅳ. ①K825.4

中国版本图书馆CIP数据核字(2016)第188971号

书　　名	壬癸避难日志　辛卯年日记
著　　者	陶兆麒 著　张　霞 整理
责任编辑	李相东
责任监制	程明娇
出版发行	凤凰出版社(原江苏古籍出版社) 发行部电话025-83223462
出版社地址	江苏省南京市中央路165号,邮编:210009
照　　排	南京凯建文化发展有限公司
印　　刷	唐山楠萍印务有限公司 河北省唐山市芦台经济开发区场部
开　　本	880毫米×1230毫米　1/32
印　　张	5.875
字　　数	153千字
版　　次	2016年9月第1版
印　　次	2024年10月第2次印刷
标准书号	ISBN 978-7-5506-2415-3
定　　价	50.00元 (本书凡印装错误可向承印厂调换,电话:022-69381996)

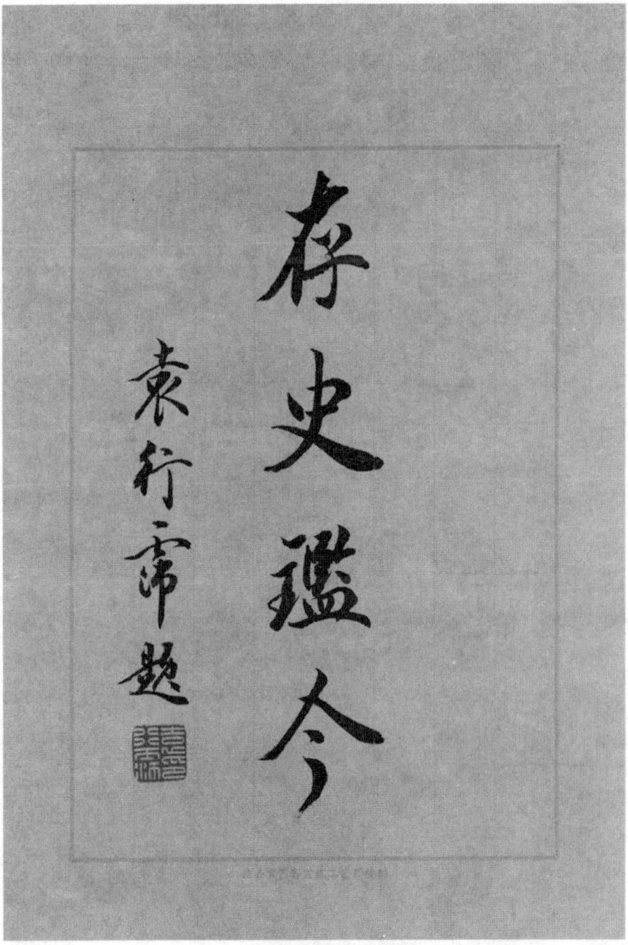

袁行霈先生题辞

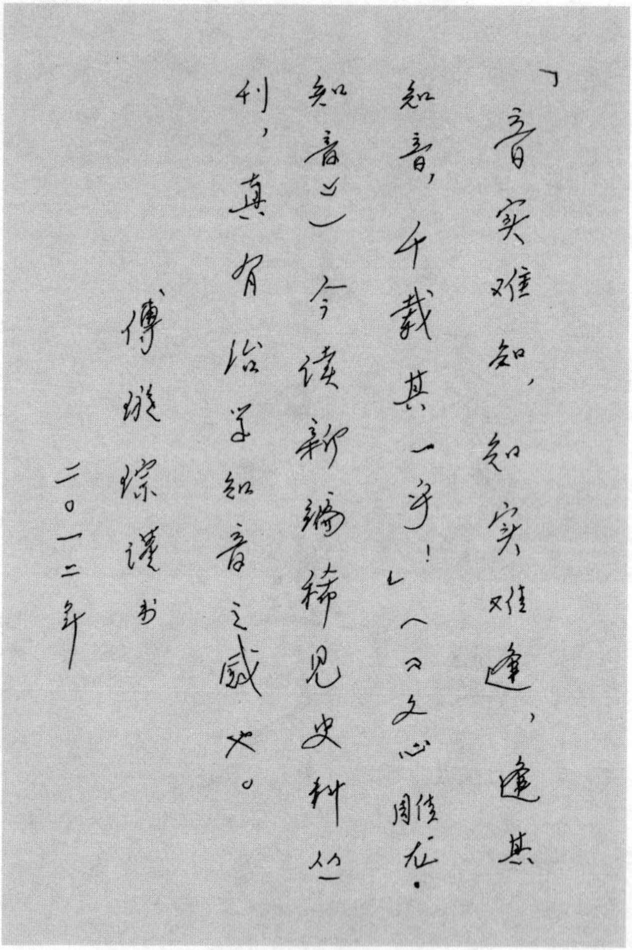
「音实难知，知实难逢，逢其知音，千载其一乎！」（《文心雕龙·知音》）今读新编稀见史料丛刊，真有治学知音之感矣。

傅璇琮谨书

二〇一二年

傅璇琮先生题辞

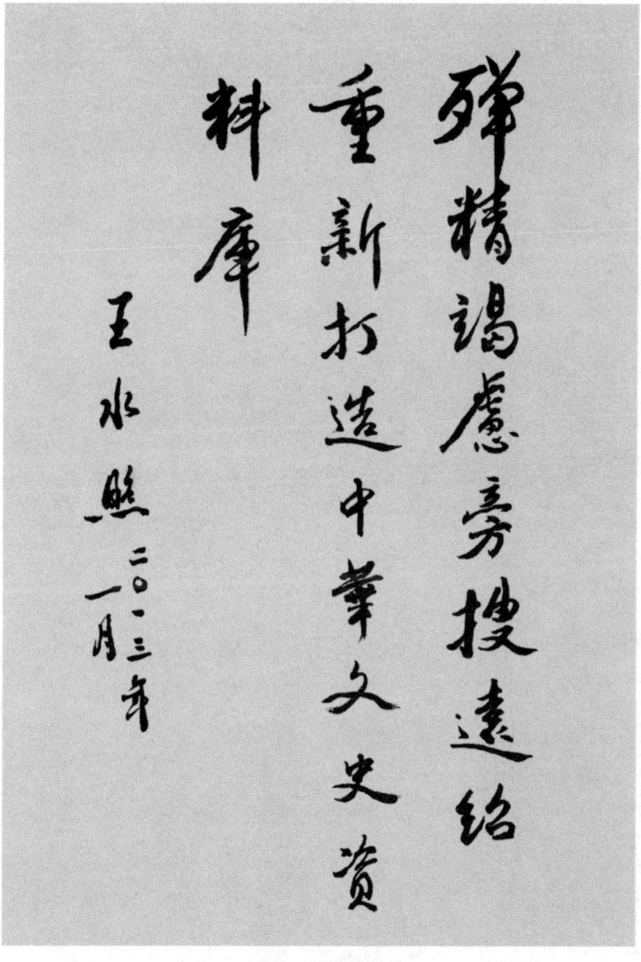

王水照先生题辞

《中国近现代稀见史料丛刊》总序

在世界所有的文明中，中华文明也许可说是“唯一从古代存留至今的文明”（罗素《中国问题》）。她绵延不绝、永葆生机的秘诀何在？袁行霈先生做过很好的总结：“和平、和谐、包容、开明、革新、开放，就是回顾中华文明史所得到的主要启示。凡是大体上处于这种状况的时候，文明就繁荣发展，而当与之背离的时候，文明就会减慢发展的速度甚至停滞不前。”（《中华文明的历史启示》，《北京大学学报》2007 年第 1 期）

但我们也要清醒看到，数千年的中华文明带给我们的并不全是积极遗产，其长时段积累而成的生活方式与价值观具有强大的稳定性，使她在应对挑战时所做的必要革新与转变，相比他者往往显得迟缓和沉重。即使是面对佛教这种柔性的文化进入，也是历经数百年之久才使之彻底完成中国化，成为中华文明的一部分；更不用说遭逢“数千年来未有之变局”、“数千年未有之强敌”（李鸿章《筹议海防折》），“数千年未有之巨劫奇变”（陈寅恪《王观堂先生挽词序》）的中国近现代。晚清至今虽历一百六十余年，但是，足以应对当今世界全方位挑战的新型中华文明还没能最终形成，变动和融合仍在进行。1998 年 6 月 17 日，美国三位前总统（布什、卡特、福特）和二十四位前国务卿、前财政部长、前国防部长、前国家安全顾问致信国会称：“中国注定要在 21 世纪中成为一个伟大的经济和政治强国。”（徐中约著《中国近代史》上册第六版英文版序，香港中文大学 2002 年版）即便如此，我们也不能盲目乐观，认为中华文明已经转型成功，相反，中华文明今天面对的挑战更为复杂和严峻。新型的中华文明到底会怎样呈现,又怎样具体表现或作用于政治、经济、文化等层面,人们还在不断探索。这个问题,我们这一代恐怕无法给出答案。但我们坚信,在历史上曾经灿烂辉煌的中华文明必将凤凰浴火,涅槃重生。这既是数千年已经存在的中华文明发展史告诉我们的经验事实,也是所有为中国文化所化之人应有的信念和责任。

不过,对于近现代这一涉及当代中国合法性的重要历史阶段,我们了解得还过于粗线条。她所遗存下来的史料范围广阔,内容复杂,且有数量庞大且富有价值的稀见史料未被发掘和利用,这不仅会影响到我们对这段历史的全面了解和规律性认识,也会影响到今天中国新型文明和现代化建设对它的科学借鉴。有一则印度谚语如是说:“骑在树枝上锯树枝的时候,千万不要锯自己骑着的那一根。”那么,就让我们用自己的专业知识与能力,为承载和养育我们的中华文明做一点有益的事情——这是我们编纂这套《中国近现代稀见史料丛刊》的初衷。

书名中的“近现代”,主要指1840—1949年这一时段,但上限并非以一标志性的事件一刀切割,可以适当向前延展,然与所指较为宽泛的包含整个清朝的“近代中国”、“晚期中华帝国”又有所区分。将近现代连为一体,并有意淡化起始的界限,是想表达一种历史的整体观。我们观看社会发展变革的波澜,当然要回看波澜如何生,风从何处来;也要看波澜如何扩散,或为涟漪,或为浪涛。个人的生活记录,与大历史相比,更多地显现出生活的连续。变局中的个体,经历的可能是渐变。《丛刊》期望通过整合多种稀见史料,以个体陈述的方式,从生活、文化、风习、人情等多个层面,重现具有连续性的近现代中国社会。

书名中的“稀见”,只是相对而言。因为随着时代与科技的进步,越来越多的珍本秘籍经影印或数字化方式处理后,真身虽仍“稀见”,化身却成为“可见”。但是,高昂的定价、难辨的字迹、未经标点的文本，仍使其处于专业研究的小众阅读状态。况且尚有大量未被影印或数字化的文献，或流传较少，或未被整合，也造成阅读和利用的不便。因此，《丛刊》侧重选择未被纳入电子数据库的文献，尤欢迎整理那些辨识困难、断句费力、裒合不易或是其他具有难度和挑战性的文献，也欢迎整理那些确有价值但被人们习见思维与眼光所遮蔽的文献，在我们看来，这些文献都可属于"稀见"。

书名中的"史料"，不局限于严格意义上的历史学范畴，举凡日记、书信、奏牍、笔记、诗文集、诗话、词话乃至序跋汇编等，只要是某方面能够反映时代政治、经济、文化特色以及人物生平、思想、性情的文献，都在考虑之列。我们的目的，是想以切实的工作，促进处于秘藏、边缘、零散等状态的史料转化为新型的文献，通过一辑、二辑、三辑……这样的累积性整理，自然地呈现出一种规模与气象，与其他已经整理出版的文献相互关联，形成一个丰茂的文献群，从而揭示在宏大的中国近现代叙事背后，还有很多未被打量过的局部、日常与细节；在主流周边或更远处，还有富于变化的细小溪流；甚至在主流中，还有漩涡，在边缘，还有静止之水。近现代中国是大变革、大痛苦的时代，身处变局中的个体接物处事的伸屈、所思所想的起落，藉纸墨得以留存，这是一个时代的个人记录。此中有文学、文化、生活；也时有动乱、战争、革命。我们整理史料，是提供一种俯首细看的方式，或者一种贴近近现代社会和文化的文本。当然，对这些个人印记明显的史料，也要客观地看待其价值，需要与其他史料联系和比照阅读，减少因个人视角、立场或叙述体裁带来的偏差。

知识皆有其价值和魅力，知识分子也应具有价值关怀和理想追求。清人舒位诗云"名士十年无赖贼"（《金谷园故址》），我们警惕袖手空谈，傲慢指点江山；鲁迅先生诗云"我以我血荐轩辕"（《自题小像》），我们愿意埋头苦干，逐步趋近理想。我们没有奢望这套《丛刊》产生宏大的效果，只是盼望所做的一切，能融合于前贤时彦所做的贡献之中，共同为中华文明的成功转型，适当"缩短和减轻分娩的痛苦"

（马克思《资本论》第一卷第一版序言）。

《丛刊》的编纂，得到了诸多前辈、时贤和出版社的大力扶植。袁行霈先生、傅璇琮先生、王水照先生题辞勖勉，周勋初先生来信鼓励，凤凰出版社姜小青总编辑赋予信任，刘跃进先生还慷慨同意将其列入"中华文学史史料学会"重大规划项目，学界其他友好也多有不同形式的帮助……这些，都增添了我们做好这套《丛刊》的信心。必须一提的是，《丛刊》原拟主编四人（张剑、张晖、徐雁平、彭国忠），每位主编负责一辑，周而复始，滚动发展，原计划由张晖负责第四辑，但他尚未正式投入工作即于2013年3月15日赍志而殁，令人抱恨终天，我们将以兢兢业业的工作表达对他的怀念。

《丛刊》的基本整理方式为简体横排和标点（鼓励必要的校释），以期更广泛地传播知识、更好地服务社会。希望我们的工作，得到更多朋友的理解和支持。

2013年4月15日

目　录

前　言

《壬癸避难日志》、《辛卯年日记》作者陶兆麒，生于道光乙巳年(1845)，嘉兴平湖人。《壬癸避难日志》共两卷，写于光绪庚寅年(1890)，记同治壬戌(1862)、癸亥(1863)年间，全家因太平天国战乱而被迫离开平湖县城，在钟溪坟浜、华使浜等地的避难生活。《辛卯年日记》则记光绪辛卯年(1891)全年在平湖县城的生活。

从这两种日记的内容来看，作者出身于士绅家庭，祖上颇具文名，家业丰厚，少时即跟随长辈读书，走科举应试之路。惜多次应乡试，均未能及第。日记多写收授生徒、茶饭烟酒、朋友闲话、同棋博弈等生活琐事。作者在资用匮乏时适当地变卖家产，手头宽裕时考虑重建基业，然而并不能恢复祖辈的盛景，颇有每况愈下之感。这些构成了他生活的基调，也是底层文人普遍的生活状态。使我们能了解这一阶层人群的生活，是这两种日记的首要价值。

在《壬癸避难日志》中，一方面可以看到太平军攻占城池后的建置、举措，另一方面则是战乱带来的杀戮、欺压、饥荒、疾病等民众生存环境。底层文士和普通百姓在战争中的立场、对太平军所持态度，也在日记中表露无遗。

两种日记对当时的物产、物价、习俗有所记录，对民间商业活动也有所涉及，可以从中略窥晚清时期江南地区的经济情况。

作者行文细腻，甚至略有“啰嗦”之嫌，对自己的过失、夫妻矛盾，甚至私密病痛，都详加实录，可见日记的真实性很高。不过，对部分内容反复叙述，整体视野却较为局限，是这两种日记的缺憾。

据笔者翻查,《壬癸避难日志》、《辛卯年日记》并未刊刻流传。上海图书馆藏有稿本,稿本上有作者修改痕迹。今悉据稿本过录、点校,冀有资于研究者阅读、参考。

张 霞

壬癸避难日志

卷之一

壬戌九月廿六日起

壬戌九月廿六日，始至钟溪。将欲到镇，复之坟浜里，以唐姓之在是故也。舟从市河西行，忽见竹园斗俞氏麻子大叔，在镇之港南茶肆中。伊即来问余家欲何往。告以故。伊又云："时晚矣，倘不值唐姓，即到此伊寓可也。"伊即于肆中设一山，如行灶，做些小生意，或有乡人载门窗及木器等物出来，即为之作主人代售。时东路乡人毫无生机，幸有所存，不过此物。然载至镇上，又甚作贱。或有贩至他处者，利恒数倍。一日，余在小猪行里，见一乡人买吉榆椅子一只。问其价，只云制钱八十文足耳。行主用秤秤之，重廿八斤。时树柴卖四百文一担。

向西摇尽市河，遂落□沿途问路。但坟浜去镇已有四里，而且名坟浜者不止一处，必指明闰字圩盛山坟浜，即是矣。当时□实不知，惟专问坟浜，故乡人指来不能清楚。于是连到几处，皆未是。日暮矣，鼓棹中流，莫由自主。行到一处，忽遇一环桥，桥门如镜，暮霭流辉，碧波相映。舟人云："过是桥至大云寺只有三里。"父亲遂使舟人返棹，再行再问。舟人实有所不愿，而怨言不已。余遂责舟人，父亲抑之。及到坟浜，时已黄昏矣。因想在警之时，尝息灯夜行，今则依然燃灯，虽晏犹无妨也。

既登岸，即入唐氏寓。叔母等俱云："日望汝家早来，何以淹留危地竟至若是之久耶?"余家将历遭危境一一述之，闻之者皆咨嗟不已。是晚遂宿于唐氏寓中。余因困顿日久，行步犹未之便，偶一上阶，而若有不能举足者。见之者都窃笑之。余自幼无足力，母亲怜之，抱不释手，而犹不托婢仆。祖母以栗子能补足力，多与食之。年四岁，犹未行也。族中曾叔祖母林氏二太太，尝排齐椅子，教之起步，由是始能行。故余之走路，相传以为二太太所教。及长，趋步固不如人，至是筋骨疲敝，而行步益形其艰。

既到坟浜，舟与人遂将辞去。是舟余家先已租过，曾付租钱数千。其家欲卖此船，结价仅值洋六七元。至是余家又付租钱六千有零，其钱已过舟价，并舟人工钱，共合钱十余千文。租船之钱亦使舟人屠子七观去付，未知七观交付全与不全，余实不知。时余家所带洋银已尽用完，因兑去首饰一件，计得手十八千有奇。约是母亲与姑母去兑，有钱数千，寄在店中，明日余同乡人去取。甫入镇，即至茶肆。有老培者要与我出茶钱，余不愿老培出，老培笑而诺之。因曰："彼读书人固如是也。"余闻之而恧然。自想从幼失学，鄙陋不堪，兹值难途，人犹以读书人目之，遂不禁深自愧叹。复思如若更有读书之日，敢不努力，以补前愆。乃不谓承平以来，溃溃数十年，未尝一日有志于诗书，可知读书人之称，余终有愧焉。老培者，向任唐宦使令，现以赌为业，正合时尚。钟溪及福臻寺俱有老作数十处，皆近贼之人所开。有杨大观者，培之义子也，曾在我叔父店里学过生意者，此刻俱暂依唐宅避难者。

是日余入饭店，食饭两碗。凡入饭店，添饭只须半碗，余以初次，故未知也。食已，只觉气体皆充，精神顿爽。然肩钱二千，已弗能行，乃勉强支持，愈走愈不能胜，不知停其数次。行至三四里，力将欲绝。噫！如此之人，何以处乱世？若使被掳，必死无疑。

余家在唐氏寓中，偶然烧肉，气达于外。醒三闻之，向父亲曰："乞赐嘉肴。"父亲应之。醒三既食，恒赞美不置。盖既感其惠，犹美其味也。时醒三卧病在船，自言病必不起。遂嘱父亲曰："如我死，乞于财〔材〕上书'醒三唐公柩'五字。"

唐氏之到坟浜也，因金妪故也。金妪系叔母之奶娘，故叔母归我叔父，而金妪亦来。而金妪有子曰金五观，亦带在我叔父家。及难至，金妪家固无恙也，故唐氏依之。金妪之似曰闰妪，见余家逃至，遂招余家住其屋。其屋小甚陋甚，然此时即要有所依栖，已为幸甚。

余在难途，饮食或不洁，左手无名指忽起一炮〔泡〕，因廿六日在面馆多食发物，其炮〔泡〕顿长，而手亦肿，痛不能忍。闻外科新溪陆梦萱在此相近，母亲备谢意遣唐氏舟人陆大观同余至彼。陆视之即谓无妨，以刀划之，并不觉痛，放水多许，顿时肿已。用药敷之，加以膏药，只云戒食发物，一二日即愈。因问唐氏近日事。红头扰上海，时西庑率团勇在青阳汇防堵，陆某亦与此事，因之相识。

此闰字圩，系嘉善地界，地属偏僻，故外贼不扰，而踞城之贼亦不苟求，民皆安堵无恐。稻既登场，秋社大兴。一日唐氏所居之屋，中间适作社厂，余寓在后面，仅隔场许路。日间奏乐敬神，乡人饮福，举众若狂。夕间乐师上台说书，乡人环坐而听，欢声动地。余实难人，滥厕其间。缅斯乐境，益不胜其桑梓之思。余家自春及夏，奔波靡定。在陈田居住几时，尤大受惊忧。入秋以来，历投险阻，屡濒于危。岌岌两月间，困于扁舟中，身同涸辙之鱼，心似惊弓之鸟，遁逃无路，托足何从。至是而始克幽栖，惊魂渐定。然资用乏绝，度日艰难，日唯以此为虑。前此自信升平之在即，今日观之，尚须有待。

时江南军已萃于申江，吴下，诸路渐次克复。而左公援浙之师在浙东，声威亦盛，统计大势殆将返矣。惟陷于贼地之人，消息不通，好音莫得。虽有走上海之人，往来不绝，惟计经商，不谈军务。且有近贼顽民，欲张贼势，往往讳言官军事。故余在钟溪一带第见贼迹，正不知何时得见天日。唯是中心摇摇，莫能自主。处境较在陈田稍安，而升平之望似日以远。

余父子在乡无事，仍往近处茶肆消遣。肆中又有烧酒，余方举杯，见其杯甚精细，有“张氏祭器”四字，知是张氏祠中物也。余家瓷器本夥，自乾隆窑上至前明诸名窑，悉种皆备。累世谨藏，不为□用，有为余所不及尽见者。今则一无所存。故在肆中睹是酒器，不能无感予心。肆中又寓一铁匠，携一小儿，日铸田器以为度日也。陆梦萱之子在乡作小生意，日有所得，余将效之而不果。有一嘉善人开油车者，不知其姓，年已七十矣，人尚康健。尝入肆中博戏，仆人每来馈小食。其家资材亦足，举动如意。余家视之，未免相形见绌。回想今春在竹园斗时，举动如愿，诚为旁人所欣羡。乃一转瞬间，而反不如人。俯仰身世，何以堪此。

余家所住之屋小甚，大门间尚出一廊，西偏间连包廊，共六架壁进深，腰作两间，前面筑一两眼灶，所剩余地微几。闰妪有子曰阿弟，年十四五岁。有养媳曰八姑娘，年十七八岁。三人即权于此。后面房里有一床一塌〔榻〕，让于我，权将容膝。较在舟中稍觉宽稳。闰妪知我家惊魂甫定，整顿未遑，遂佐余家操作一切。又知余家日用匮乏，深为之安慰，若设吉人天相之说以为颂。故余家初到坟浜，尚克相安。余发既握，入镇遂不畏贼。特入冬以来天气骤冷，寒衣未得，心窃忧之。

一日，余入镇，见港南白场上木器甚多，见一吉榆床，知是雅言物也。是床雕镂甚巧，由城中运至竹园斗港北之留音堂，今乡人运至此地，盖万不得已。将欲得些手工□耳。然其器大，虽贱犹莫能销。想当时留音所藏之物，均从治后翻来。有数副嫁妆，叠满一厅。被贼匪拣选数次，被乡人拣选数次。今只剩此无用之物，而亦被人运至此地矣。观于是物，顿思前事。庚申之秋，城贼已退，俞氏尽翻木器于留音堂。余家适住东偏，见兰坪太太之嫁妆，悉如我徐氏祖母之妆。同胞姊妹，故嫁妆亦相同。余观之，自思己物之无存，不胜感叹。胡氏祖母闻之，亦深感叹。

在镇遇焕功八叔，知此刻竹园斗亦克少安。诸子佣于他处，伊老人独自上镇。伊本欲会我父亲，余故同伊至家，因言伊子五叔与顾金龙摇船至东镇，船中载许多木器。适遇俞氏念萱，即来查问，疑是伊家物。然此实顾姓所贩，与我无涉。若雅言之物为贼所剩者，都被他人取而卖之，我家实未尝取。总有升平日子，故敢明白言之。父亲遂慰之曰："取物之人，人皆见之，谅念萱在东，亦必不疑汝家。异日倘有言，水落自见石出，请毋虑及此焉。"八叔诚老实人也，闻之而心安。

供伊夜膳，殊不肯食。遂宿于柴堆里。余以衣一件覆之。噫，是即昔日在乡庄避难之夕，解衣衣我之人也。天明食炒米饭，只肯食一碗而止，劝加餐不可。饭后即返。蓉卿五叔渭音之子，焕功之侄也。亦来探我家。见我父子衣服单寒，遂代为之踌躇〔筹措〕不止。因知余家有棉衣，匿在留音堂后翻轩之二椽中，不数日即偕一人携至余家，余父子长短棉衣及棉套裤俱在内，又有被絮两件，并契券一包。余家是冬得以不冻，胥赖此焉。不然无衣无褐，何以卒岁。蓉卿此功，佢不伟哉！是皆我父忠厚待人，获是报耳。

在坟浜数日，惊魂甫定，而冻馁旋加。至是而棉衣着身，只觉体融气壮，举动从容。既免其冻，但虑其馁，由是他无所愿，惟求生计。然此刻谋生实难。不肖年已十八，依然童稚，无处可用。母亲尝曰："我儿惜未学生意，至是徒受苦耳。"噫，人果有能为，虽未学生意，何地不可谋生哉！常见钟溪镇上做生意之俦，大半皆非本业，都是改行。而且滩头众多，发本微几。日有所得，度日绰乎有余。复有失业之人，求人收用者颇多。尝有说我发本合做生意，余迟疑莫决，事遂不果。盖当时各镇生意，实属好做，且无待厚本，多获厚利。余家当时所存首饰，约计可得五六千，所不敢做生意者，以无可托之人在焉。尝念叔父已故，母舅远不相及，遂致此愿终虚。□及母舅当时有做生意之议。而日用实甚匮乏，徒深忧叹耳。时斗米千钱，本洋壹元，仅易米壹斗。而且咸菜及市场各色俱贵。荒地实多，故物产绝少而价日增矣。钟溪一酱园系西路近贼之人所开，物货悉备，价亦贵甚。酱瓜二十文起卖，只重两许。余入镇曾买数次。时西路贩来之冬米为最贵，每石价值十元。东路贩来洋籼亦至六七元。小米子及如如米均百文三升。而蚕豆每升三十余文。余家因资用不给，日食冬米粥两顿，然顿少则食多，每人计食冬米半升。外此粗粝之物，俱未之食，已觉苦无可言。彼食草料者，正不知何以堪。母亲深自刻苦，尝推不肖多食。又尝乞乡人家饭汤，与不肖当茶。房东闰妪，当天寒时，每烧糟汤充饥，总分及于余。食之，觉渐生暖。糟汤，即今之猪食也。食粥时或用干豆付〔腐〕，必于闰妪家求一滴酱，则以为幸甚。鸡蛋值十二文一个，或于乱柴中得之，则亦幸甚。闰妪有媛姣而健，嫁于何姓。何开豆付〔腐〕店，豆付〔腐〕卖来尚公道。付〔腐〕干二文一块，亦尚大。余尝食此充饥。在乡固未能尽饱，一到镇上，则必尽饱而后返。

时坟浜安堵无警，余家居之甚安，而唯虞乏食。又自念既出危区，谅无绝路，幸或有济我者。私心窃计，忧思弥殷。复想余家困厄若此，母舅家厄于新场至危之地。自春徂夏，病实深重，至今音问隔绝，未知若何景象。又想叔祖母家远在暖浜，家无宿铺，食口众多，此刻谅难度日。统计亲戚，同遭厄境，瞻仰升平，尚未有象。一日余在坟浜，自想余家困苦若是，一日两餐几不得全，倘叔祖母家大伯母一旦携幼到此，将如之何。正在思虑，又恍忽若在梦中忆此。不一日，大伯母陆氏果携其二子至矣。噫，余方忆及之时，其即伯母起行之时耶？何其事之默有相感耶？余料事多中，如向斯应，惜乎立心不善，卒多偾事。自暖浜至此，路隔三十里，想伯母不知几费踌躇，万不得已而后为之也。时伯母与我家睽隔已两年有余，难途险阻，未卜存亡。至是相见，各道苦衷。始悉叔祖母已经去世。向尝就食媛家。三姑母适俞仿说，四姑母适周欣斋，五姑母适周艺圃，时同住暖浜。伯母勤十指以佐饔飧。大媛年十六，甚健操作，寄食于乡。二儿月泉年十五，三儿仁甫年十二，均勉能自食其力。五儿梓才年仅五岁，日相啼饥。伯母当庚申七月我屋被焚之候，是儿方三岁。伯母抱之从东埠投河，浮水过港，渐得出险。至是尚在孩提。今伯母所携二子，大即月泉，幼即是梓才也。余见月泉堂弟面有疮痕，形容非昔，似难认识。月泉自生此疮以来，即遭蹇遇，尝自言之。又见戴一白毡帽，盖丁祖母重艰也。时余亦重制未满，从堂弟同在重忧。难途相叙，苦况良多。月泉自言庚申我邑不守之日，曾被贼掳，后从城上缒下，城下伏尸遍地，乃由尸堆中亡命，举趾趟尸，尸腹为穿。乘夜伏尸丛中，久之乃出。此身诚已死而复生也。

伯母之至此也，非欲累及我家，但欲得前此公项中有钱千余文，将以稍濡涸辙。奈我家正值艰难，无以为应。故伯母到此，余诚惶恐。因念若在竹园斗时，虽多奚吝？伯母惜未及之。及父亲自镇上归，见之，不胜慨叹。遂谓此刻余家实甚艰难，将何以应。异日即有生发，即当相奉。又言可惜累年不见，若在今春时候，尚有可商，今则实逼处此，已绝粮矣。言已，满座皆仰首浩叹，涕泪交下。闰妪亦为之动容。伯母自黎明时饥躯附舟抵镇，自镇问路而来。日暮人倦，幼子啼饥，伯母忍饥饮泣，苦何可言。余家有粥半锅，将备晚餐，母亲已杂以清水，犹未炊也。因彼小儿啼泣不止，遂与之食。众亦皆食，顷刻而尽，俱未及饱。

我家因寿贞姑母之被焚而化，诚深憾焉。姑母本依我家避难于竹园斗，至庚申七月初二日，我家赴城祭祀，姑母亦遂入城，依我叔祖母家。乃不数日而城破。姑母本居第四带大堂楼上，是楼最大而高，上有第三层。及难，遂约三太太家小祖姑母雅乡叔祖之妹，大太太家小祖姑母保亭叔祖之次妹也，并八大叔保亭叔祖之侄，八叔祖之子也，年仅八岁，同匿于三层楼上。火发，三太太家小祖姑母从楼上跃下，后仍因伤逝世。我寿贞姑母等同时被焚。伯母在东首内埠涉水，即其楼下也。故言之甚详。余家惨闻及此，痛心奚似。盖此前传闻，每多想象。伯母之言，皆其亲历。故一一言之，实有不忍闻之者。

伯母人甚率直，但性本暴躁，易动于怒，阖宅七八房都不合，与我家不相闻问者已有年，几为我家所不齿，故余亦轻视之。至是伯母实属抱歉，前态悉泯，特以难途困乏，深望救援。父母将勉就，不肖甚为之不平，以为伯母向与我家不克亲逊，今日同在难途，何能相济。遂大肆其不逊之言。母亲止而后已。伯母闻之，为之失色，然亦无可如何，暗受其苦。噫！患难之来，天所以罚不敬也。奈何有躬罹患难，返得逞其逆志，以凌其长上者。乃如之人，正不知罪居何等矣。皇皇伯母，睽违已越两周，不能趋侍，已属非矣，而乃为之不逊若是，其罪又乌可胜道哉！想彼饥躯奔走于三十里外而来，所望甚微，即弗能应，好言相慰，亦足自解，而乃不逊如此，其尚有人心耶？其真豺狼成性耶！而且父母已许勉力，而犹敢见阻耶。噫！其刚愎怪性往往干犯长上而不顾,甚而至于不顺祖母,不顺祖父,竟成为天下之逆子。噫!秉性若是,此其人尚可以为人耶?当患难之际,而偏生如此之人,天罚于是不已,而难总难止也。今日思之,实不知当日之不逊为何耶。无他,戾气感之耳。是以一举一动之间,终不能自平其心。而且乖张之气,每施诸长上,恒因琐细而致母亲大受其气。独至屡遭匪劫,锱重悉散,而未之惜,以为理所当然。说有急难相求,则诚吝而不肯。无论难中,即如承平以来,昏昏数十年中,遇强御,则皆顺受,在戚族,则必锱铢必较。噫!如此之人,人人谁不弃我耶?至今日而稍自知非,已无及矣。因念难中勉力济急之人,迄今家道寝昌,身名俱泰。若在难而偏率其不驯之概,以至于凌尊犯上者,至是如螭魅之见日,形现欲灭,俛首不敢向人。夫亦深悔起曩日之非人。呜呼,其可哀也已。伯母艰难到此,遭是横逆,能无隐痛?幸母亲侍之甚厚,且慰其难终有已。母徒自苦,伯母亦慰我母亲勿忧,二官实有必归之理。既暮,闰妪已将逐客,我家止之。伯母遂止宿于柴舱里,闰妪暗指而言曰:"天甚好,何弗走走?"闰本气人,故谓是言。余闻是言,不胜其忿,将以责妪,幸妪能解,即杂他语以间之,余乃止。盖余之不逊特逞其愎性耳,闰妪亦将效尤,余能弗止之乎。

明日饭毕,余偕月泉弟上镇,父亲已与俞氏麻子大叔借钱一注,命不肖去取。既到镇,即入肆中,麻子大叔果在。借钱事尚未道及,余遂疑其或未就。及彼言晚间可再来转,余乃会其意矣。在镇游览一周,再见麻子大叔,伊即与钱五百文。余即偕月泉弟返舍。

自坟浜至镇,中间有一石梁,即名种田桥。去坟浜里许路,有一石桥,大约是闰山文桥。对桥朝南有一庙,上有"利泽及人"匾一道。从镇上回转,落桥时总见是匾,余故隐隐在心。庙有廊,下正可休息。癸亥春曾有人在此开桑叶行者。父亲拟欲在此设课筒占课,而卒不果。余与月泉一路回来,将及闰山文桥,余忽向月泉云:"余家此刻实甚艰难,若在春间,尚有生发。曾记在戈溪时,与暖浜甚近,惜与汝不遇耳。倘于此时亦住暖浜,则夏秋之难不逢,而费亦能省,贼不能诈。在月圩曾被贼诈洋。奈何计不及此,返投危境,赀材失尽,以至于今日也。"因托言曰:"余家此刻所恃者,姑母家耳。"月泉遂为之嗟叹不已。

途中又言及我弟被掳事，月泉复为之咨嗟叹息，曰："向者二哥在家时，尝言及我家屋果甚大，殊弗能整顿。异日吾侪，设有可为，必得渐次布置，幸甚。其言如昨。今屋既无存，人又未返，此宅尚未知有日兴复否耶。"因在途不胜惆怅。噫！兴复旧宅，我弟自幼即有此志，何以天不从愿，基费成荒，复患于余之破家殆尽，竟使有志者无从藉手。由此观之，天乎人乎？气数之无可如何乎。余于五六岁时，尝自讶家何其贫，屋何其大，瞻仰闬闳，若早知已不能保其屋。幼时恒随母亲居外家，七八岁始恒随父亲居馆里，别处多居，在家转若是客，故东西两宅二百余间房屋中，尚未遍迹。岁时在家，每瞻峻宇之崇深，殊乐瞻望，不胜欣喜。室中虽未尽到，而要皆得悉其大概。自城上总观之，但见衡宇相望，垣墙比接，望之欣然。然心中终以为此屋恐不能久为我有。噫！屋之不存，独于余已先有兆。然则以余之不肖而然乎？而实于此缘尽，故身虽居此，而心犹懔乎若有不敢有是者。余心亦良苦矣，慨自起宇以来，垂五百年，累代保有，阖邑曾不数觏。都人传为美谈。至是宗祠与住宅俱捐，田产与藏书尽弃。不肖忝居冢子，躬际其艰，言念及此，其能已乎？所愿后起有人，旧观再见。既至家，余将其钱与伯母家平分。月泉以为太少，父母乃悉数与之，与伯母洒泪而别，从此与我母不再相见。伯母后住福臻寺相近，日做鞋子，卖钱度日。二子亦日有所得，直至承平尚克无恙。自从伯母之来，愈知难中人之苦，犹有甚于我家者。余家由是更为刻苦。唯余入镇，依然醉饱，不知何以对一路之啼饥者。余每逢上镇，见市梢头破屋里，饿殍遍地，近粥厂之处尤众，衖头墙下无处不有，随扛随到。地方上任事者，皆竭蹶不遑。尝见有两人扛一尸者，亦有两人扛三尸者。尸有小大，故云。尸都口眼不闭，且有幼者少者。扛者或以尸首仰起，余见尸目不闭，犹以为未死也。是皆东南数十里间安分良民，日死不知凡几。伤心惨目，有如是耶。观于钟溪之众家，可知抑唯独钟溪如是，西路各镇更有盛于斯。噫！饿殍载途，从可知藜藿不全者，又不知凡几矣。有心人蒿目时艰，设身处地，实无以安。所异者，忍令饿殍之在途，而镇上酒饭馆中，犹是珍馐满列，肴核纷陈，而饕餮之辈日相餍饫，无论近贼之人如是，而平民中亦复如是。难中作孽之人，至今犹有存者，要皆困顿不堪矣。是皆余所目睹，不能无感于心。故在难惟以不能度日为忧,复想东路难人,不克保聚,相将入西路谋生,然接踵而至者,皆无处容身,随地露宿。况且饥寒交迫,俯仰无依,于斯际也,民者将何以为生耶。是以老弱转乎沟壑,壮者散而佣工于四方,室家相弃,田地皆荒矣。此一种东路难民,始则尽室皆行,继则独存壮者。故东头之人,佣于西头者甚众,皆其壮者也。较诸流离在外,作在途之饿殍,犹以为幸也。噫!甚矣,余所见者,饿殍实多。余所闻者,尚有所存之壮者。然则东路数十里间,所存黎民,亦可知矣。而田于是乎荒,而原〔元〕气于是乎难复矣。余又想难民之死亡枕藉,皆缘在途流离既久,藜藿不充,受尽风寒暑湿,遂至蒸为疾疫,而一病不可复起矣。呜呼哀哉,言之抑岂忍言哉。故余在钟溪时,环顾难人,闵死者之日相积,嗟生者之方荐瘥,目击心伤,弗能自已。复想余家困厄若斯,又不知伊于胡底。我生不辰,逢兹多难,其谁可以自解乎。

坟浜亦有隙地,余种菜数茎,日相浇灌,时葱亦甚贵,几不可得。余亦种一根,望其滋长甚切。在乡无聊,虽及岁寒,草木皆楛,亦尝遍游陇畔,挑野菜凉菜,以佐辛盘。然所得仅不过一二筷。其冢傍阴地,野兽出没之处,或有野蒜,则尝取而食之,其苦况如此。较诸以藜藿杂糠而充饥者,则犹有胜。

余家初到坟浜时,唐氏醒三卧病在船,艰苦异常,故唐氏与西庑之信札,均我父亲代作。醒三病不多时即死,实无人料理,一切化衣裳等事,皆闰妪襄挷〔帮〕。妪诚热心人也。棺财〔材〕仅松板为之,父亲为之书"醒三唐公柩"五字。盖其所托也。时唐宅犹未甚困乏,而其权皆归我叔母。其待醒三可谓薄矣。

未几,唐氏七娘娘之幼媛又殇,不过五六岁。其母哭之甚哀,闻者悲伤。尚存大媛,承平后殇,年仅十二岁。唐氏大娘娘、三娘娘皆无后之人,而三娘娘为西庑所屏〔摒〕弃,在难中妯娌间复不相容,故独自移居在凤桥镇一亲戚家,亦尚相得。唐氏之房东,大约亦是姓金,母子二人,其子阿七,年仅十岁,其母已五旬外,然亦甚健,复勤作纱布。有田一二亩,收谷三四石,母子得以度日。余在难时,自思人若终岁得米二三石，已足无忧矣。恨不能求数亩之田，安我躬耕耳。不谓承平以来，昏昏数十年，弃数百亩之膏腴而弗顾，仍至身为饥躯，欲求数亩躬耕而不可得。清夜自思，不堪回首。阿七之母真有心人，见余气色稍开，起居顺适，遂致我母亲曰："毕竟后生，复原甚易。今幸矣，非若曩时之憔悴，举步犹难上阶也。"余初到坟浜时，因在途艰苦备尝，又权厄于舟中甚久，故筋力疲惫，行路艰难，甚是憔悴。至是气体渐充，举动自若，前态顿改矣。噫！世乱年荒，人皆菜色，而余独气体渐充，是诚怠惰性成，处患难而忘忧虑，复恃以父母之宠爱，饮食衣服无缺，故得悠悠度日，从容如此也。惟我表棣周氏少兰小名咬官，以多病之身，处危苦之境，又与不驯之人同居一室，是以中心忧闷，含愁而颦，竟至形神日瘁，病势渐增。今时隔二十余年，姑母犹在，孑然一身，年七十有五岁，因昔年之多瘁，已衰迈不堪矣。余在坟浜时，日至钟溪镇上，每思自城至镇，路仅十二里，倘初避难时，即至是镇，非特不受惊扰，抑且财物克保，又念今日流离在此地，他日承平，再游此地，岂不幸甚。但须无忘今日流离之状，及克复之时，余仍在此地。其后复游数次，正在慢游是好，当日流离之状，已若相忘。兹在庚寅三月二十七日，余附方氏之舟，自城至新溪镇，适从钟溪过路，余在舟领略，但见风景如初，人物非旧，有怀往事，不胜感慨系之。时余在张氏馆中，忆述坟浜避难事，故于二十八日记此。

其时日用虽虞匮乏，较诸秋间流离道路间，此心稍宽。故能气色或开，在难诸事不克如愿，一切应用之物，俱不可得。余尝自想或置一篮，藏应用之物其中，以便临时之用。及至坟浜，惊心乍定，即置篮一只，置纸笔其中。笔只有极品紫毫一枝，乃我弟瑞安之物也，母亲携带在身，故能存此。余已数年不得握笔矣，至是始克动手，然亦不过间数日写数字而已。余自幼不写字簿，而字帖亦未曾识，面〔而〕及难时，年已十七八矣，犹未能握管挥毫也。承平以来，仍旧不写，其后除文格外，仍不能写。而文格中又不能多写，迄今目已不明，尚复能写字乎。然则余之为余，是诚终身不能写字矣。余于此篮食物亦杂其中，又尝拟用是篮做小生意者，而事卒不果。于篮上写"吉麟"二字。吉麟，余之寄名也，大约是母舅虹亭先生所取，抑不知表母舅俞云娲先生所取也。盖余于两处，俱有锡名。在甲子清明节，用是篮置祭菜，至祖母冢上祭祀。时田地皆荒。因化纸而茅草皆焚，而篮亦被焚。是日风甚大，火烈竟致燃眉，余之眉梢至今然伤也。其后遇事，终至然眉，虽系懈怠所致，而实于此已先有兆矣。噫！甚矣。

唐氏之房东只有阿七母子二人。阿七之叔曰三和尚，亦同居一室中。其妻年已老，无子而姣，前头屋里他人之来摇花者不少也。时各镇纱布，市面甚通，获利较平时犹多，近处乡里皆赖之。彼孤寡之不耕稼者，亦得摇花以度日。非如东路乡人，身无安居之地，欲摇花而卒不得摇，而生计莫由也。三和尚亦能安分力田。甲子冬间，入城至高登头，余与之酒食，后遂不见。

坟浜又多网船，或有上岸者，恒居三和尚之室。有范五观者，年四十，终日醉乡。闺妪有酒，尝与之食之。凡为网船者，妇人尤勤。彼范氏之船，只见其妇子侄操作，而五观不与也。若遇起荡，则必广集网船，群相出力，通港用帘逼近，绝流而渔者也。余于是冬始学鲁隐公之观鱼，是诚第一次所见焉。其时天色甚冷，余于清晨见一童子趋步，蒲鞋□冰，其声若蛙鸣之阁阁。

网船妇亦尝至我家，有一妇求我父亲写一借项之账，父亲遂为之写，其妇始愿送鱼为谢，后乃不果。一日，范氏小儿以鲫鱼来卖，母亲以不肖嗜此，故买之。卖者欲得钱七十二文，余仅肯出钱七十文。母亲与我钱七十二文，不肖以为不如己意，大发其不驯之概，实有不堪之情状。遂致母亲大气。少顷，肝气即发，势不可遏。母亲本有是疾，嗣因我弟被掳，忧切于心，不时欲发。今秋忽遭大病，兼之在难困苦日久，所幸免此病不发，尚克支持。今日因不肖之忤逆，忽然又发。不肖虽甚无知，至是殊甚忧急。父亲亦甚忧急，问何因而致。母亲犹虑父亲之责不肖，乃默而不言。不肖亦不敢自陈，忧心殷殷，实深隐痛。幸踰〔逾〕时即愈，遂渐解忧。当肝气未发时，母亲教不肖曰："鲫鱼颔下有草鞋底，必须去之。"不肖曾记此，其后母亲见背，不肖尝忆此语。在甲子夏，复寓于竹园斗俞氏家。偶烹鲫鱼，将欲操刀割去草鞋底，顿思往事，念及母亲，痛心已极。不觉刀伤左手大指，其疤至今隐约可见。

又念在辛酉之冬，逃难甫定，在家大不顺于祖母，忿然出门。即至桥港西庙里，忽遇一十一岁童子，以指抓伤我右手之背，至今疤亦微露。余当时陡然自想，在家敢于犯上，出外果有下之犯我者，岂非天理之循环乎。不然，彼十一岁之童子，其敢犯我耶？是必有神明在上，若或使之也。故余当日自知其过，不敢与之较。童子谓谁，顺大观之子小大也。即今之开东门外后街上品仙茶馆，竹园斗人，俞小大是也。当日年十一岁，今时隔二十八年，其人约在四十岁许。余之两手具有疤痕，是皆忤逆之明征也。忆及此而自知罪大难逭，恒抚伤痕而独自伤心，犹深恨虽悔之莫追也。噫！甚矣，有心之倔强，肆行大拂亲心，无意之毁伤，受罚亦由天意。世有不顺乎亲之人，其能免于天罚哉？

余家所住之屋，在唐氏所居之北，余宅之东，已近河滨，滩上叠石数块以为埠，岸上种两三杂树，浜之东亦有数屋，余宅西首隔一篱外，即金妪之屋也。妪本佣我叔父家，至是甫就家居。其子五观，赘于方氏，故方妪偕其幼媛，亦住于此。五观之妇，亦既抱子矣。五观本业成衣，故难中得以度日。五观之叔，亦住此屋，年尚未老，似非服田人，故在难亦甚困苦。然其人亦甚能言，谅必有所恃者在焉。其子年尚幼，且有常病，不克习业。终日无聊，嗷嗷待哺而已。

维时米日以贵，而东南难人仍日以至，余在家唯恐绝粮之见厄。入镇时伤饿殍之堪怜，中心耿耿，忧不自胜。但想时艰如此，何以为情。于是深自刻苦，专望生机。无如所如不合，生计终穷，私心窃拟，皆无能为。

亦尝遍游镇上，混杂人稠中，偶有所见，实触予情。见有铺设药室者，俨然儒服，从容是若，余自顾竖褐不完，形同乞丐，不禁为之失色。见有开馆聚徒者，余有怀同业，不胜欣羡，而自伤生计之无从。当日果有是志，今则一听书声，则唯恐卧矣。见有士人形容憔悴，潦倒道途者，余盖不胜其同类之伤。见有收集旧货即时出换者，此人人所能为，而日必有所得。余当时徒羡而不为，至今犹深歉焉。旧货如衣服首饰磁器铜锡之类皆是，铜锡器为尤多，大半是导火场得来。每逢上市时，各路载船里起来之人，皆携旧货，沿街不绝，日以为常。可见地方之大，物资之多，剩此废器，犹消之不尽也。凡收旧货者，但得本钱一二千文，日收数件，结与贩户，即得什一之利。若有重本，即可多收几件，寄上洋载去消，则有数倍之利。彼贩户者，固如是也，故得利恒多。上海载上去恒载旧货，回来满载粮食。一转回间，两头获利。故当时经营中称走上海为最。收旧货之人，正不可胜数。余所相识，如城中人孙四音、徐兰舫，海盐人褚补齐，陈田人何三襄等。沿街收买者为多，更有隙地起厂，设铺收买者，亦不少。总之旧货一项交易，实属纷纷不已，而逆贼之游于镇者，亦恒以货物卖与人。噫！此项生意，何其盛耶。此镇如此，闻之西路各镇，亦如之。抑不但各镇如之，东路官兵地界，周浦诸镇，亦无不如之也。可知遭难之民一无生计，惟消是物，苟延性命，不知此物之消亦易尽也。乃斯时之民，但求目前得以度日，犹以为幸，倘并此而无之，已不免为饿殍矣。夫为饿殍者，每在镇市之间，当其饔飧不继，相将入市以谋生计，乃所谋不遂，囊内钱空。饥寒迫而易为感冒，忧患深而必及丧身。遂至匍匐道途，呼号莫应，而溘然逝矣。孟子曰"涂有饿莩"，岂仅为乞人言之哉，亦谓岁凶，人其流离，饿死途中也。若以粮绝而毙于牖下者。则惟居围城中有然耳。否则老幼之不能远行者，亦有之。余所见者，竹园斗俞氏女，年五六岁，家人失散，孤露无依，在癸亥八九月间。因俞氏嘱取埋金，余侍父亲至彼竹园斗，见是女形容枯槁，奄奄待毙，然犹能勉强行步。时值荒秋，人皆以草料杂糠而食，愍彼季女之斯饥，各出少许与之。且闻是女恒忍饥饮泣，从不向人乞食，惟逢人在食，即来相视。余目击心伤，不能自已。未几，女果死。余在镇闻之，复深悲闵。又余妻在乡避难时，所见饿死之人甚众，如乍人王姓者则又甚详。王固有家，其夫若子，早已物故。屡遭贼劫，财物尽空。老年孑然一身，谋生无术，嗷嗷待哺。俯仰无依，因与余妻家同居一室，故有时曾来乞汤水者。及饿已数日，犹到阶前采绿墩食之。一日不见出外，人皆异之。入视之，则已逝矣。一宅中尚有数家，虽皆困乏不堪，犹能交相筹划。独有卖旧货一事为生机。彼则独有一人，别无照顾，遂至坐而自毙。呜呼，其可哀也已。其时余妻家亦孤苦零丁，自顾不暇，不能分润。至今言之，殊不忍言。噫！此老幼之不克远行，而毙于牖下者也。彼能行者，则又毙于路。然则在数难逃，固无往而不毙也。余之所见，钟溪镇上居多。观此而他处可知。嗟乎，大劫之来，人命难保。我生不辰，逢兹多难，幸而保全性命，重际升平。当日所历危难之境，殊不敢忘。所最足伤心者，日见在途之饿莩耳。

彼死于锋刃者，其惨尤甚，则犹未经目睹焉。余在难中诸艰备历，惟杀戮之惨，未尝亲见。

时难人并无他法，惟有卖旧货一事为生计。而强有力者，能贩台条木器等物，甚而至于拆屋。但屋料及木器等物上海载实不能带，由是乡舟之至上海者，亦纷纷矣。而拆屋之风遂炽。余在镇闻走上海人有金八叔者，名最盛。后有刘和尚者继之。两人俱平湖叶氏之佣工。复有在今春陈田收春货者张氏弟兄，亦皆开上海载船，往来贩货。而米业陆少岩、庄书江雪斋，均为是业。其余余不能悉记。而乡舟之往申者，愈不可胜数，市面日盛，而载船日增，约计钟溪及福臻寺两处，上海载不下二十余号。又有自上海开来，由钟溪过路而入西者。船皆极大，能容千担，而船中皆有洋人为之保险。其船之大，有为余所未见者。有顾金隆者，向开载船，又兼贩货。至是亦开上海载，而生意亦好。

今春开硖石载，时余家寄买冬米七石，因交来缺米斗余，故扣钱数百。至是知余家在钟，使人来收。缺米一节，卒不肯认。余家正值艰难，见此愈增其闷。父亲犹原谅米必舟人所窃取，因约俟异日归楚。今春寄顾金隆买米时，米价仅五千文，如今已涨至十二千矣。余当时早料有倍价之日，故拟逐渐买足，备豫不虞。不谓时遭蹇遇，不能早入安靖之区，往来在危险之地，竟至有半年之久。财物失尽，不能有为。向使当春即至钟溪，广积粮食，此刻已获倍利。自己度日有余，亲族亦可周恤。早已计及于此，而乃所如不合，以至于斯，犹欲遇此不平之事，余心实有所不堪矣。夫所缺斗余之米，以今价论之，足值千余。所扣之数百文，讵不足抵偿乎。而乃市侩贪心，偏以所缺之米为不凭，而必欲得钱以为快，推是心也，抑何忍乎。父亲不与之较，如数与之。入市经营，须存公道，而后所得可以永保。乃市井小人，每图私己，故即有所得，往往不旋踵而已尽亡。彼顾金隆者，承平之初，所积犹累千金，其后开行开店，率多不顺，其本尽亏。在癸酉之年，与余家借洋壹佰元，有田二十亩作抵，屈冰卿、田福卿为经手，到期无利，遂查其田，知是徐秉白家业也。父亲骇然，询之田福卿，乃知秉白有外妾之弟，与顾金隆为好友，谅必是借单抵款者也。后因多年无利，不得已，开差唤租。秉白不可，挟俞氏人，并屈冰卿，屡出言语，以为不可唤租。秉白遂断洋四十元，以赎此田。父亲因秉白究有亲情，只得勉允，然余家实无力吃亏。其后秉白亦悔此举之太过，屡来亲及我父亲，若有欲相补报者，乃未及补报，秉白忽已作古，我父旋又见背。呜呼，念及此事，余心尚有余悲也。此壹佰元乃我父托田福卿手，弃一荡租之价洋也。因家用不敷，故为是举，欲以放项生息也，不谓适遇此等债户，停利四五年，又滋无数口实。壹佰变为四十，由是生息之计，卒不敢谋。而家计益形支绌，重以余之浪费日甚，从此日输人利，丝毫难缺，而田产于是乎尽矣。呜呼，念及此而余心不有余悲乎。至秉白之不及补报，我父本不望报，余又岂望是哉。余逢交易，总听人算，即如抵款一项，不知做出凡几，除葛传朴外，从不要人让利。或至我绝，总作时价。岂如此注交易，借洋壹佰元，阅四五年，自已擅断还四十元。其本不算，其利犹未及也。倘在他人手，秉白虽强，犹难了局矣。总之，余与钱项交易，分外吃亏，不知何故，殆由命耳。乡人有言曰："我之钱，不是钱，人之钱，乃是钱。"又曰："人欠我钱不肯还，我欠人钱过不来。"其是之谓乎？所奇者，冒用洋壹佰元之人，即难中逼我钱数百文之人。设使难中惠我钱数百，则犹可说。乃不谓事竟有相反如此耶？言此不禁深为之叹息。

是冬天气甚寒，余虽在难，尚得饱暖，念彼哀黎载道，号寒啼饥，不胜苦楚，心实伤之。当极寒之际，闰妪每炊糟汤，分我一杯，食之忽觉生暖。故余于是冬尚得优游卒岁也。曾记在初到坟浜时候，落北至新完堰观剧，遂自相讶，以为才出险危之路，忽登逸乐之场，果何幸而至此。然观其所演，则又感动，不觉椎心隐痛矣。盖所演人民遭乱逃难，皆扶老携幼，负载物件而行。余即自想前秋在竹园斗时，贼扰方至，何以不顾我亲，不携一物，独自先行，竟致我亲多受惊扰。余心何以自安乎。夫临难忘亲，子孙安用。若余者之子孙，人亦何乐有子孙耶！如今祖母去世，不肖身负重罪，万死莫赎。念及此，心实为之惴惴。故其时身虽居逸乐之场，而心甚不乐。且其时头发尚短，混杂贼地，更有所不安者。及暮而返，游殊弗畅。

又记在初到坟浜时，一日落北里许路，到一油车里买油，见其车户身甚魁梧，知余是平湖人，与唐氏亲戚者，遂问余居何人家，并问及唐西庑事。可知当日唐中翰之名望远闻矣。车户即闰妪之田主也。入钟镇亦由闰圩闰山文桥过。余尝遇诸途，彼或兄弟偕行，余则独行踽踽矣。是年冬至节在十一月初二，十二月十七日立春，岁且将终，余在乡无事，惟以日用匮乏为虞。时唐宅银钱虽未必足，而锱重尚有，但我叔母费用过巨，兼嗜洋烟，故日用亦形支绌，尚存一船，拟将出售。有陆某者同人来看，余与之少叙寒烜。后余入镇，晤及陆某，陆遂指余示人曰："此是唐氏亲戚。"可知当日仙堂头唐家，无人不识也。

时陆某在镇西开米行，生意颇盛。今开鼎兴米行，人称陆六相者，即是也。系俞松亭先生之婿。松亭本我陶氏至戚，又为我父亲师，品行端方，学问纯粹，与姚柳阴先生并传文誉。惜乎享年不永，早赴修文。只遗一女，因在难中适彼陆氏。岁终，加〔嘉〕善踞城之贼，亦欲按亩收税，有两贼役持伪票至闰妪家来要钱，余知贼亦用票，甚为奇事。始知踞善之贼，又异于踞平之贼矣。因于贼役票包里拾一伪票视之，一贼役大窘，忙来夺之去。盖贼役以票为取钱符，视票如钱，恐余毁去其票，故即来夺去。票上有一匿字，一贼役不识其字，问我父亲，父亲教之曰："此隐匿之匿字也。"贼役犹未之信，且又冷笑。可见小人之难亲也。虽然，虎吏且不可亲，小民称差役为虎吏，以其咆哮噬人也。况贼役乎？

闰妪有亲戚家，不知姓谁，业尚充裕，似乎亦作裁衣者。其子弟尝至妪家，妪亦不时齿及。又有妪之弟媳，妪子所称舅母者，已寡而年轻，有欲为之走进一人者，其妇有所不愿，乃缓其事。又有一不堪之乡愚，年方四十，声走鼻音，而音犹如哭，观其言语，似为贼役者，与闰妪亦是亲戚，故尝至妪家，妪与之酒食。时方断弦，甚思续娶，因与闰妪言刻下娶妻之易易也。"数日前有一妇人来，年三十余，欲嫁于余，乃以金器首饰示余，余以其人瘦弱，余甚不贪财，故事不合，暂宿一宵而去"。闰妪闻此，为之大笑而罢。噫！时遭世乱，人遂流离，夫妇失散，不可胜数。彼夫患邪淫之妇，宜乎欲到处便为家，而人尽夫者也。若此等无知之乡愚，恐荡妇视之犹未之欲。闰妪之笑，不省然乎？

外人之逃至闰圩者甚众也，此地市面渐增，故闰山文桥北面，田中起造平屋数间，将为店面。闰妪之次婿，在此开豆付店，嘉善人孙八叔在此开糕作场，余亦拟入此习业而不果。近段游手之人，在此往来不绝，夫为游手者，此时正在当道，入镇恣其赌博，在乡好为纷更，一经有事，利在其中，而且矫矫者每欲自逞其才能，犹复欲张体面，偶或与我辈招呼，其言甚是堂皇，若与乡人语，则其言俱偏重于贼。总言贼势之浩大也，彼果得贼势以当令，故为态若是，而不敢显露于我辈之前，彼游手亦狡矣哉。余在乡无聊，恒游于此地，故旁观甚详悉也。

闰妪次婿王某，年富力强，既勤稼穑，复事经营，其劳殊甚。其母王妪亦已就衰，尝自言早年凶荒，因之饿劳成伤，今实不能操作。余在难正忧饿死，闻此不觉怦怦心动。不然，饿伤二字，卒莫之信。不知乡间苦人，实有不能克此者，是以圣王矜恤小民，先在哀此茕独。闰妪次女年轻而姣，嫁于王姓，亦既抱子，其夫疑其有私，每与闰妪有言。闰妪多以解之。闰妪大女性极其怪僻，嫁于近大云寺，不知谁姓。其夫已作贼役，其妻以其为贼役妇也，甚张其势，其无知可谓已甚矣。若闰妪者则诚有知，无论他事，即如待我家，已甚有礼。称谓之间，亦甚得体，不失尊卑上下之分。而且为我操作，俨同服役。其子若媳，亦克服其教训，而无失德。余在伊家，仅出租钱，每月四百文，而伊家房户俱让于我，而犹能为我一切操作，抑且见我窘迫，多方以慰缓我忧，故我于闰妪，终始感激。我家与妪向无一面之识，而乃一见如故，即来招留。夫岂有所希冀哉？亦念我家无所栖止，故为是举，以安定我家耳。然彼虽无所希冀，而我应有所图报。乃不幸而未及承平，我母已没。既及承平，复患于余之不肖，忽忽数十年。我父诸事掣肘，未遑计及于此。约记在甲子之冬，余已入城居高登头矣，曾与金五观钱四百文，托伊转致闰妪，补足前秋一月房金。不料金五观竟敢负用不付。及下年乙丑春，余亲至坟浜，付钱四百文，遂携曩时所用之溺器而返。以余家旧物故也。是年冬闰妪遂至我叔母家，盖甫承平时，唐宅由东归西，仍住坟浜数月，闰妪款待甚殷。至是妪亦来城，遂欲我叔母经手，与我借钱。所望亦微。余无以应，乃至失望，不终日而返。嗣后遂不复见妪。至今谅已去世。若念余家，能无生悔心于地下？噫！是诚余之负妪已甚也。当日固无以应，其后尽弃田产，挥金如土，无行之徒，都负我钱，何独至妪而无一点分润乎？余想二十余年中如醉如梦，已实不觉而贪残之辈，遂视为可欺可侮之人，于是交相侵剥，甚而至于设计相诱。如同棋一事，余明知若辈之所以然，犹必请尝以试。及至家财尽弃，而同棋之兴殊不少衰，其僻性如此。故若辈之窥伺，终无已也。而余之钱终无有存。然则余之有钱，第能付诸图我者之群小，而不能分诸患难相济之人，其故何耶？我知之矣。盖钱经我手，皆弃钱也，付诸群小，斯为弃矣。若犹分及患难相济之人，则其钱仍为我用，何弃之有？呜呼，余未能弃钱而不能用钱，是以不我用也。而一思当日患难相济之人，此心殊多负疚。故忆及闰妪，余心实有所不安者，日后如有可为，是应周恤其家。至其隐匿我锡旋、鞋桶等物，不无小过。然伊家谋是物也，所值几何？而我之不能保此，实有余憾。念自癸亥之秋，母亲由坟浜至华使浜母姨家。临别闰妪时，母亲郑重致闰妪曰："我尚欲到此矣，我物皆未取也。"不肖在旁，亲记此语。其后亦尝念此。及慈亲见背，不肖每忆此语，辄复增悲。在华使浜时，母亲屡念此物，患于不肖之懈怠，终不果得。以此任彼图吞。想此物系母亲嫁妆之物，又是我家千百件中所独存之物。自城中搬至竹园斗，自竹园斗搬至陈家田，犹复携至舟中，历游各处，至数月之久，遂至此坟浜，得而复失，愈为可惜。且此锡旋，我家恒用此献神，鞋桶，我弟兄幼时每坐在此，真自小所习见之物，言念及此，能无感慨？又想母亲当日，因我家物件仅存乎此，故于此恒惓惓系念。父亲因此拟使人去取，限于路途未便，终不果取。而此物乃遂不存，计锡旋三个，鞋桶一件。此时恍若在目。而不知当日已先去之矣。由是所有物件，一无所存。故我父子回家之日，徒步束手而已。

时坟浜□实安靖，四方无警。我家与唐氏居此，尚克顺遂。而惟有日用匮乏为忧。叔母亦尝至我家，顾我姑母表弟。时叔母家财物尚未废尽。唐氏仍用舟人一名。一日余附唐氏船，随叔母至镇，适遇陈家田胡三襄者。叔母家尚有房金未清，胡遂至舟中来见。叔母以钱与之，而去。何日后尝在镇收贩旧货。唐氏舟人向用陆大观，陆大观去后，复用一人。其人不知姓谁。尝自言物物事事四字。人遂呼之为物物事事。其人亦住陈田相近。有二子年皆弱冠，俱佣于西路，言定常年工钱每人六千，糙米二石。时冬米价钱已至十二千文，约计成熟时候，糙米不过六七千文。其时西北乡民果然得利，用一常工，所费不过二十千文，即可增田七八亩，获米十余石。若糶冬米，得钱不下二百千文。其时获利不大厚欤？噫！犹是民也，东南则流为饿莩，西北则坐享丰亨，而且用东人之力，多耕田亩，倍增分外之财。所隔不多路，何其受福受祸之大相悬绝耶？不知西北居民，何修得此。余在难，见米价极贵，而饥民之壮者，又纷纷入西为之耕稼，其时米愈多出，价愈多增。西民之得利尚可胜数乎。今闻西路人民未尽富足，想当时因获利之易，不免有所浪费，以致此耳。可知生财毕竟有限，而浪费正是无穷。不然，幸邻境之灾，从此兴家，恐天道亦不能容此。唐氏之舟人，所称物物事事者，人尚老实，然甚无知而性又傲。是日在钟镇船中，偶与余言。偏多不逊，余与之校，彼愈不逊，及叔母至，叱之而后已。承平以来，其人余尝见之，其无知之态，依然如故也。后不数日，唐氏以经费不充，乃辞之去。

余在坟浜，入镇之日居多，然甚无事，不过沿镇荡游而已矣。镇之西市，有一大石桥，名鱼巷桥，入镇时，余尝上此游览。桥南有屋甚好，余初至镇时，见有和尚在礼忏，其时僧俱被发，余想此时犹作此事，可知此地居民，安靖如常之已久矣。镇西有湾堂一段，颇有市面。而新起之店铺，平湖人开最多，而隙地起厂以设滩头者，亦属不少。族叔子卿，在镇设京货铺，余入镇每见，但不相招呼。子卿行三，我西宅亚卿叔祖之子也。当时犹未知其号，惟知行三。有弟行五，余在辛酉年冬，闻保亭二叔祖母云其人犹在。今已不知下落。余与子卿三叔，自幼亦不多会晤，知伊家与钟溪周氏至戚。艺删先生乃其姊丈也。出阁时，余曾去贺喜也，故知子卿必在此地，今果俨在廛市中。余以乱离之际，诸事未周，故不及招呼问候，父亲亦知此即某人也。但想当时周氏在镇，依然无恙，且周本有家，其姊尚在。姊至今尚在，艺删在初承平时亦尚在也。想三叔早住是镇，安定如常，不同余家之历久在难，流离无状也。何以凡其气象亦若戚戚然？是不知其何故。父亲或听有人说，子卿与其姊不甚相睦，故不居周宅，而独自设铺耳。然究不知其何以故。要之难中之事，有不尽明言者。余惟记上镇时尝得相见，但未及招呼，谅三叔亦必识我父子，亦未及招呼耳。余与三叔在难中，固未尝招呼，而难后又甚相亲近。三叔初进城时，尚有良田百余亩，又合股开大顺绸庄。大顺生意大盛，获利倍蓰，三叔以得利之易，少事游荡，遂陷于博，而所业废弃矣。后与大顺分股，有洋千许，乃于梯云桥大街开烟膏铺，此等生意究近下流，日与宵小相接，尚何有所生色乎？故数年之间，其本悉亏，而复患于赌之不休，所存产业，亦为之空。幸于旧宅荒基已种桑树数百株，尽可养蚕，利实有获。其后又开旧货铺，亦未顺适。由是家计日窘，忧思靡穷，而形神顿瘁矣。时余亦破家已尽，困顿无聊，每相聚首，同病相怜。而三叔性执，忧郁之气恒结于中，藏而不解，而病即以伏。在丙戌四月十一日，余赴郡岁试，至月底返，过其门，见其家挂孝，知是不好。时已黄昏，匆匆在道，不及相问。既遂知三叔即于十一日起病，当日逝世。噫，是其忧郁劳顿之已久，故一旦猝发，遂不能遏，以至于亡身也。呜呼，其可哀也已。元配陆氏早故，遗一女，今适钟溪胡氏。继室某，勤俭持家，收合余烬，起造平屋三间，依然居此旧宅，有此桑园，养蚕为业，已足度日。有子一，年六七岁，西陶一宅，仅得如此。又有耕三叔祖，三叔之叔也。年已七十矣，无后，有女二，俱适松江。庚辛之岁，耕三亦住过在竹园斗，幸早至申江，少受惊扰，而安生业。丁亥春间，曾至我家，今未知无恙否。

蚕桑之业，我邑向行于西南，而未盛于东北。自兵燹以来，阖邑盛行，获利良多。民农得以渐复原气者，实赖此焉。余甫进城时，即有此树桑之志。以为我之旧宅广及数亩，桑宜燥土，说者谓荒址最便种桑。余拟垦地二三亩，种桑三百株，兼种各色果树。复垦亩许，以为瓜菜之畦。环结籓篱，曲折如径。宅后有水环抱，引流种竹，间以梧桐等树。绿阴深处，俨在画中。于此结庐，围以垣墙。南望场圃一片，二十步外，园蔬悉种。东南一径，直达周行。两旁即桑地也，中有银杏一株，吉榆二树，俱大数抱，系未筑城时之物也。凡有隙地，都种四时瓜果之类。东北有漾如镜，野水虚明，鸥凫出没。隔岸有朴榆极大，影圆若盖。树荫之下，藏一观音堂，若隐若见，因遮于林竹之丛生。沿堤垂杨数十本，环绕水滨，复有碧桃满树，交相掩映。当夫莺声四起，风送清音，开窗延赏，洵足乐也。屋北临水一带，修竹万竿，千层积翠。时北窗高卧，草阁生寒。竹径自北，傍湖迤逦，至西南路，复辟一径。其幽静之景有不胜明言者。但见古木清奇，芳草鲜美。其下一水，潭影清澄，鱼游欲跃。忽焉清风掠地，水光接天。临流赋诗，于此间少得佳趣。其西南一隅，篱下亦有菊圃，虽不及东篱之广种，而亦各种齐备。而古木丛中实多梅树，老枝弱干，疏影横斜，层列于围墙之外。若乃天寒月白，领略其间，如入罗浮梦里。盖余宅清景，无时不有，而复见奇花按时吐艳，好鸟应候啼鸣，种种美景，合成佳境。孰为之？地为之也。

吁，有此佳境，何至今不处。有志种桑，何至今未种。噫！念及此，余心诚有所戚戚焉。余自承平之后，游荡三年，殊为无行，实无久远之计。自丁卯岁底，以将授室，始归本宅，稍有悔悟之心，而谋久长之计。遂拟种桑竹，以及诸树。庚午之春，已备屋料，将欲起造平屋矣。限于方向，乃缓其事。后因与族人未洽，遂迁治后，渐远此宅。然树桑之心，终未已也。或拟另外觅地种桑，皆不果。壬申癸酉之年，专谋地基，而终不能得。及至乙亥秋间，得西街陈氏之基，将以布置树桑。而又并陈基之北小街马氏之基，以造住屋。经营方始，而俞氏莪斋，亦急图迁居，而无房屋，乃欲我造屋，伊来典住。义不容辞，遂于陈氏基址，起造厅楼，三开间三进。不知此屋之造，工程浩大，经费无继，几难落成。于是负债甚巨，数年积利，愈不可支。不得已半价卖屋，不能偿其所缺，犹复卖田以益之。而余家之田，于是乎尽弃矣。呜呼，余始得是地，将欲树桑以图微利。不谓桑仍弗种，因有是地，而田反尽弃。措置乖方，咎由己作，其遂可以自解乎？由是余之住屋，反无园地。不然有此一亩之田，树桑百株，有女四人，正可养蚕，不无小补。何乃所如辄阻，有志终虚。

种桑一事，前此无论矣。自癸酉春始，日思种桑，唯恐不及，乃阅数年，犹然未种，遂悔曩时之失计。今日诚不可缓矣。岂知日复一日，复阅数年，依然如故，仍悔曩时之复失计。自癸酉至今，已十八年矣，此愿犹然尚虚。我空自今以往，真有不及者矣。言此心殊汲汲。而复想余家今日所住之屋，内无园地以便种植，外而水埠在街。小女蒙羞入埠，动辄生惊。岂如西南城角，地甚隐僻，宛若村墟。内埠上落，各适其宜。噫，不知何日复是旧宅，不负初心。

照余所述诸景，此刻布置亦易。约计种桑造屋，所费不过三百元。而三年之后，即有出息，何弗早为之计耶？想当年所计皆非，悉困于债户之交迫。几欲忘此，大误其事。倘我家历居于此，必不至有今日如此之穷困也。拙荆不识事务，仍欲我舍此而他图，岂知此宅为阖邑住宅第一之宅。我家自秀水来迁是宅，垂数百年。遭发逆之难而屋毁，迄今虽以余之不肖，而其址犹然无恙。可知三元不败之地，有明征也。请问他家宅址，亦有如此之久长者乎？卒莫能举。今试以有名之宅观之。

彼天官有第，不数传而已让诸人，爵府有基，曾几代而不为已有。〇天官第，陆光祖冢宰宅也。陆杲，号胥峰，嘉靖二十年进士。与其子光祖同举乡榜。光祖，嘉靖二十六年进士，官吏部尚书，赠太子太保，谥庄简。前门在鸣珂里，今为钟姓所居。后即内桥，今为张姓所居，遂称为耜洲山庄云。爵府，都指挥陆炳宅也。炳晋伯爵，世宗朝奉命治第，穷极壮丽，在我宅之东北，所称大庠门口即是也。今为异姓贪劣顽梗互相侵占，尝至纷争起讼。〇相国之府崇深，三百年已经三姓。榜眼之第轮焕，两甲子乃历两家。〇施凤来，由会元榜眼位至少师中极殿大学士，及身起宇至。国朝道光年间遂为钱榜眼第。钱福昌超衢，号辰田。道光九年进士，官内阁侍读学士。中间为吴姓所居。自起宇至今将近三百年，仅易三姓，堪称久远。乾隆朝沈初亦以榜眼起家，位至司农。治第于县治后，颜其堂曰“清和堂”。沈初景初，号云椒。乾隆二十八年进士，官户部尚书，谥文恪。清溪世家。至道光朝即为徐氏之居，堂承其旧，遂以为徐清和矣。〇前代赐庄，徒存石姓，虹蜺起第，遥忆仪宾。〇元时邑人有石姓者尚主，遂赐其地曰石庄。今石姓已微，其地犹称石庄，而犹存石总管庙。明沈一卿尚荆王女崇明县主，乃于虹蜺堰起仪宾府，广及数里。今则南东其亩矣。〇淇水之流风宛在，空怀沈氏之居。尚书之旧宅犹存，谁识刘家之汇。〇明翰林沈懋孝居丧，后屡征不起。筑室湖滨，诗歌自得。环水绿竹猗猗，浑如淇奥。而地遂以淇滨名。沈懋孝，字幼真，号晴峰。隆庆二年进士，官南京司页〔业〕。避倭迁居淇滨，世居石庄。石庄世家。今沈氏无存，居民杂处。淇滨东汇大司马刘廷元之宅也，迄今宫室犹存，已为张姓所居。刘廷元，万历三十二年进士，官至尚书。人亦但知有汇尚张云。〇倪氏之廊，不没其姓。马家已杳，尚留其桥。〇倪长圩中崇祯丙子解元，成进士，为嘉定令，内升兵部主政。鼎革之际，与检讨屠象美、参政康承爵共起义兵，定鼎后籍殁其家。倪长圩，字伯屏，崇祯十年进士。倪氏一宅房屋二百余间，作官价银一千两，遂为孙氏所得。而其地犹称倪家廊。下鸣珂里马谏议家，大开广厦园囿之盛，无与比伦。自马家桥以南，东西两荷花池皆其地也。想当日歌楼舞馆，极一时之富贵。今日地非马有，而桥犹马称。马应图，号廓庵，万历五年进士，官礼部郎中，赠光禄少卿。马维铭，号新甫，万历八年进士，官兵部主事。马绍曾觐扬，顺治六年进士，官户部右侍郎。〇怀过氏之门庭，尽为禾黍。缅曹家之宫室，遍种桑麻。〇明御史过庭训住南过家溪。辛酉之秋，余曾入其宅，今已成畎亩矣。过庭训尔韬，号成山。万历三十二年进士，官福建按察使，赠府尹。御史曹光住新溪之南，曹第极其宏厂，其厅人称曹大厅。在咸丰朝折毁其椽，可作板桥。〇虽勋戚如屠家，司寇之门楣安在。武功若康氏，参政之第宅无存。〇刑部尚书屠元勋，子弟多贤。名臣硕彦，萃于一门，而复有尚主者。当时富贵已极，而宫室之美无以复加。今第见屠家栅里田家小屋。康承爵以征西功授都督贵州参政。今宅亦不存矣。屠曾，字体宁，小字一郎。元延祐中荐为学教谕。至治三年，举浙江东榜第一。屠勋，字元勋，号东湖。成化五年进士，官刑部尚书，赠太保，谥康僖。屠应埈文升，嘉靖五年进士，春坊右谕德。屠仲律宗豫，嘉靖二十九年进士，庐州府知府。〇方伯里居，仅传其姓。郎中住址，尚有其村。〇明张大忠为广东布政使司。今宅第无存，而地名犹称张家廊。下近有农人于田中得银两缸，想其地即其宅也。孙从龙为兵部郎中。今宅亦无存，而地犹名孙家村。孙姓颇盛，皆其后昆也。〇入冯园兮慨想，不忘太仆令名。望邵洐兮兴怀，景仰秋官清节。〇北郭七里外有冯太仆宅，所称冯园者是也。今已无迹可寻。相传太仆归田后，大兴善举，乡里之贫乏者悉赖其周恤焉。而扬州府知府冯汝弼，亦勇任善举。其后冯氏已迁入城，传书阁即其宅也。乐善好施，传世不衰。如捐地增建育婴堂，并捐产以垂永久，皆冯氏创之也。冯俊，字世英，成化十九年举人，赠山东参政。冯汝弼惟良，号祐山。嘉靖十一年进士，官工科给事中，赠山东参政。冯敏功元卿，号小山。嘉靖四十一年进士，官山东右参政，赠太仆少卿。前眉坊之邵家洐，邵刑部之宅在是也。刑部实多清望，曾为提学，屏绝苞苴。今其宅亦无存。邵廷龄大年，号静山。顺治十八年进士，官刑部郎中。〇廉宪之旧宅犹存，亦为桑地。宗伯之故基何在，已作新田。〇胡士相、胡士奇俱为河南按察使司，在北门外里许其宅也。其家科甲不绝，且多名士，如胡昌基等，极有重望。至今始衰，其宅已成桑地。胡士相字端甫，万历甲辰进士。孙尚书玺宅在青莲庄，今亦成田。〔孙玺〕□□□□□□□□□进士，□□□□□□□也。孙〔植〕斯立，号蜃川。嘉靖十四年进士，工部尚书，赠太子太保，谥简肃。〇京堂望重，旧馆已移。郡守风高，故庐亦废。〇陈泰来少负盛名，为主试时，年未及冠。后任谏台，直声震天下。惜乎早世，即赠京乡。陈氏代有闻人。其旧宅今亦迁移矣。陈泰来伯符，一字员峤，万历五年进士，官礼部员外，赠光禄少卿。俞南京亦以御史拜马湖太守，住在新溪。今其子孙亦甚繁衍。而其故居则亦无存也。〇太史讲学之堂，已非姓陆。检讨开基之衖，犹是称严。〇国朝陆奎勋经术深醇，著作富有。为翰林奉命修史，即授修撰。归，讲学陆堂。人称陆堂先生。所居陆堂，在三登桥下塊，今亦易姓。陆奎勋聚缑，号坡星。康熙六十年进士，官翰林院检讨。严思位，入翰林，享大年。恭遇圣祖万寿，荣膺宠锡，光耀闾阎，极一时之盛。今则不知有严氏居，而唯知有严氏衖。严思位西武，号山邻。康熙四十八年进士，官翰林院检讨。

甚矣！居室之不能久远也如此。余历述数姓，已不胜有盛衰兴废之感。其所未知者，又岂可胜数哉！至若园林别业，尤所难保。如沈氏之渔隐，今已荡焉无存。而此外要皆无论矣。○沈琮公礼，号石窗。正统七年进士，广州府知府。沈玮公贵，号青壁。景泰二年进士，山东道御史。沈枀元节，号吾匏。天顺八年进士，贵州参政。沈炼刚夫，号一山。弘治十二年进士，江西参议。沈圻子京，号龙湫。正德六年进士，贵州参政。渔隐山庄，为沈侍御玮别墅。侍御为析邑以来，乡榜开科第一人，且中解元，与其弟玮皆成进士。外而巡按，内而清要。兄弟济美，后光辉映。解组后，筑室于东湖滨，隐居乐道。此渔隐山庄之所由来也。沈氏本当湖望族，公孤卿尹，代不乏人。有明之世，与陆氏埒，而世禄过之。余尝考其家乘，见自周以来，历朝显爵，俱绘其图，其执桓圭而服衮裳者，无代不有也。吁！盛矣！而且今犹科甲迭兴，名臣叠起。甚哉！沈氏之世泽，永永无疆也。序芳园，赵汉所居。赵本南宋宗英，世有显宦。赵氏之序芳，赵汉鸿逵，号渐斋。正德六年进士，陕西右参政。赵伊子衡，嘉靖十一年进士，广西按副使。赵维寰无声，万历二十八年解元，刑部郎中。赵光绪襄孙，康熙三十年进士，陕西宝鸡令，陆清献弟子。城北有赵家浜，其间有赵姓。而北衖亦有姓赵之宅。南河头赵氏第，最为得体。且亦名序芳堂，以为序芳园即此，亦未可知。约计其家都有发科甲之匾额，大意此第即赵汉之宅。汉尝居谏垣，出为参政，实多循声。而序芳之址，究不知何在。

以上余所述之宅第，最远不过两三元，近者不过一甲子，共所变易，不特生易姓之悲，实有动沧桑之感。余生也晚，不获周知前事。又遭兵燹，古迹就湮。稽考旧闻，隐动以感慨欷歔之意。故尝入宫保之第，每怀赵氏故居。登会元之堂，难忘高公遗迹。○宫保第，相国吴儆宅也。吴璥式如，号崧圃。乾隆四十三年进士，官吏部尚书，协办大学士。璥，嗣爵子也。吴嗣爵尊一，号树屏。雍正八年进士，官河东总督，钱塘籍。今平湖治后同怀堂俞氏之居，吴嗣爵宅也。璥之孙，若准也。吴若准子莱，号次平。道光二十一年进士，官太仆寺卿。儆自起第，宅在赵家浜。余想地名赵浜，此地必有赵氏故居。盖当时我邑赵氏实称盛族。相国大启尔宇，谅必广集地基，成此巨址，原非得诸一姓。观其形势，其浜既名姓赵，其地必有赵居。查董家衖尚有赵氏居，与吴宅仅隔数武。是浜之称赵也，或以是宅而然，亦未可知。然以余度之，相国正宅当年必是赵氏之居，而后其浜得称其称。会元第，廉宪朱壬林宅也。朱壬林小云，嘉庆十六年进士，官直隶清河道署按察使。廉宪得诸高氏。高文恪士奇与我邑陆稚坪先生棻同举词科。高士奇澹人，号江村，钱塘籍。诸生，官礼部侍郎，兼翰林院学士，谥文恪。陆棻义山，原名世枋，号雅坪。康熙六年进士，已未举博学鸿词科，改翰林院编修，官至内阁学士兼礼〔部侍郎〕。高氏向慕我邑东湖之胜，遂因稚坪迁我当湖。当时高氏富埒王侯，胜地都建园囿，为言事者所劾。赖天子仁圣，恩全终始，遂命放归田里。乃家于当湖，广治华居，叠起数宅。今朱会元第，其一也。高氏正宅，在香衖之西，所称旗杆底高是也。今宅亦尚存。〇其余承人之旧屋而居之者，鹊巢鸠占，不可胜数。问有能周甲保有其居者，已几希矣。噫！传世久远，何其难耶！〇乡村居民皆守祖基，城市居民每易迁徙。夫居之迁徙，家实因之，不独细民有然，而世家亦如之。如南北两屈，我邑之望族也。不特簪缨之盛，而实有巨富之称。在乾隆朝有矮太爷者，庶常屈为鼎之父也。有子四人，俱掇名科，素有闻望。遂开四宅，各起峻宇。其一在鸣珂里，即今之葛传朴也。是宅自屈之后，为嘉兴钱中承第。至咸丰朝为东乡虎啸桥胡氏之居。至同治初乃为九峰葛氏得之，戊辰胥宇，至辛未落成，由是为葛氏中翰第。葛金烺景亮，号毓三。光绪九年贡生，十二年补应殿试，二甲进士。官刑部郎中。其子嗣溁彀甫，号云威。光绪乙酉拔贡生，丙戌朝考一等。用户部七品小京官，戊子举京兆。金烺始由副贡纳资，为内阁中书。想是宅自屈至葛，仅周一甲，已历四家，其迁移何其速耶！城市之居易为迁移，斯言益信。故住数百年老屋，在乡为常，在城为异。古语有之曰："农服先畴，士食旧德。"农与士，似乎皆能有守。不知农犹多朴，易为安常。士每近华，未免好异。且名之为士，岂尽能有学问，知义理，而不易所守乎？盖此中实有奢侈俭勤之判，即以伏盈虚消长之机。故士与农较，士有逊焉，况乎居城市者。不独有士，而喻利之徒实多。是以泯泯棼棼，交相贪冒，侵欲无忌，阙德不修，尚得有基勿坏乎？〇然人之有其家者，孰不有思久远哉？尝见经商获利，亦起楼台。仕宦归田，大兴土木。而欲谋久远，遂为之建宗祠，创义庄，以固宗支，以瞻族姓。自以为立法尽善，垂裕后昆，传世无敝也。不知气数既尽，卒无能保。葛传朴，王礼安，王贻谷，朱颂清。自宋及今，尚见鲁公祠址。鲁宗道贯之，亳州谯人。为海盐令时，始迁当湖。官礼尚书、礼部侍郎、参知政事，赠兵部尚书，谥刚简，改谥简肃。鲁詹巨山，崇宁五年进士，官左朝奉大夫、枢密院检详文字。鲁訔季钦，号冷斋。绍兴五年进士，官太府卿。鲁可简唐卿，绍兴十五年进士，官左承议郎，通判舒州军府事。鲁应龙子谦，乡贡进士，官宣教郎。入元隐居不仕。自明至此，仅存陆氏义田。陆氏自陆珪以前，本有义田，日久渐逸，至胥峰先生始廓新之，至今尚在。珪之子铱，为程乡令。铱之子淞，弘治己酉解元，庚戌进士。铱之孙陆杰元望，正德九年进士，工部右侍郎，赠尚书。而外此之宗祠义产，不可胜数，今皆无复有存矣。可知二姓之厚德世传，气数亦随之无尽也。天祚明德，今之人能无修德以挽气数乎？然而人亦皆知修德矣，独是所修，人各有异。诎身以伸德，德是以无凭，而数亦易尽也。然后知人家之兴废有数存焉。数何凭？有弗弃其基者为数未尽。历详数姓，皆无有数百年保有其基者，岂非气数之有尽乎？上下千余年间，其有因其人而不没其地者，惟野王之书堵，子固之里居，卓乎偕山川而并寿。顾野王希冯，官黄门侍郎，光禄卿，秘书监，右卫将军。书堵今犹在。赵孟坚子固，号彝斋，宝庆二年进士，翰林院学士承旨。谥文简。其他要皆变迁靡定，从未有数三元保有其基者也。因想我家之先世旧宅，屡历三元而今尚保有者。乃知三元不败之地，实有可凭。且其宅又多清景，至今犹未居此者，实缘余之不肖，良多败德，未能及此焉。嗟乎！地岂无灵，惟赖斯人之克振，人何无识，不知此地之可居。所望早复旧基，一新清景，栽培桑地，布置林园。将见青菰白鸟，恒借景乎辋川。钓水采山，聊寄情于盘谷。不求闻达，乐此隐居。庶几蒙先泽而启后人者，则余家幸甚。古往今来，豪富继踵，高门甲第，连闼洞□，宛其死矣，定是谁室。

以上有感西宅桑林之盛，因想余素有树桑之计，遂志余家旧宅，有清胜之景，得世守之长。因不禁有怀当日世族，门第之华，园囿之盛，而感慨系之。至余家旧宅之复，其亦有气数存焉。然而余之心，诚有不能自已者矣。

在难中所见之人，皆流离失所，辛苦颠连。《诗》曰："乱离瘼矣，奚其适归。"其景象可想也。故彼此相顾，每自生怜。或遇士族，犹深同类之悲。

余家在坟浜，虽惊魂暂定，而绝粮之厄不能无虑。又想茫茫难境，不知何日承平。日复一日，自顾身家，殊深忧惧。回想今春在竹园斗时，一切尚有生发，而心境究宽。乃忽焉而警起无常，迁徙靡定，屡濒于厄，忧急无穷。约计自春至今，仅九阅月耳，若不知已有数年之久，而景象为之顿减也。盖在难度日之不易，有不克尽言者。况中秋两月间，所遇无数惊忧，无数危险，是以心诚切切，愈觉为时之久远矣。在坟浜惊心少定，故转念今春以来之所遇。今春自竹园斗起警，余家遂至陈田。至陈之后，南段警日益甚，蔓延尤广，而为时又久。人之遭其祸难者较前秋更深。戕害人命，不知其数。余岳父殉难，亦在此次。所称白头长毛者，即此路贼也。此次贼扰，特甚于东南，故陈田尚靖。及既闻警，余家遂往戈溪。日闻其警，而不及于难。念自贼扰以来，莫有甚于此次者。余家不遇及此，实为幸甚。然不数日陈田即有枪匪之警。余家无日得安，且举家疾病连绵。至秋遂遭贼扰，皇皇出门，遁逃无路，乃至困于舟中，有两月之久。藏身无地，横逆恒来。谓在月圩村时也。时在壬戌闰八月，及九月间也。因想上年八月初四日，在竹园斗遭难，余家困苦在途，亦有一月之久。噫！期月之间，祸难迭乘，人其何以为情耶！而况随时之患难犹未已耶。前秋在南段逃难，所到之处，人相熟识，诸多照应，差堪自慰。今秋历投危地，与乡人都不相识，而所遇益穷。故自逃难以来，在壬戌之秋，诚至危至苦之日也。至是安居坟浜已数月矣，而危难之境，能无自思乎？岁且将终，立春在十二月十七日也。乡人颇有兴度岁。余家又兑首饰数件，以备年用。父亲以为且过新年，再谋生计，岁底拟用此钱可也。故是岁过年，食物亦克充备，但鱼肉酒浆，贵不可言。乃因祭祀，备物宜丰。余家在难，诸事不克照常，惟祭祀仍不失礼。在陈田时，亦敬以将事，不敢以在难而忽忽也。记壬戌过年，在嘉善之闰字圩，闰山文浜金氏之宅中也。

卷之二

癸亥元旦起　庚寅孟夏月甲子日始在费何溇张氏馆中忆述

癸亥元旦，天将黎明，余甫觉，方知已值岁朝矣。意将早起，望东方之既白，因起声问及母亲。母亲始不应，既而曰："天未亮，儿毋响。"母亲胆怯，故云。余蹙然而止，忽有隐忧。盖余以难中困厄良久，值兹元旦，遂起转机之想，将欲早起，冀得佳兆，以卜转机之有象。今问母亲，母亲不应，已是不祥。意者今岁癸亥，余适逢冲，恐母亲有所不利乎！是故忧之。余癸亥丁内艰，丁亥丁外艰。丁亥之祸，恶痣已形于面，考诸相书，知有妨父之象，故丁亥之祸，亦先有兆，尤为显著。呜呼！我父忧劳成疾，实为余也；我母在难多忧，亦以余故。哀我父母，□不幸而有是子哉！

癸亥新岁，在坟浜尚得安居。余父子无事，日惟入镇游览，或在近段茶肆中而已。唯入镇视彼难人，实有所感，触我羁怀耳。难中人虽资用未绝，要亦不得其所。况于床头金尽，贫病交迫者乎？其时余家日用虽虞匮乏，而疾病幸而不相加，故处境较前秋稍宽。然治生无术，实可为忧。

乡人有戚五者，欲我父聚徒教读。乃偕王某闰妪婿，合笼学生五六人。王某之弟与焉，学名王文富，系我父所取。其人颇能勤读。有一自名文星者，其人今已不堪矣。戚五之子，不知名谁，亦尚善学。尚有一生，亦尚善学，恍若亦姓戚，余曾为之书《千字文》者。其父为人甚好，在难犹能还租米者。我平邑地界，实无其人。其家又多自田。余因兑首饰事，曾至其家。一日其家有事，是生屡来邀余至家吃中饭。余畏羞，卒不肯往。然其时腹中正在饥甚。少顷，生即馈粉资至。

父亲因王某之说合，乃准其请，租胡三之屋作书房，即日开馆。余亦在列，彼学生俱称余为小先生。胡三之屋在桑丛中，一小木桥下，与王氏之屋横连，故朝东开门。乡人所称竖头屋者也。与余家所居隔一长岸，隐隐相望。入镇必由此岸。乡俗社师设馆，必先至学生家，先书学生姓名为定。维时天雨，父亲乘雨至诸生家，践淖没踁〔胫〕，艰苦万分。开馆之后，各生以次请酒。逢佳节及开黄梅，事亦如之。在乡甚是无聊，勉强为之，若计学金，每人所馈，仅数升米价耳。每生按季送脩敬五百文，时米价百文一升。在镇设塾，则尚可观。我父一日偶遇雅筠二舅祖，知彼亦在镇设帐。向在月圩，今亦住镇。学俸共有四五十千文，足供一家之用。盖伊家向与镇人多相识，故能如是。余一日偶至郑品芳茶点店中，见有人寄信一封，信面开“徐雅筠二老师台启”，余见此遂想此刻犹不失称谓，可知是处居民安然如故。郑品芳，向亦开在平湖。今在镇生意颇好。甫承平时移至福臻寺，旋即进城开张。维时布置甚易，非同别家始基之难，宜乎生意日隆。不谓郑氏倒运，一进城来，店即停歇。其子又是不堪。壬申癸酉之交，余置钱氏地基，在庙街上造市房一间。租户适遇此人，竟至三年不付房金。今其人已不知所往。故难中顺适之家，至难已而反不能自立者亦有之。可知家之兴废无常，苟非修德，乌能久乎？

在乡治生无术，又甚无聊。瞻望升平，尚稽时日。惟是千思万忧，毫无善策。日唯二餐，忍饥以度，犹恐其不继也。父亲尝言，人情一日不再食则饥，今在难犹得一日再食，亦云幸矣。余家未到坟浜时，昏昏在途，日用饮食，所费甚奢，尚不知其苦。既到坟浜，身家甫定，遂谋久长之计。费用顿减，一切从俭，益觉其苦矣。余家及姑母家共有五人，共食米三升一日，分二顿食。第一顿粥尚厚，第二顿必加水，则薄矣。父亲云二顿与三顿无别也，归二顿食则每食多食矣，归三顿食则每食稍减矣。此言诚然也。

余侍父亲在前头屋里一四仙桌上食，母亲、姑母、表弟在灶间食。

一日有耜挂于壁，将坠矣，余知其将坠而姑听之，若不以为意。未几，父亲凭几将食，其耜陡然而下，声震户外，翅锋微伤父头角，去顶前不能以寸，岂不险甚。余始而大窘，继而为幸甚，笑之不已。然前此之知其将坠而不以为意，实大误事。余之怠惰性成，往往如是。是以恒遭不测之祸。是役也，几乎害父亲大受伤，岂非余之大过乎？

时资用乏绝，惟废首饰以度日。有金花一对，色甚淡，早视为银器矣。父亲偶付银店识之，知其为金也。重五六钱，即兑钱十余千文，足供二月之用，喜出望外。

书房中有窗课文一本，想是城中人所遗。父亲即于空页中默录古文数篇，教不肖读。故其时余亦向学，然仅数日，终不能常。每多入镇。一日在镇，闻有人自投于河，藉人救起。余往观之，见其人亦士族也，难途无靠，将欲自尽。观者如堵墙，皆以好言相慰。其人满身皆湿，面犹带眼镜，而手足尚战战不已。余省怀同类，不禁有设身处地之想，而心实伤悲。又想其人形貌似同周姑丈兰滨先生，遂想姑丈已前岁逝世，不及是难。因而忆及我母舅家，道梗音问杳无。陷入危地，存亡难卜，殊深忧虑。一日我父在镇，闻及我母舅之恶耗，犹不忍与不肖闻。既言之，复切戒不肖无露口风与我母亲知。盖我母亲日念我母舅不置，倘一旦闻此恶耗，实有不胜之悲伤。故欲缓其闻。

时近清明，母亲方与不肖梳头，见辫线已敝而断，丁祖母重忧，用白辫线。遂以蓝布线换之。俗例不换新白线。因言曰："节将清明，儿当随父亲扫祖母墓，可就此取回埋金，以济日用。"方拟是举，忽闻竹园斗又遭贼扰，俞氏之屋已焚，此刻尚未安定。闻之，举家为之失色。盖是时日用匮乏已久，惟冀得竹园斗埋金以相济急。埋金中，周姑母家亦有洋百元。若此金亦失，生机绝尽。故闻此消息，实无以堪。且扰犹未定，而扫墓遂不果行。噫！东南地界，何以遭难无已时耶！在坟浜闻此消息，益增其忧。

节届清明，祭祀既毕，而学生家逢祭后，亦必邀余至其家饮酒。余卒不肯往，而学生每馈诸粉资。一日余取粉资归，将置诸器。不谨，或遗诸地，表棣见之，余仍吝而弗与。后尝悔之。时日餐二粥，视此粉资，实为至宝。既得诸人，而不能分人，竟听表弟而弗顾，其心抑何忍耶！时方春日舒长，闰妪家恒做草头塌饼，每分及余家。彼乡妪正是有情，而余独何心乎。故表弟与我同居共处，甚是难堪。

唐西庑自东来信，招其家属往东。盖东路此刻军声大震，人民安堵。西庑不欲其家久陷危地，故有是举。我家以无资故，不能与之偕。叔母尝拟携余一人去，因余不能离父母，乃不果行。唐姓遂东。上洋船往东，过朱仙汇，卡贼必查，凡有妇女，不能过卡。故妇人之往东者，必先乘网船，潜越朱仙汇，待诸路，俟大船过卡，而后过船。在难出险，如此难也，而无力者，并欲求此而不得。叔母去后，尝有信通问余家，犹惓惓我周氏表弟之在难而病者。自是以来，天各一方，年余不通音问。直至承平，乃皆归里。

自唐姓去后，姑母即携表弟南迁唐姓所住之室。因余家所住之屋实属狭窄故。余家所住仅两架壁。唐姓房金已经付讫，故叔母招我姑母住此。其房东某妪，只有一子行七，仅十二岁，其母子待我姑母颇为有礼。屋中尚有一家，亦能以礼待人。

时值蚕忙，此处人皆以养蚕为本，姑母曾为其房东帮忙，任剥茧等事。而表弟咬官亦与焉。而房东乃供我姑母及表弟膳。其时表弟幸而疮不甚发，尚克安居度难。乘此蚕忙，乃得一日之自食其力，而饥躯藉以稍充。是真苦中得乐之一候也。表弟虽不克疾行，坐而操作甚是心灵手敏。维时闰妪家之蚕忙，余亦佐其末，妪亦供余饭。开黄梅亦然，余皆就食焉。妪家平时亦食粥，有事用饭。余日唯食粥，且不尽饱，偶得食饭，实为深幸。蚕事既了，田事方兴，农功之忙，有过于承平时者。田功每工值钱数百文，余年已十九矣，若能力作，已足养亲。而乃有身无用，徒遗父母忧。抚躬自问，能无愧心？金妪之子五观，向亦在城业成衣者，今亦种田五亩，足供一家之食。余徒羡而致慨其力不能。

在乡甚是无聊，书房里尤坐不定。此余之素性也。盖其乏分读书，故一入书房，即欲出外，若或有捉之者。至今犹若是也。噫，读书诚非我分也。于是日惟入镇。一日入镇，直至东市寺桥下，入图通寺，见山门犹存，现有人开茶肆，余则皆为废址。见一女乞人，在山门后地下吸鸦片，此亦奇事。余即就山门吃茶，见肆中作小生意者颇多。一老妪人尚清健，约有七旬之外，自外入肆。手中持袜数双，遍问在座人，卒无有买之者。观其举动，必是好出身。噫，身为妇人，年已古稀，在难犹有生计之谋，余方盛年，何偏坐食耶？余向拟入孙氏糕作场，襄作元糕，后乃不果。孙氏系嘉善人，承平后开在平湖南湖头，所称协成者是也。其人所称孙八叔即是也。余亦为之交易。未几，即返嘉善。

在乡无聊，日惟入镇，游于市中。一日在市，遍观旧货铺。见一衣铺中兼有书籍，想亦城中人搬至于乡，而乡人取而卖之者也。有《古文观止》六本，版子颇好，且是全部。余出钱九十文买之。卖书之人即今之开宏成衣庄之褚补斋也。当时乡人苦无生计，唯销旧货以图苟且，故携货到镇，销去为幸。而铺中收货者，每多作贱，视此书籍，尤为最无用之物。此六本书，余固出钱九十文，彼铺中收来不过十余文耳。自已有万卷书籍，尽皆弃之，今乃损升许米价之钱，得此古文全部，余之心亦良苦矣。

于是持书以归，父亲即教我数篇。读《归去来辞》，至“乃瞻衡宇，载欣载奔”之句，不禁有感先世室庐之尽毁。即今城邑犹陷于贼，余家避难乡村，蜗居如瓮，茆檐日逼，如惔如焚。昼则溽暑满室，夕则聚蚊成雷，而且逼近于鸡栖豕栅之间。而乃以忍饥忧患之身，处此光景，其谁可以自解乎？余故对此苦境之难堪，顿思我家西南城角旧宅。庭宇高爽，墙外列树成行，浓阴垂荫，度此长夏，亦觉清幽。曾侍家大人自竹园兜泛舟回里，进城而西，向南过万安桥，湖港渐阔。自万安桥以南，一带水港，皆为我家管业。再过环桥即名杨家桥，水益清洌。东西两漾，在余宅之左右，中间一港，环抱宅后。湖中碧波相映，清澈彻底。临流而视，只见游鱼上下，纵横戏于荇藻之间者，随流不尽。而鸟飞空中，影入波心，犹复叠见不穷。余宅东偏有水阁九间，所称北窗者，最宜夏景。西偏一园，林竹丛叠，柳阴深处，嘒嘒蝉声。舟行至家，必先遥见宅后各景，而后上西埠入室。东西两埠今皆无存。余尝在舟视此鸢飞鱼跃，听彼嘒嘒蝉声，即景生情，洵足乐也。故在难时犹隐隐于心。读此《归去来辞》之篇，顿触所怀。因思何日一棹归家，不减曩日舟行之景，诚所愿望焉。独奈何难犹未已，室既被焚。追忆前景，不胜感慨。故举此篇文，辄有不能卒读者。

又李密《陈情表》一篇，余亦读未终篇，涕零如雨。盖深悔昔日之不顺祖母也。在丁亥之岁，余拟将是篇授三儿读，嗣因心绪不佳，卒不及此。噫，余以不学自误，而复误其后人，正不自知其何为者。幸诸儿不愿自弃，或能自立，则固幸甚。余自幼失学，至是始克读古文数篇，然不移时即已抛去。而书亦落他人之手矣。本年秋母亲至华使浜母姨家，余父子亦他往，遂弃闰圩所存之物。屡欲取回是书，总因怠惰性成，终不果取。后闻有平湖人何姓者在此书房教读，谅是书已为何姓有矣。何居闰圩，闰人以女妻之，故安居于闰。在辛未岁，余曾遇诸县试场中，但未相识，不与之言。至往岁己丑，在禾寓又相值，遂为之招呼。知彼与我族中亦亲戚也。入泮时，亦我保庭叔祖为廪保。在寓匆匆，不克细述前事，余之《古文》存否，尚未及询。

长日如年，日唯食粥二顿，甚是难堪。余本善用钱，日惟买小食食之。乡间无他物，只有糖与腐干二物。腐干尚得充饥，而糖则仅堪适口。余尝有意戒此，而有时亦尝食之。因粮食贵甚，而镇上绿豆糕卖四文一块，间有小者卖三文一块。开是作者镇上最多，亦有人携此沿乡卖之者。一日余在书斋，适有卖绿豆糕至者，父亲知其人亦城中人也，问其向习何业。则云米业。因述俞仿悦今亦在钟镇佐人开米店。仿悦姑丈在镇，余亦尝晤及，其家属及我伯母家，俱在暖浜。余既买其糕而食之，复以一糕奉我母亲。母亲却之曰："儿方在读，食此可也，母毋食焉。"不肖屡劝，母亲卒不食。不肖于是洒泪而食之。呜呼！母亲日相忍饥，遇食不食，以任不肖之饱食，不肖其安忍耶！故在难每食，心殊隐痛，恒以不能供养而转损父母食为忧。

呜呼！时遭患难生计穷，米珠薪桂食无充，瓶之罄兮维罍耻，有母户饔倚闾中，为子不能供甘旨，忍使我亲腹常空，相彼慈鸟犹返哺，矧伊人矣何懵懵。呜呼！遭此患难，又值凶年，为子不能菽水承欢，而转以口腹相累，是真不可以为人，不可以为子也。哀哀父母，何犹反殷覆育哉！

在乡读书终非所愿，于是日维入镇而已矣，而父亲亦尝入镇。一日父亲已在镇，不肖遇之，见父亲形容甚惫，不肖望之骇然而惧。父亲即呼不肖问之曰："汝点心食乎？未食，可即入馆食之可也。"不肖以已食告，父亲先归。余犹在镇流连忘返，见镇上走上海之辈，大小数班，皆衣服华美。在镇游览，无非入赌场、酒馆、花烟灯而已矣。亦尝与贼相偕，反有欣欣然得意之态。此不独走上海辈如是，而镇上市人亦间有之。余从傍观之，实有不平之概。

时镇上市面日盛，而他镇亦然。或有欲荐余至他镇习业者，父亲因教我学算盘之法。教之数日，并无会心。此事余最不近，实无心学此，故至今不会，是以生平所计皆左。父亲以不肖不能学此，卒多不乐，而遂欲不肖致力于诗书。然诗书尤非所近，日惟在乡游惰而已。一日沈氏华堂至。沈亦平湖人，幼时与我父为会文友，今亦在镇，知我家在此，故来见我父。因问我年庚，遂对我云："刻下在难日久，人皆有作饿殍之忧，我辈诗文一道，作为废业，岂不可叹。"又自述尝游新溪贼壘，且周姓使之唱盲词。因知是贼自丙辰年手刃其兄，亡命作贼。今其贼秩亦已不小。每食必奏乐，其僭侈若此。是贼今秋即为城贼所杀。华堂去后越数日，因他往便道又至，后遂不数晤见。伊家镇上本有亲戚，故遂家焉。又与新溪俞氏亦至戚，故难后即馆于俞。但不数年间，人已去世矣。

在乡甚是无聊，而且异乡之人殊不相合，故一遇故知，倍深缱绻。竹园斗八五叔，以本乡不克安居，暂作上海船上船工。一日遇余于镇，招入肆中茶叙，即买月饼一枚与余。因阔别之已久，遂不胜有他乡遇故知之态，临别更有依依不舍之意，犹于我父三致意焉。噫，我父处竹园斗，先后垂十八年，此地之人，何其爱慕若是耶！于难中尤易见之。

时渐炎热，余家有衣服未浣，因招西宅金妪来浣，母亲欲与之食，而妪已食之矣。已在家食之矣。余方入镇，妪欲买瓜，余允之而行。及至镇，其朝瓜适不多，只有佛手瓜一号，贵不可当。余想妪之所欲，不过欲贱瓜以充饥耳，买此贵瓜，必不当意。于是不果买，而实虚妪之所望。当时但计充饥，不图适口。一日余买李子十文，亦以为充饥计耳。市人与我次老数枚，余心知其次，意欲易之，恐市人怒，不敢易。怅然而返，心实悔之。至家母亲尝之，苦李也。余心益悔，然以其己之所买，不肯弃去，悉数嚼而吞之，并讳其味之苦。余之辟性往往孽由自作，而不自悔。其生平大率如此，彼苦李其小焉者也。姑母既迁南舍，益形艰苦，母子依依，仰望而嗟。余尝往侍。一日姑母出银花一对，使余入镇兑换。店中估价甚少，不兑而返。姑母反增忧虑。

天渐炎热，烈日当头，余入镇有时用伞，有时以布衫兜头。一日在镇，偶至西油车，见车中生意颇盛，新埭胡老元亦在车收菜子。胡与我五母姨家是邻居，余即向胡问及母姨家。胡云仍在新溪相近，又遭贼扰，危苦殊甚。其两女皆死，皆虞氏所出，上年余在伊家，时尚无恙。其子紫云幸尚存焉。而王氏虹亭先生去年亦已逝世矣。余别母舅母姨二家，至今已阅一年矣，始克闻二家消息。忆及舅氏，实深悲悼。新溪甚危地，母舅母姨二家近况，胡老源约略述之。胡固市中之能人也，到处均可活命。一日余见彼在钟镇东栅收春货，见街上扛过饿殍，或两或三，不绝于道。人皆蹙额而言曰："何此物之多也。"胡即曰："难不已，此物亦终不已。"遂拱手向扛中曰："诸公先请，我随后就来。"噫！胡已年老，尚能自食其力，犹对此而悲愤若是。若余之一无生计，睹此不愈可畏乎！

钟镇丝行生意亦盛。走上海之有重本者，皆得贩丝，获利甚厚。余所见当日经商之人，我邑人居多。我五母姨家景山姨丈，有时亦入钟镇。一日余遇诸涂，因偕至余家，遂述其在难之状。因言此刻甚是无聊，钟镇市面甚盛，拟居此镇开店。遂向余曰："可即来店中学业。"

余唯唯。乡中无他物，只有月饼一枚，以为待客。而客不忍食。客去，余送诸路，几及半里，辞之而后返。

钟溪赌场之盛，无以复加，东市西市，港北港南，无处不有。开赌者即要有费付诸贼馆，而后随处可设，各自称庄，悬灯为记。开赌之人，均以名号标于大灯为记。向之开赌，或于隙地起厂，或于隐僻屋中。今则肆无忌惮，显居于市矣。游惰无赖之徒，本以赌为业。军兴以前，浙西赌风早炽，至是益得肆行。故皆扬扬得意，自夸此业之隆。且必结纳贼党，以张其势。故局中人无一不附贼党。而商贾之失业者，都慁迹于此。我邑人入局者亦不少，今亦尚有存者，惟林秋三自设一局。至于与赌之俦，则莠良不等，大众齐来。我邑人之在镇者，亦皆不免。惟戈韵生，日居胡厅摇太。而今之收纱宝欣，则居鱼巷桥下局中。竹园斗俞氏麻子大叔，亦尝在港南摇太。其时余甚无聊，往来诸局，袖手旁观，了然在目。尝自镇归北，见近文浜之人，或蹈此习者，在途纷纷议论不已。余入镇，必遍游各局，虽以无聊故，而不免起欣羡之心。故有时亦或下手，而输赢则仅以百文数。盖以此赌余本不喜，余所赌者，惟同棋耳。

踞嘉踞平之贼，均设贼馆于钟溪。东市归平贼管，居镇之中。有胡氏之厅，开设太场，兼设茶馆。馆贼姜自有，日必到此。姜有一伙，似乎名阿桂者，平湖人也，日居是厅摇太。余入厅啜茗，必见此人。此人日与馆贼收市捐。馆贼日征市捐，所进甚巨。此人收捐之外，即入胡厅。大约此赌即此人所设，抑不知姜贼所设。平日之赌，外来之贼不能与。贼告有示贴于壁，惟告道则合群贼与民交相赌博。一日姜贼告道，有白米村人孙晓山者，为贼书请客之帖。余在肆亲见之。故知姓姜名自有者，即馆贼贼目也。阿桂者，惟收捐开赌，在外无甚滋扰。故承平时尚得出市，充平湖县号房差。余县试，曾坐号房，阿桂亦曾当差。灯下余偶遗手巾于地，阿桂取之，余不之问。阿桂年纪尚轻，今死之已久。

当时一独眼人尝入胡厅卖糕者，有熟粉塌饼，六文一枚，亦有切半卖三文者。余尝买此充饥。有脂油蜜酿糕，则贵甚，余卒不敢食。闵在途之饿殍，何忍食此。其时包子卖七文一个，亦不甚大。糖水糕三文一条，则又甚小。惟绿豆糕三文一块，尚可以食。然在镇打中伙，毕竟饭好，否则素馄饨则所费亦省。卖粥之处，遍处皆有，然必加冷水，与赐粥无异。

镇上当前一带，街道最好，房产亦好。上岸已设赌局，下岸开张丝行，而又若钱庄者。平湖人曹稚山即在此。有某五相者，尝往来其际。某五相者，余已忘其姓，镇上公事，皆伊为之。丝行隔壁开一面馆，系平湖人名小娘舅者。所开珍馐俱备，生意兴隆。一日，途中忽遇紫云表棣，知彼自乡间来，亦既到过赌场矣。遂相与入小娘舅面馆，以鸡侑酒，复烹三鲜汤吃饭。更与之游于赌场者半日。既暮，载船已开，紫云不及回家，伊家仍在新溪相近。遂自镇偕至余家，但无下塌〔榻〕之所。于是卧长凳，作长夜之谈。天气甚热，尝起而纳凉于场。时我父母皆以天方盛暑，戒余勿入镇。余以在乡无聊，仍欲入镇。天明，遂偕紫云入镇矣。在途各感生计之无从，而束手无策。遂不免萦情于太场中。三寸换一尺，噫，此心一起，余与若均至破家而后已，言念及此，能无伤心？至镇少叙，紫云即寻乡舟而返。余闻紫云凡入镇，必于家中多索行资。或不如数，必将邻人所寄卖布买花之资，取而用之。归则每有口实。

余逢入镇，一茶后，犹必一路淹留，不肯遄归。一日遍阅旧货铺，买油瓶一，持之归。细阅之，有一细眼。忿极，内自讼者竟日。余遇事必苟且，既则悔之，往往如此。一日至镇上修船之所，自取油灰归，涂其瓶，故其瓶尚可用。本年秋母亲寄此瓶于母姨家，故甫进城时，仍为我有。后为唐宅借用，而瓶遂失矣。

夏间四方无警，坟浜愈安，惟米珠薪桂。余家拮据万分，母亲有金簪一条，拟兑此以济日用。遂将是簪托与戚生家。嗣因估价不合，越数日，余就其家取回。时天方炎热，闺妪忽有病，有人荐一医者，皆以为是和尚也。至则并非和尚。问余姓氏，并自述其姓氏。因言与我家两叔祖保庭、宝卿会文友，盖其人即戴壬安也。名金栋，难后又数年而卒。

时维六月，天甚炎热。因日用乏绝，爨火既虚，遂将金簪交诸店。余甫入市，即遇景山姨丈，匆匆数语而别，约少间再晤。其簪成色固是足赤，时价应值洋十二元。乃历投数店，所估皆未到十二元，遂过东至高柜台周宅。有一银店，余立于店门外，以簪付店中人。时难人之交首饰者固纷纷也，故银店中皆以收货为业。以货贩至上海，获利甚厚。有好金者，贼亦托收。周宅中间，即作贼馆。接余簪者，一瘦弱后生，视其簪，即问余欲兑几何。余以十二元对。后生即持簪入内。余呆立店门外，殊无体统。店中有一人，貌甚粗蠢，手方执业。其人或是平湖徐姓者，今亦尚存。见余独立不动，因招余入店坐。余仍不动，特立以待。店中更有一愁眉人，屡顾余而不言。余心中亦知此态之不好，而不知身不由主，依然呆立。皆因怠惰性成，以至此耳。余生平之大病也。旁观者已皆不懂，或有相顾而窃笑之者。倘有讥读书人者，以为读书人恒有是态。噫！人有目余为读书人者，余诚牵读书人头皮也。

未几，瘦弱后生偕贼至矣。余视之，姜贼也，骇极。姜贼一手持簪，一手在贼袋里握银洋。一小长毛捎钱数千文，后生对余曰："十二元尚可让些否？或洋或钱，任取可也。"余方骇甚，顿口不能答。但云"不兑"二字。后生复云："依尔价，依尔价。"余仍云"不兑"。后生亦骇。且曰"兑与我"。言"不兑与贼"也。余实不知变计，当此势不能已。而价亦到数。而乃偏执"不兑"二字以对。且心中并非不欲兑，不知若有鬼使。口中不觉只言"不兑"二字，遂致成此笑话。幸而贼竟不敢犯吾。不然，此事无以了局矣。然心实恐惧不遑，自觉张皇失措，不知所为。方与瘦弱后生持论间，首屡向西望。且问店中人曰："新场陶生茂人见乎？"盖心实惶恐，欲望人解厄，故有是云。店中人见余语言不伦，齐声言曰："依汝价仍不兑，是献宝耶？"余闻之，不能答。姜贼见余坚持不兑，即以簪投诸地。贼口中反舌之声，已不能听。余不得已，俯而拾之，疾趋而西。约计店中愁眉之人，已骂不绝口矣。

余甫到银店时，天甚炎热。听有人云："六月初三一个阵，上昼耘稻下昼寝。"固知是日即六月初三日也。是役也，正是咎由自取，尚何言哉。人之不智，何事可为。既过西，一路心犹惴惴。暗想此番交易，价已到数，何以心不由主，无端受惊。因念己之敖慢弗率，在家肆行已久。上而不顺乎亲，下而侵凌幼弱。谓周氏表弟也，习逞其不驯之概，无在不欲拂人之性。岂知不顺乎亲，罪积于己而不自觉；拂人之性，灾及其身而莫可逃。乃惟其积罪既深，是以天夺之魄，遂至昏庸无识，临事莫由主张。动辄拂人之性，安得不遭祸患乎？是役也，不大受辱，夫亦幸矣，非可逆料也。余每逢失意之后，亦尝自省其非，有思补过，稍开其平旦之气。明知招祸之由，实由昏庸之所致，而深自痛责焉。然立心不定，越一境而昏庸如故矣。余之不能有恒，自少而然。是以终身迷惑，不能有为。彼难中之事，始发其端耳。

既过西，尚虑姜贼或来犯。因思西油车乃嘉贼所开，姜贼固畏嘉贼，且车中皆安分良民，有为我相识者，遂疾行至西油车。至则景山姨丈果在。经理是车者，即新溪人谭老金也。余说及兑金事，谭即问我欲兑几何。余想十二元已不兑，必须十二元之外方可。不知心诚溃溃，仍以十二元对。姨丈即劝谭兑。谭初不允，旋即以洋十二元付余。余以为未足。谭云："顷言十二元，岂忘却耶？"余语塞。遂接其洋。余以方才之厄，惊魂未定，动形于色。姨丈疑之，戒之曰："动就须稳，毋急遽乃尔。若我儿紫云耶！"时方炎热甚，余腰间犹束蓝布袱一条，将以负米也。其困厄之态，有非可言喻者。

既出油车，后入市见新开一南货铺，因买大枣子一斤，价亦不贵。铺中更指他物，余不敢多买而返。在途自想镇上市面日兴，人皆乐业，何独余之不肖，不克自振，而动辄得咎乎？

既归，即以洋奉母亲。母亲因言是簪兑来时，汝舅持归，母睹物而色喜，盖屡积女红而为之者也。今逢患难，兑此养命，正不虚当日辛苦之功。自遭此难，余家金器尽兑去。是簪系母亲幼时之物，故于此犹惓惓焉。在难兑金之事在癸亥六月。今忆其事而书之，亦在六月。追念当时，曷胜嗟叹！且所馆银圩，在新溪北四里，一如难时寓坟浜，在钟溪北四里。乡村道路，大略相同。入镇时一路间观，风景宛如昨也。于是慨难时之困厄，嗟难后之蹉跎。回首生平，不堪自问。而我心为之蕴结。

在月之十三日，在镇遇肖虹表棣，言自平湖来，昨日与我弟瑞安茶叙，见我弟身实尫羸，而忧形于色。噫！念及此，而余心实有深憾焉。盖我弟当余破家之后，室如悬罄，生计萧条，而以一身经营其际，拮据艰难，日形况瘁，无在不履忧危之境。夫是以身弥劳而心弥戚也。噫！我弟如是，我将何以为情哉！窃念我弟幸脱险难，重转故乡，是非天佑，何以致此？我知其必有兴也。今之困苦忧戚，安知非天将玉汝于成？弟自幼年遭难，年十三而失散，离家者又十三年。归则趋庭已伤失恃之嗟，椎心亦抱蓼莪之痛。惟是下帷攻课，温故知新。然而三年罹患，十载经商，筋力亦既疲惫矣。在辛酉年被掳，自禾而杭，幽拘三载。至甲子春，从戎经严州之瑞安界，足痛不能行，遂留此居阛阓焉。严俗俭啬，获利惟艰。积资十年，始得旋里。乃进修之壮志弗衰，而兵燹之余生罔恤，风雨一编，无间寒暑。洎乎愚兄败德，家业荡然，而乃左支右绌，心力交瘁。上慰严亲之忧患，下提诸侄之振兴，济此艰难，不遗余力，可谓难矣。加以生男不育，有女旋殇，俯仰生平，无非愁境。及遭大故，哀毁尤深。既免丧，复期振作。然承其倾覆之余，家无长物。仰屋兴嗟，授徒自给。薪水躬亲，操劳若此，安望其不尫羸矣乎？而且所如不合，动辄生艰。噫！遭是境也，心滋苦矣。惟室有梁鸿之妇，同志安贫，尚得以勤俭佐饔飧之给。从此兴家有自，天实以淑配畀苦心人也。

夫妃匹之际，家道系之，冯孟三《诗》论有之曰："家之难齐，甚于治国。"而齐家之难，其由妇人乎？王化之行，端自内始。成周之先，姜嫄聿开生民。厥后太姜立古公之配，太任来王季之嫔，笃生文王，缵女惟莘，德修之化。自家而国，系于《周南》、《召南》。《关雎》、《葛覃》、《卷耳》，后夫人有幽闲贞静之德。《鹊巢》、《采蘩》、《采蘋》，南国之夫人命妇有专静纯一之思。是为风之始。而乐之乱，周之所以王也，降自《邶》、《墉》、《卫》，《绿衣》、《燕燕》、《日月》、《终风》、《硕人》，见庄姜之贤。《泛彼柏舟》，着共姜之节。是其《卫风》乎。迨《新台》、《墙茨》、《偕老》、《鹑奔》之作，宣姜之失行，不再传而为狄所灭。其时上行下效，《凯风》、《桑中》、《氓》、《蚩》、《狐绥》，淫风大作。郑之《鸡鸣》，此贤妇之相成也。此外而淫奔之词居大半焉，季子所以叹先亡也。齐之《鸡鸣》，此贤妃之相警也，不愧泱泱大国风。而《南山》、《敝笱》、《载驱》、《猗嗟》诸篇，文姜之不淑，而鲁桓、齐襄俱不善终焉。至于西周之盛治，数百年矣。而艳妻煽方处，遂至于亡。昔之由郃而邠，由邠而岐，由岐而丰镐，经数代贤妃圣后，受命始固，以共成王业者。乃赫赫之宗周，竟以一褒姒灭之，何其得之难而失之易欤？岂非女戎之为祸烈欤？此周之所以衰，而雅诗之所以亡也。

夫子删《诗》，备载其兴替之由，而不废郑卫之淫诗，所以垂教万世之大戒也。历观前史，社稷之存亡，半由于此。若夫大夫士庶之家，或以贞壸植纲常，或以孝女笃恩谊，或以健妇持门户，或以淑配昌家业，固不乏人。而往往一女子之无良，以致夫子乖，兄弟离，师友疏，宗戚叛，兴戎构讼，败检逾闲，基绪为之陨灭，道路指而谤讪。《诗》曰："妇有长舌，维厉之阶。"乱匪降自天，生自妇人，可不惧哉！故曰齐家之难，由于妇人也。

然而家人之义，归于反身，诚知《关雎》为风化之原。正心修身，刑于寡妻以教乎家，使男正位乎外，女正位乎内，家道正而万事理。则《诗》之为教，诚深远矣乎。《诗》教所在，惟在修身以齐其家。我弟宜家有自，家道将兴。余持躬不正，家道遂替。后之人若有效尤，必及于祸。夫以余之败德，尚赖先德，仅以身免。后之人承余败德之后，再效余为，其能免于死亡之祸乎？所幸旧德未湮，我弟以患难余生，起而自立，以支持门户，未始非天启之也。虽尫羸，亦何虑哉！愿我后人，遵法叔父，即盖余愆，则余家幸甚。

自兑金之后，家中始备两月资。恒虑两月之后，资用无着，惟切切于竹园斗之埋金。然东南地方犹然不靖，以兑金故，过镇东银店，未免怀惭。姜贼日游于市，或遇诸途，贼亦相视而笑。市人之无耻者，乐与姜贼游。一日，姜贼与林秋山偕，余遇之于小娘舅面馆中。有一走上海人，面貌似姜贼，余每误以为姜贼。且其人尝与贼偕。盖市人之显者，恒与贼游，无耻实甚，而当时以为荣。余虽不与贼游，而恍与之游，何也？余日游于街，贼亦如之。余日进赌场，贼亦如之。一日，余入西镇赌场，见摇太者是平湖人之充捕役者。开赌之人在账房偶起争端。一人曰："吾非无因而至于此也。"一人曰："我岂无来历者耶？"盖两人各有声势可倚，无非贼党耳。

余一日在赌场，见胡氏桂馨表叔，祖母侄也。时尚陷于贼，依然贼服。始不余顾，后乃执余手而与余言，且问我父起居。桂馨是日即遁，难后尝言及之。今去世已久。难时年未及冠。桂馨之叔复和舅祖祖母庶弟，难中亦陷于贼。其母朱氏忿甚，将图自尽，知其寿藏在崔泾上，一说花园港上，想是北窗公墓，崔泾恐误。匍匐以往。将钱付诸坟丁，嘱之曰："我死，劳汝取我骨埋诸藏。"遂自投河。坟丁拯之已不及，乃埋尸于藏中。呜呼哀已！此事余闻诸戈氏焕青表叔。朱氏者，余幼时尝见之，约少我祖母十许岁，祖母及姑母等均以娘娘称之。曾记在姑母家，买楂糕与我。周家太太，我父之大姨母也，又为我姑母姑。晚年善病，媪婢俱不称意，唯娘娘性诚和顺，而善解人意。故常留之以乐晨夕。其子复和，亦日以至。而桂馨则间日或至。复和于我家一月中仅一二次，至则祖母每与之钱，而桂馨则不数至矣。总之西南城角路实不便。

然胡姓与我陶姓，累世至戚也。余闻之姑母云。我高祖时，每逢佳日，及林园花发之时，设宴以赏，北窗公必在座。姑母时尚孩提，亦必携之入座。园丁珍祥，掌花木事，清晨分花各处，必自姑母始。姑母为我高祖增孙女长，爱之殊甚。又为北窗公外孙女。故两家之亲密，自幼习见。乃不数年间，两家门祚日就衰微，而胡氏实甚。北窗公见后昆之不类，尝抚膺叹曰："胡北窗一代人物。"胡本簪缨望族，代有闻人。北窗明经昆季五人，三明经，两孝廉，人称五虎将。当湖文坛健将，前五虎将胡氏昆季，后五虎将顾访溪先生昆季。而北窗公犹享上寿，年七十而生复和，至八十岁而卒。正出多女，行六适张韩家埭张笛渔，最长适周桑园衖周，行三适陶即我祖母，行九适戈仓桥头戈小石，行五、行六俱十六岁亡。元配陶氏，生男女十人。长适周行大，次即我祖母行三，次适张行六，次适戈行九。行五、行六俱我祖母胞弟，殇时已熟读九经，疾革时遍背所读之书，历十日，背毕而殁，兄弟皆然。余幼时尝听祖母言之。又有讳恩科者，係恩科之年生。余本不悉。庶出多男，行一、行二、行三、行四、行五、行七俱男。行二生一男一女，而夫妇亡。男即桂馨，长余仅二三岁。女长余一岁，即余之表姑母也。幼失怙恃，遂成童子劳〔痨〕。亲戚多忧之。庶朱氏亦生十人。□□行二皆读书，行三线业，行四□绣业。行三、行四余幼时尝见之，行五及复合则习见之矣。余本不悉。

胡氏或有人至余家者，祖母每问之。时余亦多病，祖母尝对胡氏之人曰："尔家某宝果难育长，我家阿官亦非易育。"未几，表姑母果殇，而余则既为成人。难中偏不顺乎其亲，而难后复破其家业。生男望长，若余者，不如不长之为愈。而鞠畜之时，岂料此哉？呜呼，我是以读《蓼莪》而痛心靡已也。凡周宅有事，余必至，必见胡氏诸昆。当周太太去世时，周表弟咬官起奇病。周宅竭蹶不遑，藉胡氏昆季为之襄理。我姑丈兰滨先生，长于学问，不谙俗务。胡氏五叔祖，能人也。余十二三岁时，余家拜喜忏，彼亦来经理诸务，措置裕如。有时胡宅亦拜喜忏。祖母携余至胡，入其家，见广大闬闳，规模宏厂。宅本廉宪第，后亦科甲相继，至是而始赋《式微》。余周阅其室，叹轮奂焉。难后其屋尚存，经复和卖与叶氏。祖母自此次至胡后，遂不复入其室矣。将难之年，父亲复携不肖兄弟至胡宅贺年。见一室供文帝君像一幅，绢本，以线绣成，俨同于画。胡氏祭祀极敬，清明墓祭必用梢飞船。祭毕，设宴。所费甚巨。后以家世日微，礼亦有缺。

余舅祖一辈，凡庶出者，俱业经营。有一在新埭稀〔绨〕布店经营者，见余一婢抱之在街，遂来招之。余至今犹能恍忽忆之。五舅祖性最敏，诸艺毕就，遭时不偶，所遇辄穷。在难前之一二年，将欲成婚。忽以条银事，竟为县署所管押，赖诸亲出之。复因在家不靖，拘之如故。及难作，不知下落。年仅三十许。

复和舅祖者，长余不过四五岁，向无生业。在己未岁，居新溪酱园中。是冬，与余同附焕青表叔收租船，自新归城。时焕青目甫瞽，因问及余家之空青者。开年即为庚申之岁，难既至，而诸亲之音问不通。自庚申春各自亡命，遂与胡氏音信不通。及壬戌春，在竹园斗砖桥下过一划条船，一□在船，一后生上岸买物，□颇疑似复和母子，未知是否。难后晤及复和，亦未及问难中事。未几复和已逝，余闻之骇然。欲访往事，已不及矣。呜呼，胡氏既衰而遂绝，已足为有家者危。凡在至戚，岂无余痛。后数年，桂馨亦不知下落，而本支乃绝。今以旁支承祀，朱氏以义愤自尽，足为胡氏光。难后复和犹在，遂卖其屋于叶氏文卢。其时余亦晤及复和舅祖。一日，见彼形神俱失，知是不久。未几，有人云复和已死矣。其屋价亦未得实。在他人手，死后已不可考，但知是屋仅得价洋二百四十元，立券之后价亦不全，皆零星支用。今叶氏亦已拟价，值洋四千元。余尝入是室，而伤心往事。在丁亥冬，曾偕西冷范吉如太守至其家。

在坟浜时，方炎热而旱。夕间人皆代牛推车，闰妪家亦如之。余父子戏为之佐。然空腹实不能继，不移时而力已竭矣。父亲叹息言之曰："天方旱甚，若用力于田，亦是有功。"

节已立秋，候尚炎热。余入镇，或以衣兜首，或张破伞。一日在镇，因伞已敝甚，遂弃诸街。唯以其故物也，心殊弗忍，然其物实不堪用。

在镇或至东栅，实无颜见银店中之后生。一日过其门，见其家有丧，阖家哭之甚哀。余闻而伤之，唯恐其后生死矣。后果不见其人。及余家住华使浜，凡上镇，日过其门，不见其人，乃知是人之死无疑矣。余想是人本有病，今猝然而逝，或因兑金不成，迫而致之，亦未可知。于是一过其门，心殊有憾。而姜贼又偏日见之焉。见此，余益伤其后生之已死。姜贼日与市人李峻云等游于茶肆，余亦日游于茶肆。一日在镇之港南啜若，人皆云此刻西瓜不及时矣，藕则可也。有一逆贼，性尚和平，人都昵之。在坐食藕。忽有人云崇明日坠。贼闻之而亦戚戚。且曰："是劫较兵燹尤甚。"余闻之又甚惊心。然皆谣言也。

有时或至西栅啜茗。肆中又兼卖粥者。见一后生满面烟迷，贩半篮画眉瓜，来此食粥。余观其人亦城里人也。计彼卖瓜仅得几许钱。日唯粥与烟，定是不敷。遂代为之忧。复思自己并无卖瓜之术，尤觉可忧。于是怅怅而返。后数见此人，见彼终日怏怏，率多不平之概。而小生意之业亦不能继，欲作无赖，而力又不能，乃即为行乞者流，而不能入其党。呜呼！此类之人正不少也。实由自陷，而欲尤人，人遂绝之，而不可挽矣。呜呼！此类之人，余实近之，念及此耳，不能无愧于心。

余家五大叔祖宝卿甫，住大云寺之西泾汇。五三祖姑母之家也。地果完善，贼匪一次不扰，家中物件无一遗失。逃难至此，何幸如之！此千万家中仅见一家也。我家寿贞姑母，本入此，而复去此，诚不幸之甚者也。余家屡遭贼扰，一物无存。急迫二年间，无地可容。跄踉来避坟浜，始得克息残喘。知坟浜至西泾汇，路尚不远。大约六七里。在夏秋之交，父亲徒步问路至彼相候。至则五大叔祖夫妇俱亡，遗男女各一，俱幼。男即卓哉。女适陆氏。寿太太及其子女皆存。寿即宝卿庶母，生子一，即良卿。女适姚氏。五祖姑母适周氏。当日各道难中之境，及莫而返。其时沈宅五三祖姑母犹在。难后又数年而殁。其子元圃今亦已殁。寿太太难后又十六年而卒。所生之女，嫁于姚姓者，早卒。遗女一，侍其外祖母者亦数年，今亦已适人。父亲既返，每念五大叔祖之已殁，伤悼不已。叔祖为我族中能人，阖族公事皆所倚赖，又与我父同庚，而又受业于我祖者。闰妪之长女，狡悍异常，嫁于大云寺之为屠夫而充贼役者。目不识丁，贪欲无艺。遂为乡里所不容。其妻乃遁至母家。前此至家，甚张其势，肆无忌惮。至是而亦知敛迹矣。有洋数十元，恒启封以数之，不觉相视而笑。盖是物若是之多，固村妇所未经习见者也。然为乡人所逐，正以其敛钱无厌故也。其夫有时亦来避此。余见之，一无知乡人也。

自得兑金洋十二元而后，迄今已近两月，资用又将告罄，而更欲他图。或有走上海人欲货我空青者，都纷纷拟价。我家古玩本夥。有藤匣一，所藏数十件，皆重器也。相传以为历传冢子。余自幼不肖，先世所藏之器，视若弁髦，是以不能保也。在己未之岁，亲戚中有目瞽者，欲来求我空青。余在新溪闻母舅与俞云娲表弟论及此物，甚是宝贵。及难至，余遂于众玩中独取是物而谨藏之。有警，或携之而走，或密埋诸地。不知几费心思，始克保此。其他诸玩，不胜枚举，悉毁于贼。有人说若售于西路，允得厚价。父亲于是至徐步桥，偕桥翁至一新造屋之家。室中人睹是物而极赞美，然亦弗能估其值。桥翁者，姓杨字砚桥，住石狮子港，系余曾叔祖母马氏太太之姨甥也。

在徐阻雨，遂不能行。淹留数日，行资几绝。跄踉而返。拮据不堪，不得已而售空青之志益决。将谋他往。父亲切于求售，尝形诸言表。一日忽言之曰："明日将至某处，在此一举，必得获利。"闰妪大女闻之，疑我父喜赌，故有自是云。而不知其非也。景山姨丈亦托其友项古香，招人来买此空青，而皆未果。而走上海人均来还价，唯陆少岩屡还至三十五元。且言若贩至上洋，果得厚价，虽增百倍，亦得分半，决不食言。屡与我言，余终不可。

市人有李峻云者，日与姜逆叙茶之人。睹是物而告人曰："是物也，乃能吃刀，定是无用之物。若果有用，割我李峻云头去，当夜壶可也。"人皆闻其言而笑之。盖是物本是山胆，岂云非石。以得山水之菁华，故其中水常不涸。《本草纲目》云："世有空青，人无瞽目。"可知所宝不仅与古玩等。市人李某，但知媚逆，安识所宝。以为入刀者石也，非玉也，即为无用，而不值价矣。岂知空青之宝，不同古玩之第供玩好也。而走上海人之识是宝者，仍欲设计谋我，余悉却之。走上海人恒在李峻云花行中倒同棋。余其时幸犹未学也。不然者,空青去矣。李氏花行在镇之东,行前巨舰停满,装米及花。其时米价每石在十元外,而行中犹千万倚叠。

在难资用乏绝,米价贵极,深为可忧。及新谷将登,而米价稍滴〔低〕。余一日从镇西过,见俞访悦姑丈在一米店,店系平湖吴问樵所开,仿说经手。与人说此刻张堰青已出。即指一栲栳曰:"此即是也。较陈冬稍贱。"由是新米渐起,而米价日抑。

每逢入镇,人之问我空青,纷纷不已,皆欲谋之,以为奇货之居。余实应对不暇,而所还之价又多不合。余在岸见数村妇结伴而行,一妇携花核一篮而行,一妇欲替之携。遂指花核曰:"是若为珠,则洋银不数矣。"余感村妇之言,遂起兑珠之议。然其时珠尤难得价,一日余以珠付江氏,茶叶店有姚姓一老,为之估价,价甚不合,余即持归。姚老者,姚永年之父也,难中在江氏店中。江亦我邑人也。其时金银虽贱,亦尝有价,唯珠则无定价耳。银虽有定价,而不肖银店仍欲欺人。余在镇西一银店,兑去银器一件,价亦作贱,而钱又缺串。一转而欲彼加串,则已不可矣。未几,其店即闭。可知贪小之辈终无后也。

景山姨丈米店既开设于镇,其家已由戈溪移住于华使浜。母亲欲得母姨信息。余从镇东一路问至,约行四里许,入其室,其家果在焉。母姨言及母舅家,余亦咨嗟流涕。姨丈适在家,因言闻走上海人云:"尔亲戚唐西庑在东亦已物故,尔家空青何不早讫伊售,必多门路。"姨丈所言如是。余家并无有空青寄东之议。姨丈有事曾托西庑,故视西庑诚大手笔人也。母姨家所住,一新造通转八间。而前埭屋瓦都被族人搞碎破乱,余均新健。较诸坟浜金氏之屋,固已远甚。门前一河水尚清洌。噫,是处也,是我母亲临终之处也。言念及此,痛何如之。既食中饭而归。母亲已识母姨之所在,遂有相归之意。但所隔一九路,欲行,力有未逮。于是中心耿耿,不释于怀。

钟镇特设公估局。洋银不经公估者不用于市。每估一元,收钱十文。有净光、九八、递降至八折而止。自八折以下作废银用。局中弊端百出，有人来估净光绝少，九八、九七犹希，而九五、九折为多，而暗中实收九五、九折、八五之洋，印为净光，而布诸市。而市人之狡者，恒与局中结纳，而所估遂得便宜。局中有年老之人，究属公道，余亲历试之不爽。又彼如欲估低者，或不与之估亦可。余一日有洋欲估，适遇良卿叔祖，自大云寺来游钟镇。余遂与之同上估局，以洋示之，曰："九五则估，九折不估。"彼遂估为九五。是局为从逆者人所称为三大人者创，故以逆当头。图记有"听殿"两字，盖托诸逆首伪听王陈炳文也。局中所用之人，皆西路钱庄人，及吃赌饭人也。及三逆既遁，复有逆党继其业者，占一时之盛。西路各镇皆行。然此道总不能久行，所估日渐清淡，遂以可用之洋尽估通用。图记印"通用"二字，遂作净光用。而所估稍起，及大军既至，而此辈不敢出矣。余尚有所估之洋，乃去其图记而用之。钟镇仍有人为公估者，每元只取钱二文，亦不能行而止。

在秋间，日用匮乏。父亲急欲售此空青，意将欲转俞村。因戏言曰："如空青不克售，而俞村之埋金亦失去，当持空青于手，投身于俞村之河。"噫！当日万难之境，可想而知已。时天气渐凉，父亲以劳苦殊甚，忽遘痢疾，遂卧于家。余则日教村蒙。中秋将至，问彼修金。皆以未届节故，本定五百者，仅送二百。乡人之可笑如是。其后余家迁南，乃悉听之。谅此微利，本不济事。

在坟浜甚是无聊，日惟两餐，尚有未足。每藉豆萁以充饥肠。母亲或以闰妪釜中花丸豆与我食。花丸豆者，豆之至贱者也。平时煨之，以作猪食。难中人亦炒而食之。闰妪无言，其养媳八姑娘言之不已。余因之反不顺乎母亲。母亲伤之，咨嗟而已。余仍取花丸豆入宅后食之。而听北路之炮声，时官军日逼，蠱贼纷纷退避，沿乡于是有警。然其时贼亦不暇扰乡也。

一日，天既雨，坟浜小有警。余亦出走，岸滑甚，余足不能履，强行数步，未及一岸而返。见他人扶老携幼而行，余则空身独行，犹未能也。有嘉善人，舟行至此，遂上岸，入闰妪之室。闰妪接之甚恭，少顷即行。方善人之在室也，知余是平湖人，彼此相问，各自嗟叹。然善人乘巨舟，用物悉备，衣服完好。余家在辛酉三月，往东乡时，亦如之。今则屡遭贼掠，一物不有，短褐不堪，对彼善人未免生愧。而回忆曩时之衣服物件，犹难已于中怀。○余临警不能保持一衣一物。及警已而见人所有，而我独无者，恒自伤之。然已无及矣。如辛酉之秋，奔走于雨淋日炙之余累月。天既冷，见人皆着暖，而我尚单寒，不觉自悔于心。壬戌夏仲，在新埭将寻房子，为暂住之计。入一室见人皆衣服洁好，而自顾形秽，不敢向人。噫！余唯好胜，而遇事诸多不便。是诚一生之大病也。难至而不保其物，难已而羡人之物，尚何及哉！夫在难不失其物，亦云幸矣。而要皆有道以处之也。若余之溺于怠惰，固无能保其物也。故天下自弃者流，天亦孰得而恤之。

闰妪之大女，既返其家，遂欲致我父亲至彼大云寺肉庄写账。父亲允之，而未行。彼屡摧之。时福臻寺市面大盛，沿港俱造房屋，设店铺，而近镇居民安堵如故。独有余家所常住之竹园斗，终无安居之日。及移居陈家田，而陈家田亦不可居矣。然则当日余家所在，难即随之，何不幸若是耶。直至居嘉善闰圩之陈三坟浜，而后惊魂甫定。今将近一年矣。姑母居南宅，母子困守蓬庐，其苦不堪言状。表弟之乳母，本住福臻寺，向尝阖家就食于姑母家。今其人尚在，正在访我姑母母子者。其地又甚安靖，姑母欲往依之，乃将自坟浜唤渔舟，由钟镇径往福臻寺。母亲本欲至华使浜，而力不能。若趁船至镇，由镇至华，路仅四里余，较坟浜至华，路近一半。于是附姑母至福之舟，以至钟镇。母亲临行嘱闰妪曰："我此行殆将返矣，我尚有物件尽存于此。"闰妪唯唯。呜呼！母亲此行固将欲返坟浜也，而孰意其竟不返矣。

母亲携一篮，及一蒲包而行。篮即余所书"吉麟"二字之篮。其中实零星用物。而母亲所常携之六角小篮，亦置于吉麟篮中。其小蒲包中，实契券等物。俞氏及他姓之抵款为多，约计千有余亩。在壬戌岁底，求俞氏蓉卿五叔，趁夜陷入危地，潜至留音堂之后反轩梁中携出，送至钟镇西北之闰圩坟浜。其时纸张散乱，唯恐遗失而或损伤。及癸亥春，余始理整，并修俞氏置产簿，一并缠束谨藏。有警，则携之而行。今及空青，一并藏于蒲包。至南岸与姑母共下网船，坐定，船行。余及咬弟俱在船焉。既至镇，船泊于港南河滩，余匍匐入滩。既立定，两手扶母亲上岸。母亲遂与姑母洒泪而别，方图后会有期。而不知已成永诀矣。今母亲去世已近三十年，而姑母犹在，但已衰迈不堪矣。余之败德，实亲见之。回想难时，能无陨涕。

余携物侍母亲缓步东行，而姑母之舟已行矣。余母子镇既行尽，甫入陇岸。即有枯冢在道旁，余过此心恒懔懔。行未及半，即于僻处休息。席地而坐，时近中秋，风日清美，景色皆幽。母亲偶于岸头摘一毛豆置诸篮。路既过半，从一豆付〔腐〕店过。既过，复向隙地息足。少顷，即行。

及至母姨家，母姨喜出望外。各道离情，不禁欲泣。盖自庚申别后，越两年余，不期而遇于戈溪。自戈溪别后，迄今又隔年余矣。其间险难迭乘，存亡莫卜。怅难途之道梗，时伤觌面之无从。今日一堂聚首，何快如之。而言及母舅事，则又痛泣不止矣。母舅之已逝，余恐重母亲伤，故讳言也。母姨一见我母，不禁泣而言之。母亲于是乎大泣不止矣。患难不已而手足凋残，惨闻及此，是以悲不自胜尔。母亲自上年夏仲，逃难至新，欲晤母舅而终不得晤。母舅卧病在长衖徐宅，母亲在南栅母姨家。遇雨多日后，忽有警，遂至陈田。虽在咫尺之间，竟不得晤。母亲是以耿耿于怀，无时或释。至是而始悉恶耗，尤觉伤心。因知母舅自上年夏间遘疾，甚是危急。及秋稍愈，尚持杖游于街。是冬复病，竟至不起。方病时，金尽床头，束手无策，亲戚异处，远不能接。曾有书致汤景山云："弟之亲戚，惟君在此，盖有望接济也。"当时汤氏颇有积蓄。而景山鄙吝，不能勉力。遂至我母舅困守待毙，计无所施。余家迁徙无定，所到之处，警即随之。流连于道路之间，尤多舟楫之费。而且屡被贼劫者，复遭贼诈。谓月圩村之事。而资用于是渐空。想上年夏间，晤母舅时，母舅曾欲留余家住镇，同做生意。母舅长于学问，文章冠于一镇，而生意亦属精明。当时新镇虽是危地，而尚可以居。倘从此住新溪，可免是年夏秋之警。不但少吃惊忧，而资用亦不至告罄。所患母舅忽病，而余家亦因警而他往矣，遂至母亲与母舅终不得晤。而使我母亲之心时为蕴结。呜呼！事难逆料，每伤心于事后之思维。人孰无情，敢相忘乎当时之训诲！

迄今母舅往矣，而追思母舅往岁之言，此心孰深隐痛。复念幼时，母舅实殷属望。至是而藐躬无行，无以慰父母舅心，是诚有余憾焉。余幼时在外家，外祖父母及舅氏辈皆爱之若掌上珠，不以常儿目之。在四五岁间，母舅手钞《诗品》及古诗一本，置诸凳，余立其旁，母舅踞而教之。慨想其时，宛如昨也。每逢至新，卒受母舅教。在家受祖慈训及慈训。随侍父亲馆里，则受庭训。至年十三，在馆始受业于陆师宇香。自幼至十三四时，忽忽数年间，时常有病，遂至失学。母舅忧之，乃于戊午九月，招致其家，始勉向学。而从前所读之书，大半皆忘。至己未一年，温理始遍。母舅循循善诱，朝夕不暇，尝言于我曰："汝质亦克善悟，惜未勤学耳。"余亦渐觉有得，而自悔其蹉跎也。方将有志于学，欲补前之旷功，不幸而庚申之难至。而学遂不成，以至于斯也。至于母舅方病而我不能问，母舅病殁而我不知时，是诚滔天之罪，万死不能逃也。已焉哉！至今日而尚何言哉！夫母舅之待我何如，而我之负母舅若是耶！无论母舅视我有逾众甥，即使寻常甥舅，应不至有置若罔闻也。已焉哉！至今日而尚何言哉！乱离之世，事多反常。至戚则因道梗而音问不通。若素不相识之人，而今或同居一村者，则又相亲如至戚矣。〇据同类人言。

母姨言舅氏方病时，恒忆及我家，嗣以家计日诎，欲使大儿晓华也来依我家。乃驾扁舟，特至竹园斗。岂知我家已往于钟溪镇。竹园斗人言我家已有绝粮之厄，于是怅然而返，徒费舟金。时晓华年仅十岁，当日在舟苦况，固已难堪。既返，舟人遂述其言。母舅闻之，虽甚疾，犹深为我家忧。适母姨问疾，母舅言姊家谓我母也日餐两粥，犹恐不继，奈何？母姨以母舅病危至此，犹忧姊家，心益伤之。至是而遂为余言之。噫！母舅疾甚，犹虑我家，我何反忘母舅之疾耶！母舅自知不起，遂戒家人曰："在难一切不克如礼，唯棺木用松板，诚不可也。"乃默写田亩于册而终。呜呼痛哉！母舅既没，新溪地方犹然不靖。舅母遂携两孤一十岁，一五岁往东乡依我三母姨家。是日余亦在母姨家食中饭，有大肉。母亲屡命余食，余遂大食。在难久不食肉，乡人或与之，虽尚半生，食之亦觉有味。今复不能食矣。

及暮，余仍返坟浜。从此间日至华，省亲焉。父亲遂至大云寺肉庄写账。余有时或宿于镇。不数日，父亲即返。曰："屠家者流，不可与处也。"姑母至福时，有一乡妪偕去。返，云至彼时，其乳母果来相接，遂扶咬官上岸，抚而叹曰："官官也，而乃至于是耶？"乡妪所言如是，余遂知姑母此行，果有定向。日后相访，亦自有由。

时余在镇，恒居姨丈店中。有方二麻子者，在店为伙。有三叔者，寓于店中收布也。有陆少严者，尝寓店中者，而为走上海之水客者也。当时上海水客中有江小二者号吉斋，年少而狡，每偕馆逆游，姨丈称之曰能。有施德和者，店中亦有股份。施本新溪乡人，而为市人者也。至是亦移家避难于华使浜之南，种田数亩。有弟曰大德，业木匠而犹能勤于力田。余尝至其家，见大德方辟麻，其勤可知。德和亦在镇经营。姨丈云："刻下此类人家尚足有为。"

母亲既至华，而坟浜屡有警。时张泾汇逆垒俱溃，贼匪鼠窜，沿乡惊动，而警遂起。一日清晨警至，人皆逃避，余父子亦行。道泞，践足没胫，赤足行数里路，岸滑力竭，乃歇息于太平寺。难人甚众，皆谈笑自若，不同贼扰时之惊惧不遑也。在寺少顷，复行，入镇而警熄。余涂泥满身，市人见而笑之。及晚，仍回坟浜。闰妪已携子远避矣。其媳八姑娘犹在家。夕间余父子犹炊而食，八姑娘不炊不食。天明人又皆行，余遂入于华。父亲仍返坟浜。是夕闰妪亦返，宰其猪，烧肉满锅。当夜即行。黎明父亲起，一室无人，而肉方熟，及既到镇，而警遂不闻矣。由是余父子不多向北，恍若为空青事。父亲复同人向西路一行，今已忘却其地。似乎即徐步寺，亦未可知。惟至徐之时，阻雨数日，当日汲汲于售空青者，实缘日用匮乏，计无所施，不得已而为之者也。乃不谓走上海流，交相觊觎，李峻云辈又起而相扰，而我之空青终为待价。

坟浜既不得安居，余遂居于华。故余家亦起伙食，与母姨家共用一泥涂灶，迭相为炊。日仍两餐，困苦万状。余或携子云入镇，则仍慢游无度，日有所费而罔恤也。噫，我二人者，处患难而不知自检，是以至于有今日也。今日同为破家。在难正在厄难，求援无门，淹留于华使浜，计无所出。

一日秀春母姨之婢云有客至矣。问何人，即云某。盖舅母也。闻之骇然，想舅母携幼，逾越险阻，万分艰难。自新溪至三母姨家，百余里路扰成赤地，人不敢行，皆为匪徒出没之地。冒险过此，其危孰甚。既出危地，夫亦幸甚，何以反欲陷入耶？且王师已集，不日复我疆土，太平在指顾间。何弗再缓须臾，而乃乘此乱世，反陷危地？噫，是孰使之然耶？不得已而陷于贼地，视彼出险在东者，不啻天壤。今忽闻有从东而来西者，是以骇异耳。正在疑似，而舅母果率两表弟入室矣。秀婢早从远岸望见，故先来告。既至见我母亲，亦在彼此欣然。而忆及母舅，又皆痛泣矣。噫！舅母此行，固危甚矣。虽然，岂得已哉！盖舅母在东已数月矣。三母姨家本艰难，舅母又不欲以口腹累人，且身居异地，动辄不便。万不得已，遂冒险复入危地。噫！此心亦良苦矣，其孰得而知之哉！舅母尝言于我母亲曰："我别无他望，但愿得安居之地，终日摇花，日得两餐薄粥，度我二儿耳。"噫，舅母之言，岂不哀哉！而岂知当日此境犹不可得也。呜呼伤哉，舅母此番自东而西，或舟或步，作数起行，而道由洙泾。因言前此往东时，未审三母姨所居之所，遂暂寓于朱泾某氏之室。见其家居动如恒，盖彼遭难不久，故得如此也。今仍由洙泾过路，趁船至某处，则又步行矣。既过大悲庵渡，路渐险。时行抢劫，白日少行人。愈行愈危，而心愈怯。舅母负衣包狼狈而行，大表弟犹未能任提携。小表弟不能夸〔跨〕车沟，尝两足入沟而后再登彼岸。其苦况非可言喻，不能胜述。今大表弟令闻文誉着于乡，小表弟因得族祖之产而悉破之，遂并其祖业尽破如余。然余之破家，父亲实亲见之。小之破家，父母不见。则小犹逊于余。呜呼！念及此而余实置身无地矣。

舅母方在险路，而伏路劫掠者果起矣。有一女者，不知谁氏之姑，恍若前此居乡时，似曾识面。今野岸相逢，一见如故，来接袱包，相为代负。舅母知其好心也，岂知甫及肩而行甚捷，知非好意。叱之，行愈捷。四顾无人，怅然失色，而其女行已远矣。舅母及两幼讵能追此。虽追之，亦安能夺之。且地实不善，久之恐复生他端。于是饮泣疾行，尚有一被包，幸未夺去。囊中有洋数元，亦不掘去。噫！世乱年荒，村女亦起而为盗。我舅母不幸遇此，真可恨也。想舅母家于煨烬之余存此衣服，随身携带，以备朝夕之需，一旦被劫，其何以堪？夫万不得已，行此险路，而欲免此，果必不能。呜呼！人当不幸之时，固无在而无不然也。舅母既至新溪，新溪仍不靖。即至华使浜，而余家适在，始得一堂聚首。舅母言及途中遇劫事，母亲深为惊骇。舅母犹自责与彼代负之过。岂知不与之负，则必来劫。甚而至于掘洋，亦意中事。噫！危矣！舅母在乡，甚为我母姨操作，巨细躬亲，不辞劳瘁。子云欲做杜绸紧身，成衣一时难觅，舅母裁而缝之立就。盖女红之事舅母尤所独长，无与比伦。

时子荣多病，恒在家。母姨恶之，母子不相闻问。子荣若在镇，则必赌之不休，若无钱，则必取吾之钱。既输矣，每逼其父还。其父溺爱其子，反怨于人，往往形诸颜色。余是以憾之。然子荣终不能不我借也。我亦不能终不借也。舅母其时健甚，为我家操作尤勤。时余家日用匮乏，余又无业，而困于家。舅母忧之，尝谓大甥正当及时进业，无负年华。所患时穷，不能有为耳，然能自勉，何地不可为。因言在东时，见有少年儒服而行于市者，睹此仪容，不禁有怀故土之流离无状，而感慨系之。

时余将有竹园斗之游，而乏行资，舅母以洋与之，曰："甥此行亦不可已，用此可也。"母亲见之，心殊弗忍，止之，曰："舅母仅有此数枚，不可用也。"舅母曾言囊中仅有三元。舅母必与之，余遂受之。将行，又闻其地犹然不靖，不可以居。时官军日逼，贼皆退避，而土匪遂起。竹园斗时尚贼界，虽成赤地，犹不得安。乃不果行。时父母实宠爱余，母姨亦宠之。故一闻危地，卒不许往。母姨宠余而恶其子子荣，姨丈又甚爱其子，故尝忌余。

时余犹往来坟浜，路经种田桥，得闻孝女殉亲事。迹其事实，心实伤之，为之不安于心者数日。盖深有感于己之不顺乎亲者也。一日，余侍父亲于镇之茶肆，父亲已接到俞氏野亭表叔之信，即于肆中示余。见信中所云“在东资斧告罄，生计日穷。故宅所有埋金，弟一家性命所系。但室庐毁尽，田地皆荒，不知瓦砾焦土中尚得存此否？想我兄在难，必能相机而行。倘我兄已经取出，万望倾其所有携之来东。倘未取出，务乞我兄乘夜陷入危地取出，速即来东，以活弟全家性命。至盼至祷。全仗法力以解倒悬，弟之全家感德无尽。谨不胜翘首以竢。刻下大军云集，承平在即，复我邦家，谅有日矣。”余读毕，父亲言既得是信，已不免竹园斗之一行。但此刻其地危甚，只有匪徒出没，寂无人居。有彭家浜者，在竹园斗北五里路，其地尚有载船至钟镇。若此地以南，渐无人烟，一片荒郊，田尽荆榛。日则贼匪伐木，夜则豺狼相嗥。物无所掠，惟来截树，田地尽荒，而豺狼至。闻此景象，心殊懔懔。而近竹园斗之乡人，亦戒我勿行。父亲因俞氏来信剀切，念彼身居涸辙，望泽情殷，敢不于此急于一往？

时维八月，序值中秋。方密密兮阴雨，复瑟瑟兮西风。当斯境也，父子裹粮以行，跄踉入彭家浜乡载。拟且住彭家浜，乘夜向南，潜入俞村。甫入舟，父亲犹上岸，一转即返。盖稍买中伙，以备当晚充饥。当日困苦情形，不可胜述。舟中又多妇女，开载船之人即成衣钱三司务也。向晚一路东行，愈行而田渐见荒，愈入东南而一望皆荒矣。舟中人慨想时艰，卒多愁叹。惟见有两姑娘尚觉从容，手中又在捻棉线，盖舟中犹不废女工也。

天方阴雨连绵，将至彭而雨甚。既至，遂攀援上岸，践足没胫，狼狈入钱氏室。钱氏存一临水横屋，有姑娘在中摇花，且室甚隘，不能容客。乃导余父子入一通转屋，不知谁氏之室。室中虚无人，而门窗皆存。是地尚有全门窗之屋，再入南而屋多不存。虽有存者，而门窗早已不存矣。遂于是屋中铺其门而宿焉。夜饭无着，稍备干粮以为中伙，冀宿一夕。下夕即向南行。不意秋雨连朝，日复一日，卒不能止。父子日坐檐下，但见檐雨如丝，心殊焦灼。厄于彭家浜者三日而粮尽，将乞诸钱氏，以作晚炊。知钱氏亦无余粮，盖钱于难中开此载船，所进甚微，仅得与其女日过一日。雨阻而船停，粮亦绝。外此已无人家在近段者。是晚忍饥而寝，幸明日天晴，父亲遂取余舅母所与之洋，附载至镇。

余晨炊仍无着，饥不可耐，而腹如欲痛而有响。自想所饿未周一日，已觉若是之难，彼甚而至于饿死，其难更不知奚若也。余忍饥在一室中，俛仰无依，逡巡却顾，不知所为。忽闻隐隐有声，静以听之，妇人也。将近，践足之声渐入，岸滑甚故，故声愈响。盖有村妇卖盐者也。未几复有践足声甚捷，望之，一村姑担棉花以卖之者也。噫！世乱年荒，乡女无聊，而强健者乃得贩此以游于荒村中。其景象可慨已。余虽忍饥已近一日，而犹欲如厕，岂知是坑已宿甚，粪虫闻其气皆直上入我夸〔胯〕下。余未知觉，只觉阳物痛甚，欲小便而卒不能便。如是者久之。骇极，细察之，知粪虫已入窍中。窘甚而且痛甚，作小便之势而终不能便。反复思之，无法可治。自日中至于日夕，岌岌乎痛不能忍，而阳物渐肿。于是脱袴以俟其自出。久之，其虫果从精窍倒缩退出。噫！亦奇而危矣。当此困厄，复遭此厄，何耶？因想在辛酉八月初四日，囊中有洋，行步过急，而震动下部，阳物亦肿。囊中洋七元，图章三方，今自乙未被儿携去，己亥冬季犹未返也，云在内桥张氏。余一身之事，不自检束，故多所窒碍。在彭家浜忽遭是厄，是晚行路，故不甚便。

及父亲返，即与我熟山如〔芋〕。食之，而精神稍振。父亲又糴米三升，拟今夕裹粮入南地。及既夕，父子遂行。当黑夜之迢迢，在彼荒径。乘明星之皙皙，任我宵征。望蹊径之依稀，路途莫辨。幸桥梁之犹在，旧迹可寻。唯是田尽榛莽，但有长林丰草。地生荆棘，已成蛇象虎形。虺蜴满途，豺狼当道。闻鸏鸣，似鬼唬号，听雉叫，同卜咳笑。过冷庙兮心惊，遇枯冢而胆怯。田皆蔓草荒烟，宅又颓墙废址。仰观固星斗焕天，俯察则暴骸铺地。难中复遭疾疫流行，死亡枕藉。棺木皆以衣厨衣箱，或松板为之，遂为饿狗与乌鹊噬之，骨抛满地。睹此情形，民罔不尽伤心。难中见狗与乌鹊之目都赤，以其食人故也。于焉且行且止，可愕可惊。风侵入骨，冷逼寒心。当秋露之似珠，征衣尽湿。值我心之如醉，裹足难前。方行四五里，不见两三人。深林莫听人声，草舍绝无灯火。行既至，夜方深。甫危桥之已度，砖桥已倾圮不堪矣。复故宅之难寻。余家向住之留音堂，明州牧俞向葵宅也。今亦塌坍不堪，不能认识矣。缓扣轻扉，猝惊残梦。

有蓉卿者，妻子皆亡，侍父在室。闻我父子声，且惊且喜，倒蹝〔屣〕迎宾，问所从来。乃告以故。遂呼八三叔，来此共谈心，各诉离情，同伤时事。因言此地仍不得安居，逆贼渐遁，官军日逼，土匪因而乘之。时乡人发犹未薙，故恐土匪借口。日间不敢举火，恐土匪望炊烟而至也。夜既阑，八三叔家即与我炊而食之。蓉卿叔仍自食其食，不肯食我食。伊家炊一碎锅，用一破锡碗，及一碎碗。日以饭赤杂米而炊，以供其父，即渭英也。已则多以藜藿充饥。饭赤，亦赤豆之一种也，难中人多种此，以备粮食。方食时，有邻女年五六岁，饥方欲死，即以其余食与之。

余父子遂偕蓉卿及八三叔入雅言宅。当此星夜，至彼荒基，而瓦砾场中尽是荒榛断梗。有处地方，蓉卿叔已种白扁豆，扁豆产于湖属，今以备荒而种之。花方盛开，夜光相映，一片皆白。于是攀藤捧萝，跋前疐后，趦趄于圮墙之下，而仓猝不得其所。方踌躇之际，而枪声忽起，野鸡应声，嘐嘐而鸣。雉惊，故飞鸣以遁。盖枪船夜行，图抢劫也。余四人遂伏处于地，幸而不敢用灯火，故枪匪不觉。而枪船即从西南汇过矣，去宅基仅数武耳。枪船既去，四人即起，向埋金处掘之。尚未得其所。屡掘之而银始露，更掘之而金亦露。遂尽起之，包于袱中。

时方将曙，再入留音堂，饮汤水而沐。将金银分作四股，余父子各以夹被裹其包，蓉卿叔、八三叔各以旧衣裹其包，相将作乡人上镇之状，戴星而行。在途渐及黎明，途中蓉卿忽言当此时艰，民不聊生，然天心仁爱，必有转机。我今所种园蔬之属勃然，天心如此，天势殆将返矣，将拟多种油菜，倘明春春光盛发，开耕有资，民困尚得渐苏乎。蓉卿此言殊有先见。及冬即复邑城，明年果克开垦，由是连稔二十余年。惜承平以来越七八年，原气未及全复，而蓉卿即已逝世。且家运不通，屡娶屡夭，子女皆无，竟至伤悼成疾而亡。呜呼！其可哀也已。有时愤极，将欲出家修道，父弗许而止。父即渭英也。寿至八十余而卒。蓉卿先父而卒。今蓉卿叔之弟谓七叔，多子而人亦健，家道寖昌，即以长子嗣蓉卿，而蓉卿亦有家矣。余家多受荣卿惠，余故不敢忘于心。

既及平明，旭日始旦。正行间，遇一堰已没，遂摄衣涉水以度。半体涂泥，落北至钱家湾。湾内已设贼卡。贼渐退西，故卡设于此。余方上石桥，而卡贼已立桥北，向南而望。余忽吃一惊，心殊懔懔。余所携一包，金子最多，且在第一人行。第见贼目虎视眈眈，势甚凶悍。行既近，势不能返，冒险而行。余胆忽大，似不介意，贼亦相视而笑，且云走罢走罢。四人遂一拥而过，疾趋至彭家浜。载船方欲开，相将入船。余心反惴惴焉，惊怖不能已。是役也，固至危至险之事也，而钱家湾之行为尤甚，若被贼搜，前功尽弃，而我父子亦不复欲生矣。幸而脱险，若有神助。父亲尝言不肖命有天德、月德二星，是以遇险无妨，所行皆吉。故在难幸得脱难，而难后偏多不顺，动辄得咎，往往受制于庸愚，在在见欺于群小。卒至破尽家基，身败名裂。抑又何耶？时运蹉跎，而所如辄左也。已焉哉！至今日而尚何言哉！

在载船中四人惊心皆未已，错愕不能定，战栗若无所容。斯时之情景，余尝梦寐系之。迄今时隔二十七年，不幸而父亲见背，蓉卿早亡，惟八三叔尚在。言念前事，尚能忆之。然时过情迁，亦何乐为人道也。述此，亦以使我后人知我父之所以为俞氏者如此也。嗟嗟！危地取埋金，不啻握诸虎口，旧物归故主，所当谅此人心。有心者，尚其鉴此苦心哉！

载船既至钟镇。既上岸，先至生茂米店，既茶叙而复酒食。即至华使浜，而后蓉卿、八三叔释重负也。并无一点心意酬劳，两人欣然而返。母亲见余父子已归，埋金得取，又甚欣然色喜。计俞氏之金，不下三十两，洋二百五十元，银子亦以洋数。周姑母家洋一百元，余家金子二两零，洋仅数十元。时处涸辙久矣，至是始得生机。包裹甫启，累累金银，舅母家小表弟肖虹也，年仅五六岁，见之，即告其母曰："大姑母家从此可无忧矣。"幼者亦知如此，而不知都是他人之物也。

父亲将附申杭往东，而未得其便。故先至周姑母家，以洋付之。返至钟镇，申杭犹未得便，乃暂居于镇。时大军屡进，贼势穷戚〔蹙〕。而无知无耻之愚民，犹奉贼之告示，将欲恪遵贼令。有老照者，近新埭王家浜人也。一日在生茂店内，捧贼示读之。有"骚扰"二字，阖店人皆不识。余父子适至，店中有人即指告示，问我父亲。父亲见之曰："贼也，有何告示。"不顾而走。店中人皆失色。姨丈即向余言曰："何尔父之执也。"岂知此示彼实，用许多银钱以请之也。噫！贼党重贼，财虏重财，一例如此。

父亲既得叶谢俞札之后，汲汲欲取埋金。既取其金，急欲赴东，一时申杭未便，俟于镇者数日。心急如火，不胜焦灼。适有宜人戴洪瑞，将开船赴东消货者。父亲遂约同行。时余在华使浜。父亲发已剃，凡陷入贼地者，欲剃必得一牌，牌长数寸而薄，以竹为之，此亦贼党设此以为敛钱计也。即至华使浜取金银而往。华使浜至镇有四里多路，且必由贼卡过。贼见新剃，必来查问。挟资而行，心殊懔懔。至镇则又无妨矣。父亲既附戴氏之船行，人犹疑戴氏素不相识，且道路危险。唯恐不测。人言甚是可畏。余母子日以为忧。

时余日惟上镇，慢游是好，终日茶酒，几忘乎其身处患难也。子荣日入太场，余亦未能免此。子荣日夜每输，输则必与我借。我固有求必应，然其父终怪我也。有时其父卧病在家，适余数日不归，病者跃而起曰："某人不归，索债故也。我子荣必又大负矣。"带病至镇，闻其子将两店之本一米店，一腌腊店固输完矣。某人之钱，并不借也。其父无可如何，号叹而已。噫！其父唯防于我，而不自防，抑何所防之左耶？亦唯其防之太过耳。其父犹贪心形于色，见余指金介累累，向余曰："可与一子荣？"余不能副贪人之望，则亦吝而不与。余所带指上有一介甚紧，拔之不脱，指渐肿，痛甚。乃赴银店，商脱之之法。店中人为我剪脱之，余即以碎银兑之，所以与之交易也，而断介之金仅重及钱。店中之人年方弱冠，美而且艳，后遂不数见。

时田稻方熟，而米价松。陈冬每升七十文，新粬五十余，洋粬亦以新粬数。途中饿莩渐希，而镇上饮食游戏之辈，实繁有徒。姨丈指两滩蟹壳而言曰："谁谓年荒，何食是物者之多耶？"

镇之有太场，不下数十处，兼设字宝局。字宝以三十六门为数，都以飞禽走兽之属当之，而另立鬼名以为记，譬如猫则称之曰马上照，猴则呼之曰张九官。每晨悬宝于室，至晚而开。先有数语书于版，使人解此而推测之。既开一门，即还所书之典，欲令著者佩服，不著者亦得领会也。打钱以数十文为起，以二千文为止。一配三十。故配钱以六十千为止。若有十户俱着满贯，则必以六伯千配之。人都以数十文打数门者，欲打者以钱付诸局中，局中发票为凭，着则以票取之。

余在镇晨听鸡鸣犬吠，旋即闻市声喧闹，迥异乡村寂寞萧条之景。以故恒多宿于镇。然与市井人究多不合，饮食言语，每不能同。尝被施德和辈嗤之曰："此读书人也。"盖言其无用之物也。在难时固文人最苦。我父亦屡被景山嗤之。余虽与小人不合，余实不能忘情于镇。因在镇夕间无聊，亦尝动情于字宝者，所费亦不过一二百文，而未免足履赌场。时子荣早负赌名，余则未有其名也。母亲亦素信之。及因在镇偶为之后，已亦不讳，乐与人道，母亲始克闻之。遂教不肖曰："汝今亦蹈于此乎？应知防微杜渐，所犯宜自警也。"母亲本信余之未陷此道，故微戒之。及见余之议论荒诞，用度奢侈，则尝切责之曰："汝今日何不知自省，不思后日，岂忘却当日在坟浜时耶？"余闻之懔然，顿动遐思。乃不移时，而旋复如故矣。是以至于有今日也。

时母亲犹康健也，唯以多病之身，复增忧虑，而形神为之日瘁。而且依于亲戚之家，诸多不便，每夕以稻柴铺地而睡。朝则起之，合一泥涂灶，与母姨家易锅以炊，困苦万状。幸其时舅母尚健，甚为我家操作。其时房东老妪尤怪辟甚。其媳早死，其孙女尤怪物也。每因琐屑事，我母亲多受气。我母姨家何不幸而寻至如此地方？余家尤大不幸而亦至此。

时镇上旧货铺地,余四百文备一食锅,又数十文买一套杯之大者。母亲玩之而喜。后因母姨家灌以热药汤而有损。母亲见背,而杯即碎,其碗爿余犹不忍弃之。并前此尚有一碟,在坟浜用此碟以火炼锡,忽见已开一路而复合,因泥头极佳,故虽损而器犹存,旋复成爿。余在树林下以火洋〔炀〕锡,即用此碟。忽闻一响,而碟路已开,旋复闭,而是碟犹存。后忽已碎为两,皆前此之路数也。甚矣,古碗之坚也。凡此旧物,余心无不系之,独是累世相遗之产,弃之如遗,至今犹不自知也。噫,何也!余皆不肯弃之,均寄存于舅母行箧中。后遂不知所终。时舅母有图章数方,转与于我。

秋既深矣,而天气渐冷,略备衣服以为御寒。余时得饱暖,遂事荡游,若相忘其躬居患难也。西路诸镇虽陷贼地,而生意兴隆,不时有戏。余尝同人泛舟往大云寺观剧者。在镇尤必尽日以归,母亲恒倚闾望之,不肖若不知也。及慈亲见背,不肖心窃痛之,深自痛责,已无及矣。母亲每以余之无业为虑,而余之荡游偏日以甚,而费用尤甚。母亲日相戒之,尝曰:"汝毋忘在坟浜之时也。"又坟浜尚有物件,母亲日念及之,而我总不能取转,此亦一大过也。

秋收成熟,万宝告成。钟镇百货毕集,粮食纷陈。余拟广积黄豆,冀稍获利。明年豆价果然倍增。乃怠惰性成,毫无决断,日复一日,竟成有志未逮。又拟稍储饭米,亦存空愿。明年米价又是倍增。一日在镇,偕施德和入米行,买白米一斛。德和以为已买,余误以德和为余买。及米已至,欲付钱,而两人转滋口实。遂对分之。余作事往往如此不老到,每多误会以致误事。此余一生之大病也。其故皆以懈怠所致。若费用银钱则又不懈,勇往直前,惟恐不及。呜呼!乃今而自知其过矣。施德和在镇作生意,欲添本,遂与我借洋拾元,按月归我三分息。后乃屡催而还。在甲子秋归楚。

时田稻方熟,米价犹昂。故安靖之区,难时无异平时。唯余家每日仍食两顿,而且数米而炊,双弓又薄,食之实有不克尽饱者。粥中必杂以蚕豆，舅母家小表弟食时，必检豆置诸凳。食已而后食之。舅母以凶荒之故，每食尤多不饱，其苦难堪。至今忆之，犹深隐痛。房东老妪家适逢拜忏三日，和尚即请朝阳庙。焰口之夕，另请施斛沙门。施斛僧将至，先有僧至埠以俟，合掌相接，口皆念佛。施斛之际，悬数灯于台前。母亲在东厢遥望之，听到“一到无常总是空”之句，不胜慨想。以为人生易尽，终不免此一日也。因太息久之。不肖在旁为之心恻。呜呼！不料此地即我母亲弃养之地也。不移时，母亲遂见背。噫！念及此地，余实痛心。

父亲往东已多日矣，我母子延颈相望，日以为常。久之而父亲归，言至东时，先至周浦，不克遄至叶谢，乃留于薇香大表家数日。大伯喜出望外，怅暌违之已久，难途未卜存亡，幸知己之忽来，此日且以喜乐。猝遇故知，相逢异地，顿慰厚道之深心，遂荷盛情之款洽。大表伯素为厚道，而于我父尤加谨焉。慨论时艰，每想升平之有象，兴怀乡国，恒伤里巷之无鸠。既下榻于周浦之北，复徒步于叶榭之南。大伯即遣其家人沈四观随行。沈四观即为我父代任重负。裹中银与洋皆重物也。既至叶榭，野亭表叔阖家欣喜，见故人之猝至，顿慰怀思，知旧物之犹存，藉偿素愿。方其仰屋兴嗟，无从糊口，至是怀金有自，已赡养身。由是尽室为之欣感，旁观亦甚钦心。如吴仲阁、陈小园辈，皆欷歔太息，咸谓在难中，负取人金而去之者众矣，乃亦有陷入危地以取而致之者。于斯时也，话到路途艰险，忽觉惊心。每怀故土沦亡，不堪回首，乃斟杯酒为我洗尘，聊伸地主之情。在彼异地，且劳征人之驾，以永今朝。遂设一榻，共话连床。值秋夜之初长，一灯对影，赋人生之不偶，万斛齐愁。任意谈心，每伤时事，用情望治，瞻仰升平。怅两年半之阔别，尽数日间之盘桓。自辛酉三月初旬别后，至癸亥九月中旬始晤。待客从丰，果是食必良肉。奉己惟俭，依然米煮双弓。父亲在东时，俞氏日供盛馔，而己乃食粥。留东数日，遂将西归。欲附梯航，须由周浦。于是遽辞小弟之堂，重造大兄之室。父亲称野亭表叔曰小弟，称薇香表伯曰大哥。无如雨接连天，天如留客。旅馆萧条，因雨阻而不能归去。航船濡滞，听雨声兮催动归心。维时主人情重，犹惭设馔之未周，有客心愁，唯恐进馐之太盛。在周浦遇雨阻，遂留大表伯家数日，伊家日设盛馔相待，父亲心殊不安，归时屡言及之。因其时伊家亦甚艰难，大伯本不重利，故少积蓄，在难较诸昆仲尤乏旅资。父亲在西地早为忧之。至是而表叔家埋金尽获，而表伯家依然如故也。故我父更为忧之。我父与表伯，自幼素为莫逆，视同手足，而同休共戚者也。当甲子之春，表伯在东病厄，我父在西闻之，寝食不安者数日。欲往相问，又苦无资。唯日夜以思，冀得平安之信。及接念萱来函云，伯父之病自今可保无虞，我父阅之而后心安。承平归里，复得八年之聚首，夫亦幸甚。表伯视我家一如己家，往往言前事而忆及我祖者。当余不靖之时，表伯怒形于色，其忧愤几有甚于我父者。时在丙寅丁卯之年。及戊辰以来，余心稍定，而表伯之忧始释。乃不移时而余之不靖更甚于前，卒至破尽家基，而复累及伊家者。表伯已归道山，我父独自忧危，终日愁叹，竟至劳瘁以终。呜呼痛矣！复结几天之聚首，慰我竭怀。再分两地之睽违，时深遥忆。无何天方开霁，人遂起行。

父亲返自东，仍由戴洪瑞船归，带火腿四件，蚕豆数石，以润行资。无如火腿皆坏，蚕豆不〔销〕。金华道梗，而所制之腿唯仿其式，而不得其法，故多坏。蚕豆一时不易〔销〕。时贩货之客日众，如潘幼棠者今号宅安，亦尝运货至镇。在夏秋之际，余见赵子琴亦自东来，子琴行五，人尝称为赵长人者，难后不数年间即逝世。时我邑人之在钟镇者，实繁有徒。余堂弟月泉，在王福兴茶肆中，余尝见之。有高六者，年十一岁，亦在其中。福兴茶馆为武生王某所开，后即移在平平东门外永康桥。高六即棋杆底高氏子也。月泉之姨丈能行医道，姓方字芝庭。其父子三人均在镇，余日见之。父亲既与洪瑞为交友，而复通以银钱者，外人颇为疑忌，恐洪瑞之或有负我也。如麻子大叔等人，皆责有烦言。而陶景山为尤甚。一日对余曰："此粪配此狗食。"噫！景山不止何故出此恶言。总之商人因财生妒有必然者，言之殊属可笑。然洪瑞本无他，余父子亦信之。余父子恒居洪瑞店中，洪瑞待之有加礼焉。时清溪沈坎庭亦在洪瑞店中，余父尝从坎亭游。余有时亦与焉。坎庭固世家子弟，言动迥异市人。有徐朗亭者，向业药材，其时亦尝至洪瑞店中。

朗亭难后在平首开药店。后因时运不齐，不竟其业。洪瑞其时尚欲我父发本，贩货往东。因蚕豆未〔销〕，故未及焉。

余在镇日事茶酒，在乡亦唯嬉戏于室。或与子荣谑浪笑敖而已。因居处之不安，母亲日以为虑，急欲别寻地方。而南村果有室可居，欲定而未定也。不肖情性乖戾，自已懈怠，反欲责备母亲。一夕在母姨房中，急逼母亲曰："何总不迁居，母将欲奚为耶?"母亲本以不克遽迁为恨，闻此忤逆之声，愤甚，半晌不言，心郁而肝气为之顿发。噫！余之害亲实甚也。其悖逆如此，尚足以为人子耶？其非人耶！何其无知若是耶！今日思之，心肺崩裂。尚可及耶，则何益矣。

甫至母姨家时，母亲与母姨寝食相共，夙夜必偕。后因母姨丈有病多归，余母子遂居他室，寝食俱不得安。有时姨丈赴镇，余母子仍宿于母姨之房。唯舅母率诸孤总宿于地，困苦不堪。而房东又甚不近人情，大不类坟浜之闰妪也。故余母子朝夕汲汲，宛若身之无地可容。呜呼！我母当时固甚苦矣。时官军将至，而踞城之贼犹若未知，尝自城连骑至镇，时皆疾驰以骋焉。有贼又泛舟至镇。一日，余亦附舟至镇，舟人即施大德也。德和之弟，现为木匠。在舟适遇贼舟。贼见我舟，即发贼言。我舟疾行过之。余在舟，大德忽言钟镇迎盛会时，看会之船泊至东关之东，伊实亲见之。余闻之，慨想平时之盛，而顿动遐思，以为异日此地再迎盛会，余得睹此，岂不幸甚。但须无忘今日也。及丙寅春，钟溪果迎盛会，余至镇慢〔漫〕游无度，早已相忘在难之时。后越十二年，又以看会至镇，则随父亲，而更率妻子矣。

在癸亥冬，余不知何故，无论在乡在镇，只觉心绪不佳。在镇心尤弗定，恍若有人欲追来者，欲避不遑，势诚岌岌。自知总非吉兆。其后此景尤常有之，甚至人之迫至果日以至，遂至不堪回首，乃知前此之心无所定，若有逼余者，皆其兆焉。而在难将遇不吉之事，其心亦如之。一日至线店买线以添发，店中人甚不道地，问余欲谁颜色线。余遂吃一惊，以为不祥，深恶店中人不善作生意也。乃疾对之曰："黑绢线。"是线果添不久，即换白线。且线亦甚次，而亦贵极，结来又甚不好，添之易散。

坎亭为我更结之，而后能添。

冬间天气甚寒，镇人皆饱食暖衣，余视之不能无生欣羡之心。或入胡厅赌场，见姜贼居然着华服往来其间，扬扬得意，而不知即日将就戮矣。胡厅赌场中人，类皆我邑人，如孙晓山外，尚有钱子欣者，在夏间亦在此书赌账者。壁间悬一马口铁版，书“癸开”二字，盖“亥”字为逆所讳，故以“癸亥”作“癸开”。

时海塘坍亦已久，而海水不溢者，实以天幸。而河水之咸，则日以甚。而水物亦有变异。余偶买蟹，蟹已多子，食之只觉无味。母亲以物类之不正，益伤时势。时余侍母食，恒多不顺。一日母亲方食羊肉，余忽有不如意事，竟取羊肉置诸他处。母亲遭是忤逆，伤心欲泣。余悔之，仍置母前，方才之忤逆，已不可自问矣。其后慈亲见背，不肖自怨自艾，痛心欲绝。

时大军西下，潘、刘二帅来复平善，张泾汇诸贼垒已尽荡平，而风声日甚。姜贼仍日与市人李峻云叙茗。余心窃讶之，讶李峻云何不智也。其时有施秋谷者，亦市人之健也，而后生名介福者亦如之。尚有数健者，余日见其人，不知其名。今亦尝有见者。唯施秋谷甫承平时，因事自尽，苦矣。因大军之日逼，而北路又遭败贼之警，人皆出走。警几及于镇，镇上西馆之贼本是姓朱，朱贼曾使贼童至酒饭馆即小娘舅所开取殽〔肴〕馔者，贼童即与馆中妇人戏。妇人拒之，反谮馆中。朱贼遂执馆中人，其昏昧不察如此。及朱贼退后，而新来之贼目，想亦是贼中之能战者。故一闻有警，即率贼党持洋枪，伏于镇后深林中，若欲为镇防堵，抑不知自以为敢于御敌官兵。若姜贼，人皆见其着短褐，伏于河滩，毕露其故态。以砖石布诸河，欲阻其难舟之疾行者。时难舟俱从北来，过钟镇市河，故镇上亦稍有警。姜逆恶之，而作是态。人是以哂其怯也。时官军日逼，佳音递至，无识者犹患其扰有未定。而究之有识者众，无不有望天晓之有自，皆翘首以望时雨之师。

在仲冬之初，官军日逼，佳音递至。镇之馆贼亦皆畏惧，而在镇人民皆静以待之。唯风闻不一。而镇上亦未免有警。先是七月十三日,大军克复枫泾镇。枫镇地介江浙,而为平善两邑北路要道。逆匪故合大股拒守。枫泾既克,而嘉兴平乍之贼来援嘉善者,有三四万人,分踞于平窑西塘诸路,绵亘二十余里。经编修刘秉璋、道员潘鼎新统领各营,水陆齐集,逐节进剿。至廿一日西塘诸路一律肃清,贼势穷蹙,遁入嘉善城。枫泾及西塘诸路之捷亦一大战功也。故《纪略》悉详其战迹,而为诸将纪功也。时江南大军云集,日克数城,贼皆潜伏不敢出。都有开门迎降,稽颡归顺者。斯时陷入贼地之人,见闻未广,但知大势之将返,未悉军情之奚若也。余在镇北坟浜,日闻炮声不绝,亦未悉战事之何如。及至十月二十四日,苏州省城克复,而钟镇馆贼皆惶遽错愕,人亦纷纷以大城之捷相告矣。至十一月初四日,秉璋、鼎新两统领督诸军越境会剿,遂克张泾汇要口,以为图浙根本。松江之娄县,与浙江之嘉善接壤,而城东张泾汇,尤当其冲。故将由此进兵攻嘉善。其时平湖之踞城逆首已请乞降,鼎新乃分道进兵,而别屯兵于钟埭,以拒嘉兴援贼。官军将至钟之时,钟镇风声日甚,人民惊喜交集。而党贼之徒,反以为恐有警。而镇上几为之罢市,而民遂有惶遽之心。余时在镇,见馆贼阿贵犹在胡厅对各赌客曰:“今日仍赌可也。”余闻之不觉失笑,以为阿贵行将就戮,而犹恋此道也。约计是日胡厅果仍赌。越日风声愈甚,他处之难船纷纷至镇,而镇上人心因之亦有未定。贼匪恶其船之疾行也,叱而止之。船中妇人不知其故,恐即扰彼,遂投诸河,竟至灭顶。幸即救起。发尽披散,阖舟哭声不绝。镇人观者如堵墙。一贼在岸犹虎视眈眈,而究不敢动手也。想是妇未曾遇过贼扰之时,故一见贼即欲投河。鼎新率领诸将进兵平湖。

同治二年十一月初八日,前队水师将进东湖。城贼反戈相攻,开门迎师。而同时乍浦之贼亦乞降。在初五日,鼎新已督师疾至乍浦,攻克东门外牛桥贼垒。初八日,已复邑城,镇贼悉遁。人民喜悦,交相称贺。镇上亦略有警,然明知其无他也,人皆纷纷剃发,余亦剃。剃钱均以百为率。余在茶肆,剃已即行,忘却其茶钱。肆人言之而与之。当即返乡。母亲乃知患难已平矣。越日余仍上镇，父亲本在镇，父子仍偕洪瑞游于街。见纷纷有官兵至，盖将扎营于镇西也。忽有告示到，阅之，知即向之为贼者之所为也。人民大失所望。盖贼既归顺，邀赏顶戴，仍是踞城，因炫此以安民。故有赏给四品顶戴，统领庆字全营之示。时潘道员节驻报塔圩，贼虽经官兵派归队伍，而贼目仍踞于城。其后仍谋不轨，为新降钱欣所告。鼎新遂使钱欣图之。而官兵乘之，乃斩贼首于馆，而逆党悉平。镇人见如是之告示，无能解体。未几翰林院侍讲刘、苏松太道潘两统领告示至，煌煌详语，安定人民。人皆翘首相望，欣然自得已。

当邑城将复之时，风声日甚，人民正在惊疑。惊者喜而惊也，疑者恐其未必然也。时镇上市面日盛，有一贼曾于镇之港南造屋而开混堂，后皆归公。余父子恒偕沈坎亭游。一日偶至一烟室，见一人在室而泣者，知其人向在贼馆当事，与阿桂同列，而犹豪横。今因众愤所逼，故在此泣。彼阿桂者，则已遁之矣。后在平湖当差役。当邑城初复时，镇上官军未至，忽然有警，人皆出走，悉屯于阡陌间。忽闻马铃声，而人复惊走，然亦不过两三骑。或云是贼之无归而失路者，抑不知是官兵之游骑，均未可知。而要皆非来扰民者也。镇人出走时，余亦仓猝从人稠中行，数遇戈韵笙诸人。

警已，而镇上市面如故。余遂归华使浜。即日官兵至镇，镇西遂扎数垒。有沈老者，诸生也，向开南货铺。官军欲请柬乡耆，沈乃冠而见之。沈老多白眼，后即与我邑陆云蛟表叔为亲家，其子亦多白眼，盛年即夭。有子名孝经者，即沈老之孙，而云蛟先生之外孙也。官兵方筑垒时，亦暂征民役佐之。有名介福者，亦相为之雇民夫。有周某者，至酱园支洋以给公用。园中不与，逼之而后与。此园本为贼所开，是应归公。方筑垒之时，兵与役皆拮据不遑。余逸甚，往来闻观。见军门竖大旗两面，周垒亦插无数旗帜，吊桥人马往来不绝，营官持令箭以周巡道路。余见官军筑垒之勤，近壕沟相视而笑，已亦知其无状。有一兵欲余佐筑事，余辞以不能，兵即扑余帽于地。余拾之而戴。父亲恐余受困，即前向兵曰："老将释彼。"兵遂指余，告我父曰："领他去，他恐不更事也。"余父子乃行。

镇西既屯兵，镇上遂设一局，有训导包桂芬主之。营官持令箭，日相梭巡，军政肃然，耕市不变。枪匪蹑官军之后，乘间在乡剽掠，警闻诸镇。局中遂出数队，用新集乡勇引道，捕数匪斩之，余匪乃逸。枪匪剽掠之时，乡间殊不得安。一夕，时方夜半，惊起而人皆出走，母亲仓猝携包裹而行。然力不能胜，屡坠于畎亩间。不肖惶恐相扶。既返，气欲绝。余闻惊，总不肯携物件，我母实不能忘情于此。呜呼！我母是以多劳也。有时余父子入戴氏船，有警即开行，而不顾母亲之在乡也。一日黄昏时有警，母亲偕母姨将入施氏之舟，以图远避。姨丈忽嘱施氏曰："趁船者一人可也。"母亲闻之，知为姨丈所不容，遂弃舟不入。幸无大警。然我母之心终不能安也。呜呼！已值承平，复遭枪匪之警，而更增小人之欺，此诚遭难之余患也。亦兼有悖逆之子，不顾其亲，我母何不幸而当之。

余在戴氏之舟数日而返，母亲曰："儿不在此时，此地又多警，多吃惊忧。汝在外固不知耶。汝父当日闻惊，必先安其母，儿何不顾其母耶？"母亲言此，而复泣下。又言景山阻入施氏舟事。余闻之吞声饮泣，不敢仰视。盖余在戴氏舟，闻警即行，入安靖之处，恒上岸入人家歇息，与镇人之避警者，从容谈论。曾记有一开京货铺者，年方已老，有船甚巨，其妻及一子在焉。其子与余年相若，至今余尝见之。其老喜谈往事，又尝问及余姓氏者。此刻避警，非同当日之避贼警也。人皆从容自若，俱有重见天日之幸。余见他人皆有喜色，自想母亲厄于华使浜，无安居之地，且多受惊，并不知余父子流于何处，犹劳记念。故身虽在外，心实切切在华。而在在不克自安。而忧思无穷。及闻母亲言，尤觉痛心靡已，而无地自容矣。因华使浜之多警，父亲拟偕母亲亦入戴氏之舟。遂入南。母亲已艰难行数里路矣。格于不肖之非计，以为舟中亦未尽妥，母亲遂洒泪而返。后幸无甚警，华使浜稍安。母亲见患难方已，遂念遇难之时，因言向者在难，忧心未定，故未及言，至是不妨言之矣。在竹园斗遇贼逼钱，不胜苦楚。别有贼至，我母呼其救解，他贼但笑而不解救。此日之危，危莫甚焉。母亲言之，闻者伤心。

官军自十二日收复乍浦汛城，十三日收复海盐县城，十四日收复澉浦镇、孟河泱，各处皆分兵驻守。时邑城虽复，而大军未集。新降之众，心犹叵测。嘉郡贼势犹炽。故人心皇皇，尚未定也。余父子恒宿于戴氏之舟。在镇每居茶坊酒肆。一日见官军取枪匪首级在手，将以号令。一日在肆，见一经营人之失业者，已醉极矣，犹欲添酒。肆人不肯添，而欲逼钱。彼实无钱，窘不可言。肆人逼之愈急，我父不忍见其所为，遂命之释而偿其值。其人谢而去。

初平之时，人心未定，议论纷纷不一，动辄生惊。余不能在乡安母亲心，仍在镇不归，其心纠不知何若也。一日自镇归，见母亲在廊下倚车梳头，冬间乡人每以水车置诸廊下。形神惫甚。不肖见之，忧甚而心痛。母亲见不肖归，即与之梳头。以军务之紧急，镇上亦设驿以递军书。官军恒有数十骑往来，皆魁梧奇伟，而军装甚威，亦更有被全红袭者。兵船亦来往弗绝。余见一家眷船，亦张聂总镇旗号。钟镇既屯兵镇之东，西市俱设局以办军务而安民业，故市面益盛。营中仍用纹银发军饷，尝出元宝使匠人开之。而局中亦于市廛收日捐，以佐军饷之末。此皆余所目见，故并及之。因邑城之已复，而流亡之客渐复乡关，城中尚未可居，恒散于福臻及钟溪两镇。官军中有貌类余族叔彭年者。我父疑彭年亦已从军。不意方疑似之间，而彭年猝至。潦倒不堪，即来告贷。我父未能应。后遂居福臻寺，遇疾而逝。将逝时，犹勉我堂弟月泉曰："方今时已太平，幸各自奋以图树立，庶克复振家声。"噫！临殁而犹戒其族人，其素志亦可见矣。惜乎天不永其年，而一支竟绝。在辛酉夏彭年亦至竹园斗来告贷，我家未能应，而彭年嗟讶而返。

官兵既镇钟溪，远近枪匪，尽皆匿迹，而乡里皆安。余父子日游于镇，一日我父偶与东来者屈长卿、陆韵石偕。二子固不尽修容饰。

姨丈见之，至乡诮之曰："我侪所与，类多在市健人。何尔父所与之俦，形同乞丐耶?"余闻之，暗想姨丈之见识固如是也。盖在难时，彼惟羡贼役之近贼为荣。在平时，彼惟羡书役长随之近贵为荣。其于名分非所知也，岂知二子者，皆大世家子弟，与余家累代世交也。噫！愚俗无识，一至于斯！闻此能无深叹?

姨丈因病至家，余母子遂居外间，履薪而宿。舅母率两孤亦卧薪焉。姨丈病既重，日服汤药。其家忙甚，与余家共一泥涂灶，易锅以炊，拮据万分。姨丈因病而心益烦，欲余家他往，一日呼余至榻旁告之曰："汝家果何日他适。若至年下，犹易锅而相炊，诚不可也。"余闻此言，即逼母亲曰："何终不他往?"乃受此言，母亲叹息曰："岂有意欲恋此地，亦出于无奈，一时不及故也。儿可即定南村之屋可也。"于是言定南村李氏之宅，即日将迁矣。而姨丈之病渐愈。一日多买羊肉烹之，余亦与食焉。

时余惟日游于镇，恒侍父亲于酒肆。归则每持食物以供母。母亲以患难初平，人皆有归去之思，亦尝色喜而对舅母曰："我家城中房屋已毁，倘住新溪，亦无不可。"其时心固少安，而身亦康健也。时余仍日上镇，惟心绪不佳，终日汲汲，若有大祸之将至者，只觉无所逃遁，而势诚岌岌。或至镇西，见局内之人俱穿华服。营中穿号衣，局中俱着便服。只见翩翩公子，行彼周行。余在难惯见竖褐不堪之常态，至是而反觉其异。官兵将到之时，东镇米行前泊数号巨舰，俱载粮食，其中水客，亦皆穿华服。有上岸不慎者，失足于河，狐裘尽湿。市人皆笑，余实见之。时军务拮据，镇上兵船日至。载兵之船，非水师战船也。军中办事之俦皆欣然有喜色，人民亦皆喜悦，而兵民又皆相得。

时势渐著盛明，惟余不幸，心终不安，总若汲汲有大难之至者。知是不祥。方倥偬之际，忽于西局之前，遇一软糕担。糕如年下所蒸之糕，或黄或白，皆以糖水糊之，其式以方。余买数块，欲以供母。方置诸篮，而表弟子荣骤至。即向余曰："此糕何来？可与阿伯吃?"伊本呼其父曰阿伯，盖乡遇之称也。言未已，而糕已取去矣。余遂返家，以慈〔茨〕

姑〔菇〕供我母。我母取而食之，即呛，而呕血。自云不好，连唾数口，皆血也。以公碗唾之，即盈而溢，易碗复盈，而唾犹未已。余大窘，不知所为，以血弃诸河，暗想血若沉则不可救药。覆之而血果沉。余心大痛，窘甚，而手足无所措。因思前数日有雌鸡飞上我母亲首，余将扑之而未及，知是不祥。今果如此。其将奈何？后杀是鸡，其肝大如手板。

是夕，母亲惫甚。舅母烧发炭，余磨金墨调之，与母亲食，以为止血之物。呜呼痛哉！母亲以困苦忧危之已极，成此剧诊〔症〕，自知不治，听之于天。不肖窘极，下日奔告父亲。父亲即至乡来视，慰我母亲，静养俟命。父亲见舅母家两表弟甚是无聊，因指余曰："戴氏舟中，尚多蚕豆，可负许来，与彼食之。"母亲恐余负伤，止之曰："儿无力，不能负，须使工人可也。"是日父亲仍行。

呜呼！母亲遘此剧诊，不肖侍疾，甚是无状。因姨丈之疾，医来，而我并不邀诊。医者见此呕血如是之甚，亦深为之寒心。但云"伤甚矣"。而不肖竟不商治，置若罔闻。以为我母之病，终非医药可治也。呜呼！当此之际，为人子者，亦唯尽人事而已矣。若不肖者，尚可以为人，尚可以为子乎？正不知其心为何如心也。回想当年，心肺崩裂。是晨，母姨家方蒸软糕，母亲见之曰："是糕今久不见矣，儿何不买之。"不肖闻之大痛，即曰："此糕本余所买，子荣自取之也。"及至镇，再至局前寻之，而糕担杳然。软糕担，本西路人所尚，今我邑亦尝见之，皆西路人为之也。今余家所住之处，难前亦开软糕作。余遂徘徊于西局之前，而糕担终不遇。惟见局中有十四五岁之童六七人，皆穿华服，来入茶肆。余亦入茶肆，遂与同桌。与之接谈，颇为谦抑。母亲垂危如此，余仍怠惰在镇，不克早归，而心殊汲汲焉。余之怠惰性成，终不克改。在丁亥之岁，我父病危，余心虽汲汲，而在街仍恋恋不返。我父卧床望之甚殷。噫！如此之人，诚难乎其为父母矣。既至家，知母亲又呕过。覆被絮，倚于柴中，形神惫甚也。而絮上血迹累累。不肖睹此，心痛若刀割。

军官方进剿沿途败贼，时贼众仍麕聚于江浙之交平望等处。李抚军檄程学启，李朝斌督军力破之，陈斩贼目数十人，悍党四五千人，在十一月二十四日也。而另股贼匪伏路逃窜，官军追剿，在二十五日二十六日。一路炮声不绝。母亲虽甚疾，犹戒不肖曰："炮声如此，未知战事如何。民间未悉军情，道路汹汹，传闻不一，唯恐西路贼众，再来犯东。儿当自戒。我病不足忧也。"时母亲心尚清，恍若犹言我弟之未归者。及夕乃安睡。天方寒甚，滴水成冰。席地而睡，风侵入骨，母亲仍戒不肖毋搴被进风。忽又呛而喘，乃言曰："难甚矣。危矣哉。异日终命必以此疾也。"呜呼！母亲此时犹未知病之不起也。及至半夜，忽又欲呕。遂起而呕，不料方呕而气将不续矣。自知不好，乃连声云"不好"者再。即欲解。解已，犹能自至睡所。呼不肖曰："儿毋忘我柜下尚有埋金也。"不肖急磨金墨，以冀止血。母亲已不能起，伏而餂墨。不肖跪而捧砚，母亲一餂即止，已弃不孝而长逝矣。呜呼痛哉！不孝犹未知觉。哭之不应，不孝弃砚大痛，伏地泣血。母亲手足既整，疾终华使渡某氏之室。呜呼痛哉！天崩地裂莫能方其惨烈。时同治二年癸亥十一月二十六日亥时也。不孝号泣不已，以平时之侍奉无状，至是尤深隐痛，抢地呼天，椎心泣血。舅母哀之，为之涕泣。欲燃三灯火而乏油。母姨曰："灯尽油干，固其时也。以故不祥。"

天明踉跄至父亲舟中，伏地痛泣。父亲垂涕泣而行。至则见母亲疾终于地。放声大哭。时天寒甚，余买豆腐托于手中，走三里路至家，腐已结冰于手，热水濯之而脱。遂煎以供母亲。至是始化床袴。我俗化命即化床袴。兹以在难，诸事有缺。故过迟。即使房东之婿李五者至坊士处批书。未几戴洪瑞至乡，遂佐我为烧衣等事。一切整备，俱劳舅母。哭泣唯母姨与舅母，及母姨家一婢而已。不孝痛心泣血，自入田间躃踊，欲图自尽。以平时不顺乎亲，故至是尤难自已。父亲遂携不孝至镇备丧具。镇上绝无好木，历看数处，皆未合意。后备一具，价洋十二元，乡人估之，仅值五六元，且又为洪瑞之友划账。其后又有言语。衣衾之物，镇上亦无完善之件。故我先妣之丧，在在不克如礼。而且疾终于地。呜呼！此不孝所由五内崩摧，而抱恨终天者也。一切内事,俱藉舅母代劳,巨细精粗,躬亲操作。至今念此,犹有余痛。呜呼!方值升平,而先妣即世。不孝于此不愈痛心耶?且厄于不熟识之地方,举动皆掣肘,故先妣之丧远逊于祖妣之丧也。房东既索钱,复付地壤钱。即日厝先妣之柩于华使浜之乡。不孝送至其地,号呼泣血而归。妇女送至其地而泣之者,只有母姨家一婢名秀春一人。其苦况如此。呜呼!先妣往矣,而灵座犹无处设。不孝尝具一文疏朝夕跪泣。或供诸壁厨,而房东之女骇然,曰:“何点烛在我家壁厨耶?”其不近人情如此。余家诚不幸之极,而至于此地也。

时嘉善亦已收复。收复嘉善在十一月廿七日。官兵遂进攻嘉兴郡城。余每入镇,闻人纷纷云军声之震,全省指日肃清。而新布政统领全省水陆各军蒋公告示,亦已须到。人皆忻喜。余睹此益深悲悯。嗟乎!时值承平,人方在戚。时耶?命耶?及过迎神之期,遂移家于南。迎神之日,有人为坊土香伙者,曾与我叔父相识,因问及我叔父者。其人系周圣堂人。钟镇之南有周圣堂。见我家在难困苦之状,亦为之叹息。迁南之后,逢七祭祀,每具文疏,不肖尝自制冥镪焚化。

呜呼!先妣弃养已二十七年矣,不孝无行,竟至破家。府君亦以忧劳见背。言念及此,痛哉痛哉!不孝哀感《蓼莪》,追忆难中事,将谨述《先妣行略》,而首录《先府君行略》焉。

《先府君行略》:呜呼!不孝自先慈弃养二十余年来,时乖遇蹇,不得其所。隐忍偷生,待罪膝下。方幸府君无恙,而乌鸟私衷,每怀牲鼎。何图天降鞠凶,顿遭大故,椎心泣血,无路攀号。噫,已矣!府君殁而不孝之罪益深重矣。痛念府君毕生好学,而一言一行诚有合于古之笃行君子。用敢沥血濡毫,详述大略,以匍匐于当代立言君子之前而乞铭焉。府君姓陶氏,讳鄂堂,字咸斋。曾祖讳思。妣周氏祖讳薰。妣凌氏父讳敦诗。妣徐氏、胡氏累代皆以厚德称。乡里同怀四人。徐氏生一,讳岁椿,字菊庄,即不孝之嗣先君也。胡氏生三,府君居二。姊适同里周氏。弟讳士元,字少园。府君自幼勤学,年十四即工制艺，父老至今犹称道焉。王父因嗣考应试致疾，故不欲与府君应试。年二十三而王父殁，此时先叔少园公已出嗣别支，王父一支独存府君一人。

府君孩提时，其曾祖守遇公犹在，家虽中落而四代见面，岁入租米犹以千数计。至是而三代俱殁。十余年间屡遭变故，家道益衰，所存遗产亦甚微几。府君秉承慈训，奉职惟虔，竭力撑挡，际此时艰。故终王父之丧，俭不失礼。生平无疾言遽色。事母孝，先意承旨，数十年如一日。待人一本以诚，不以微贱而稍忽。雅重文学士，独不喜乡愿一流。其率真已可概见。自奉极俭约，遇人有急，慨然应之，无吝色。年逾强仕，犹读书不辍，风雨一编，未尝有间。或论史事，每叹息南宋之偷安，以及明季偾事诸臣，尤所深憾。曾著《读史偶笔》四卷。而时文亦手不释卷。但不争时誉，故无意功名。或因亲戚之请，始援例纳粟授职。然终不列仕版。嗣因先堂叔祖薇村公无后，府君例得兼祧。

及至庚申之春，而贼警始闻。至二月而省垣陷。未几，苏常两府陷。四月廿六日，郡城亦陷。人心皇皇，靡所底止。府君急迎继祖妣，避于乡。至七月十五日，邑城竟至不守。先世室庐尽毁，旧物一无所存，而犹汲汲谋远避计。其后播迁靡定，屡罹于厄，卒至我弟被虏，而继祖妣以劳瘁见背。呜呼痛哉！府君遭丧，哀毁过甚，遘厉虐疾。当春抱病逃难，往返几处，艰苦备尝。会三叔父逝世，府君伏枕涕泣，病势转重。夏秋之交，稍觉见轻，而贼与土匪两路并起，皇遽出门，无所方向。急觅一舟，辗转于泖河一带者，经两月有余。及至钟溪而喘息稍定。然斗粟千钱，哀黎载道，府君蒿目时艰，深自刻苦，在难仍不废学。书无从得，默钞古文数十篇，教不孝朝夕诵读。又尝举古人嘉言懿行，以启牖不孝。因遭世乱，每怀名臣戡乱殊勋而赞叹不置。承平以来，犹日颂中兴将帅功烈，永矢弗谖。一日得亲戚寄书，嘱取埋金。府君星夜陷入危地，怀金逾越险阻，达数昼夜，送至其家。将及承平，而先妣病殁。府君适寓友人舟中。不孝寻至，伏地痛泣。

府君大痛，登岸归家。丧务既毕，时我邑已收复矣。

明年大军克定，郡城诸城次第肃清。府君携不肖旋里。自经丧乱，十室九空，经营伊始，拮据维艰。府君惟望不孝举业有成。默录己所熟读之文百余篇，口授指画，俾得揣摩熟习。不谓不孝怠惰性成，慢游是好，不惟不学，反学时下浮靡之习，以故数年来糜费甚巨。旋又为之授室，渐至生齿日繁。府君深为家计忧，惟日睹诸孙含饴绕膝，亦足解闷。维时我弟亦归，人咸谓府君厚德所致。但以不孝无行，家业日耗，府君忧形于色，无一日开颜。惟日课诸孙，终日愁叹而已。亦尝作书院课以消遣，而并得膏火资。府君博览群书，研求经术，晚年犹邃于《易》，精参课□□人之问卜者户尝□□。其后不孝益无行，而府君忧益深，中宵长叹，惊觉孩提。及至迫债群起，家产尽捐，府君百忧交集，不知所为，而精神亦从此瘁矣。然犹不欲其孙废其学，乃以三儿属我弟。故三儿自我弟教读者先后凡八年。

自是而后数年中，府君日夜长吁嗟叹，一室之人闻之悲伤。尝谓不孝曰："汝乖戾性成，逆知有今日也。败家之子世尝有之，特未有如是之速且烈者也。"以不孝无行，故日望诸孙崛起，甚不乐其经商也。因家计艰难，拟将幼孙在家读书，两孙暂去习业。府君需资整备行装，勉励交至。孰料两孙学业初就，而府君不及见矣。

呜呼痛哉！府君素无疾，气体本充，时以积忧日久，郁郁不得志，而精力于是大衰。甲申夏遘痢疾，日百余次，候经百日，筋骨疲惫。旋以参朮调摄元气，渐复。乙、丙两年起居如常，然基业无存，而败子如故。环顾门庭，殊甚叹息。丙戌岁底，四孙女大病，开春屡濒于死。府君嗟吁涕洟而言之曰："总为家贫，致四孙劳苦特甚，今将一病不起，其奚忍耶?"手占一课，甚凶。因即入市买锡箔以备作冥镪用。时杖履康健如恒也。孰意系怀四孙，四孙病已，而府君即以病起。一日上楼，挥泪视四孙，若欲为之永诀者。及至下楼，气顿喘，几不克下梯。是日即有疾，至月底渐增脚肿，而多唾痰。然犹日夜看书。嗣后脚愈肿，痰愈多，竭二三两月医药，殊不见效。而看书仍至夜分。渐至脚肿上升过腹，痰又日吐数碗。因语不孝曰："汝祖当时亦吐痰无数而殁。"又语家中人曰："今岁适逢闰四月，余生时之年亦闰四月也。"前后两四月间饮食渐减，向善饮酒而今殊不欲饮，惟看书仍如故。医者恒劝释卷，谓恐伤神。然性喜书，非书无他好焉。一日，引壶觞自酌而不尽杯，并不加餐，且曰："昔逆莽因师徒屡败，大臣内叛，忧懑不食，今吾何为乎？"五月初旬，饮食日减而痰犹不止。肿方退，陡觉痒甚。日藉人搔，数日间肿既退尽，而形容惫甚矣。至廿三日，忽呼不孝而语之曰："今日自知不起，若来年适届七秩然，在世亦无甚事。一世并无他过，惟困于烟酒，已足为累，后人戒之。自庚辰以来八年，账目以愦闷故，俱不登记。孙玉堂港租倘来，可济日用。"是夕犹咏袁简斋诗。又论诸孙皆有可望。廿四日清晨命不孝求仙方及占课。当午府君犹详课语。少顷，进粥糜数口，即命装烟。烟至，已弗能吸，若有所言，而声已不清，气喘甚。乃以手招三孙至，不孝兄弟方寸大乱，惟有哭泣。府君手足既整，气喘逾时，竟弃不孝等而长逝矣。

呜呼痛哉！天崩地裂无此惨烈。不孝侍奉无状，平时不能养志，至是莫挽沉疴，因循坐误，有子安用耶！府君生具异禀，宜享耄期，而乃由儿不肖，躬罹百忧。当患难之余，连遭忧患，竟其至于忧劳终也。言念及此，痛哉痛哉，心肺崩裂。不孝罪通于天，万死莫赎。府君终始爱护，尚望挽回末路。诸孙亦深蒙慈爱，幼时俱保抱不释，及长犹时时系念。当弥留之际，犹谓不孝曰："八孙英伟，异日必能亢宗，汝幸克见之。"盖府君之期望不孝至矣。及至一无所望，又即以望孙者望之焉。其余与人相接，要皆以仁，宅心体恤周至，迄今忠厚长者之称犹啧啧人口云。

府君生于嘉庆二十四年己卯闰四月廿七日辰时，终于光绪十三年丁亥五月廿四日未时，享寿六十九岁。配吾母王氏古槎公女。生子二，长即不孝兆麒，出嗣菊庄公，后娶葛氏明川公女。次不孝兆麟，娶吴氏梦仙公女。本生孙男三，长维城，次维垣，次维墉。本生孙女四，长静霞，次更生，次玉英，次舒华。府君既没，至九月而孙女畹龄生于是。至辛卯九月次孙□所生。□□所生之畹龄旋殇。复生女。不孝孤偷息人世，已两周矣，俯仰饮泣，不能自已。而哀毁之余，语无伦次，不能仰述万一。伏冀大君子矜恤愚悃，俯锡采择，予之以铭，则感且不朽。

是状作于己丑夏仲，至是方忆难中事，而追述先太孺人行略焉。

《先太孺人行略》：呜呼！在癸亥之岁，不孝生十九年矣。童稚无知，临难而惰，致先妣更深忧虑。方幸升平已见，将复邦家，欲思力作，稍备优养，以承欢膝下。岂意昊天不吊，变起仓卒，不能缓我先妣于须臾。呜呼痛哉！彼仓者天曷其有极。先妣之逝也，不孝何以为心哉！惟有椎心泣血而已矣。迄今已二十有七年矣。追忆先妣，恭俭庄敬，壶德聿昭，母仪足式。设今犹不诠次，恐遂湮没，则不孝之罪，益负深重。用敢和泪濡毫，略陈梗概，惟当代道德君子垂览焉。

先妣姓王氏，古槎公长女。母戈氏。同胞五人，两弟两妹。王氏世居新溪，为邑望族，诗礼名门，代有隐德。先妣生而端庄，幼读书，能通大义。稍长，承庭训，娴姆教。咏絮颂椒，宿具慧悟。至性肫挚，事亲尽孝，而友爱弟妹。淑德之称，历久无异辞。不孝既长，尝闻母舅母姨详言之矣。先妣二岁时，时值盛夏，黄昏时，有一婢抱之至楼窗口乘凉。婢倦，遂脱手而坠于地。时内宅尚佣，更夫击柝，遂为更夫扶起，幸得无恙。先是家颇饶，后以分析，遂日落。岁售田于人，而家计益绌。迁东镇后，外祖日授徒，外祖母出嫁资簪珥悉售，以佐家用。二母舅亦日课徒，修脯养亲，四母舅能以经营佐家政。先妣偕两母姨，率妪婢，勤纺织，为治生计。一堂雍睦，尽天伦之乐事。年三十四，归我府君。孝事迈姑，克尽妇道，十七年常如一日。以礼相我府君，相敬如宾，终始无间。洁苹藻以荐羞，澣絺绤以为服。孝养洗腆之事，织纴丝枲之功，无不备尽。暇则以书自娱，同居者远近共八房，除岁时贺年外，无事未尝偶往，故阖宅百余间房屋中未尽周历，闺门肃穆，举族咸称。于归之年，即生不孝。先妣以年逾壮盛，德子恐难。既生不孝，爱护尤殷。乃不孝生而多病，故抚育之劳，迥异寻常。先妣岁再归宁，携不孝至新。外祖父母、母姨、母舅，皆爱之若掌上珠。至丁未岁，我外祖卒，先妣哀毁殊深，一恸几绝。时不孝生三年矣，故外祖之音容，犹能记其仿佛。先妣以居丧哀戚，鬻子勤劳，不时多病。及方娠我弟，不孝犹抱不释手。百忙之际，一婢忽遘剧症，热昏而发狂，深宵恒跃于地，先妣屡起相扶，不胜劳顿。尚有一妪，年老而无能为役。时堂叔祖薇村公夫妇皆亡，宅有丧事，尽室凄惨，而猫头鹰声达旦。祖妣房隔，府君在馆中，先妣本胆怯，当宵而起，难定惊魂。后其婢送归不返，人有言及身价者，我先妣不问焉。

戊申之岁，我弟以生。先是不孝之生，即立嗣为伯父后。至是而先考妣亦有子矣。越三年庚戌，外祖母逝世，先妣尤深哀毁。自外祖殁后，四母舅旋夭。遭家不造，外祖母竟以哀伤成疾而卒。先妣痛母家之多故，日深忧悼而不能已，无一日开颜。时二母舅文名噪甚，岁科历试优等，棘闱荐而复踬者再。迭居父母之丧，哀毁过甚，几至成疯。赖舅母姚氏，甚为贤淑，百计安慰，而母舅之疾始愈。而先妣尚以为忧。后母舅家迁至高桥之港南。时不孝年八岁矣，岁随先妣之新，恒受母舅训诲。迨粤逆扰江南，不孝随侍府君于馆。时我邑人亦有出城远避者，先妣仍侍祖妣于家，遗书府君，无令不孝辍学。其后数年间，不孝至家，每受先妣庭训，深宵课读，匿灯于帷。尝训不孝曰："汝家及如外家，俱累世读书，如能勉学，幸得有成，庶几不负先泽。汝外祖父母，望汝尤切，汝何以慰其心于地下乎？盖先妣孝思不匮，故无在不念切先人也。

及遭兵劫，锱重胥捐，困顿流离。我弟被掳，先妣日夜忧伤，气郁成疾。其后叠遭逆难，屡濒于厄。中间遭祖妣丧，实深哀毁。而先妣之精力，于是大耗矣。既至钟溪，惊魂甫定，而米珠薪桂，拮据万分。惟是三旬九食，几不得全，先妣支左诎右，经营惨淡，悉废首饰以易米粮。日煮粥以食，身为饥躯，每饭不饱者约近年。在难尝犹教不孝向学，尝曰："我儿不幸，生长乱世，未能肆力于古训。然能安心任运，洞悉世情，藉以磨练才识，无在非学。时清终有待，人特患无自立耳。"又尝举古人孝友睦姻任恤之事，以教不孝。而复勖之曰："儿性亦慈，异日处心积虑，倘能无愧古人，则母心慰已。"在难甚是困苦，而惊魂无定，然犹朝夕训不孝以学。因诸戚之流离，尤复时时系念。比闻二母舅去世，哀痛欲绝。我弟在掳未返，无日不深忧虑。既至华使浜五母姨家，我邑亦渐克复，心地少安。邦族将复，而孰意先妣不能待矣。

呜呼痛哉！先妣本无疾，而气体素弱。嗣因难途困顿，而更伤我弟之在掳。忧思靡定，而疾遂以伏。在十一月初八日，邑城收复，人庆生还。时慈躬犹康健如恒也。不料于廿五日晚，不孝自镇归，以慈〔茨〕姑〔菇〕供先妣。甫入口，而喉间忽觉痒，旋呛，即呕血，顷刻数椀。不孝大惊，不知所为，心切而痛，惟求止血之方。急烧发调墨以进，而呕稍止。少顷复呕，至夕始定，而形神惫甚矣。呜呼痛哉！先妣平时常言喉间有血腥，恍若欲出，至是果如其言。呜呼痛哉！廿六晨，不孝奔告府君，府君即来慰我先妣。是日不孝仍至镇，既返，知先妣血又呕过，拥絮倚于薪，犹教不孝曰："今日炮声不远，汝宜自戒，毋以我为念。"不孝忧切于怀，弗能自主，方寸皆乱。适有医人在室，竟不邀诊，以为先妣此疾终非医药所能疗，惟仰天呼吁而已。是日寒甚，滴水成冰。既夕，仍席地卧薪。先妣犹戒不孝毋搴被进风。忽又喘而呛，遂言曰："危甚矣，将来毕命必以此疾。"呜呼，先妣此际犹未知命在顷刻间也。夜方阑，忽又欲呕。方呕而气将不续。自知不好，乃连云不好者再。即至解所，仍自至寝所。犹嘱不孝曰："某处尚有埋金。"不孝奉墨以进，母亲已不能起。伏而餂墨，已弃不孝而长逝矣。呜呼痛哉！不孝犹方跪而捧砚，侍先妣餂墨，而先妣气已不续，不孝犹未之知。既知，大痛号哭，而先妣不应。呜呼痛哉！天崩地裂无此惨烈。不孝平时不能顺意，临危犹不尽心，苟且因循，不可以为人，不可以为子也。尚欲偷息于人世耶？呜呼，以先妣之为人，何以生不孝其人耶？先妣以孝事亲，以礼敬我府君，以书教不孝兄弟，持躬俭约而厚待里党亲旧。荦荦数大端，皆足以为后人法。因遭患难，忧劳成疾，竟至不起。呜呼痛哉！是不孝所由五内崩摧，仰天椎心而泣血也。

乃岁月如流，忽忽不知已二十七年矣。追忆初平之际，先妣即以去世，言念及此，能无痛心！呜呼，皇天生民莫不谷兮，何难方已，而忽罹此鞠凶。伤先妣之云邈兮，念往事兮追思而无穷。先妣生于嘉庆十七年壬申正月廿五日辰时，卒于同治二年癸亥十一月廿六日亥时。生子二，长即不孝兆麒，嗣菊庄公后。次兆麟，时尚在难。越五年丁卯，不孝兆麒娶葛氏，生子三，生女四。遂有本生孙男，长维城，次维垣，次维墉。本生孙女长静霞，次更生，次玉英，次舒华。不孝兆麟自甲子出险，由杭之湖之严，滞迹瑞安者十年。至癸酉归。越十年壬午，娶吴氏，生子不育，生女行二，四岁而殇。府君弃养之年，吴氏复生女，遂有孙女畹龄。辛卯九月维圻生。畹龄旋殇。兆麟复生。兆麟既又生女。至今存两女，一名照，一名全。维城娶余氏女，己未十二月二十五日生子名镕，字乘权。

于是不孝孤偷息人世已二十七年矣。念及先人，痛深永感。今将略陈梗概，而知识庸疏，语无伦次，不能仰述万一。伏乞大君子俯赐矜怜，锡之铭诔，则感不朽。不孝孤兆麒追忆谨述。

是状作于庚寅冬季。以出嗣子称孤，恐未合礼用，敢质诸有道君子。至其文词谫陋，则余本不文，惟质言其大略，以昭示后人，不敢饰词自诬，以诬我先人也。

余家既遭迁于李氏之宅，舅母率两表棣仍来相依，困苦之状，非可言喻。李氏此屋，沈卓安亦住过，而我族中三叔祖母家亦住过。其女云姑母，即在此舍中出阁，适于严氏。此事我母在日，听乡人说过。是屋係马桐豫至戚，故马氏亦住此屋。桐豫已逝世，其座尚设焉。我父亲言桐豫亦我邑人，向曾考试，后捐文职。马氏当湖望族，桐豫之子弟，已属不堪。然家中犹存杂物尚多，盖所处之地安靖故也。非若余家历居危地，一物无存也。马氏子弟，后竟为书役者流，不堪回首。屋中尚有他处商人居者，其家亦存杂物。凡祭祀所用，皆得备举。余睹此，殊深感慨。

李氏房屋颇佳，余尝于书厨中取书阅之。有四书读本，两表亦取而读之。李氏有行四、行五兄弟二人。行四者，余尝与之游于镇。其余今不能悉记。有宁波人天老友者，向尝在我邑业磁器。余在镇亦与之偕。曾与之入大云寺观剧者。既返，母姨责之月："居丧观剧，甥何忍耶？"噫，余之无行，无时不然，不以在戚而灭。寝苫枕之时，犹复如是，而况在平时耶。无礼无耻，少成若性，而尚可以为人耶？

先妣五七，适逢除夕。俗尚五七上夕，整备礼仪，敬接亡灵。兹以在难，礼文多阙。将曙忽有响声。舅母闻之，曰："大姑至矣。"凡五七，必有响声。在府君五七时，余曾闻五姑母言之矣。当时舅母闻声，即呼不孝起，整备祭祀。不孝俯伏泣血，舅母亦泣。难中不设灵座，仅具文疏，灼化银锭而已。难中不能尽礼，兼之不孝无行，是以诸事不备，无以为礼也。迄今读《檀弓》一册，尤深隐痛。遭难以来，人死大半，所剩残民，多穿孝服。余家辛酉度岁，值祖妣新丧。今又度岁，服未终而值先妣新丧。何天降鞠凶，如此其甚也。

在癸亥岁底，因田地久荒，一切市物皆贵。每至镇，见人民卖物甚众，鱼肉鸡鸭，倍增其价。塌科菜值十六文一斤。时钟溪已拔营，而城中屯兵犹众，均入福臻寺，及钟溪两处办伙食。故市物倍增其价也。时大军云集，进攻郡城，而我邑新降之众，犹谋不轨。官军即围其馆，斩其为首，余众皆服。官军遂快度新年。

是岁余家在华使浜李氏之屋过年也。噫，时值升平，而先妣去世，不孝于此，何以堪之，惟有仰天吞声而泣血也。自庚申避难在乡，播迁靡定，至今第四次度岁，而升平再见矣。

辛卯年日记

辛卯年日记

元旦丙寅日　天晴。余至西南城角老宅，坐谈久之。出见邻宅何氏、孙氏之基，俱为他人所有，将欲布置园林者，盖其地行将起色矣。又至西门葛宅，而少川适自乍川归。又至东南城角周宅，见姑母益就衰迈。又至高登头，在途便至大衖张宅，及南北四葛宅，而叶氏、吴氏、陆氏均飞片。天色已晚，北段遂不及至。晚间日色起黄，势将欲□，鸠声亦起。人有云飞雪花者，余在途恍亦见之。清晨鸦声早起，风声甚□，□昏时愈寒而风愈大。

初二日丁卯　天晴。□□飞六出，寒甚，笔砚俱冻，滴水成冰，黄昏风声尤甚。

初三日戊辰　天晴。寒甚，无处不冻。余未起，贺年者迭至，费河溇放船来邀吃喜酒，余不往。

初四日己巳　天晴。□寒。晚间携八儿至北寺，在茶肆遇孙毓麒。余招之，孙自言贫病不堪，爨火□居，欲乞少许，余无以应，允伊顷间商之，然亦一无可措，心窃忧之。汲汲在途，方欲大解，而袖中钱忽散于路，余犹未知，旁人笑而指之。余遂俯拾，适少川偶及，亦为之代拾焉。归方祭祀，知孙某必在肆中俟之矣。脱冠至肆，孙果在焉。余急甚，遂转乞诸钱子美而与之。孙乃跄踉而行。噫，余常欲济人之急□□实不能，往往勉强而为之，遂至不能自支，而转欲乞假于人，然人之如余者□鲜矣。

初五日庚午　天晴。携□儿至北寺及县署。

初六日辛未　天晴。至东荷花池访马秀眉，不晤。途遇施慎修，知马迁居堰上沈宅，遂至其家。遇之，托其说亲事也。晚至俞静安家，晤谈久之，遂与笑山品泉茶叙，即遇新仓黄某。张伯贞除夕忽来一条，欲与我弟馆金上扣余所欠之两枚，余默而不言，后竟不送修金。我弟待需孔急，忍至今日，始与伯贞言之。伯贞本是不近人情之人，在茶肆卒多议论，闻者皆嗤，赖卢柳溪周旋其事，而事始息。当纷纭之际，余果疑其事之发，第未知其实。及暮，闻徐廉叔之言，始懔然焉。又闻伯贞直书余所欠若干于粉板。呜呼，余始以轻财济人，今偶欠人财，而多生事端，言念及此，诚为可叹。

初七日壬申 天晴。南风甚大。

初八日癸酉 天晴。午后即阴，伯贞讨洋之事，卒成笑话。室人闻之，不胜交谪。晚间入北寺，适见□□，旋即坐索。人皆纷纷悦目。余以索债之多，走索、坐索等字，殊弗忍闻。日□夕与吴静园茶而复烟。当午与印心茶叙，亦遇江松泉。

初九日甲戌 天晴。午后至木号，与陆小村茶而复烟，灯下与廉叔、啸溪晤谈良久，言馆地事也。

初十日乙亥 天晴。□在肆听说因果甚详。昨闻钟氏子服洋药，今果闻已死，诚可闵也。金观察□人寿辰，贺者甚众。

十一日丙子 天晴。□至西门木号，室人至周姑母家，姑母病甚。

十二日丁丑 天晴。□暖。余至叶啸溪家，返，至北寺，与钱畹生等茶叙。

十三日戊寅 天雨。□晚而晴。余至斗阁观剧，返，至治后，偕笑山茶叙。偶至仁甫家，仁甫忽曰：梓□汝知之乎？余曰：死乎？仁曰：果也。盖自初四日因病而归，至今晚果死矣。余□□骇甚，而复伤其始有生意而遽死焉。噫，盛年斲丧，而欲久世，得乎！黄昏至家，室人谇诟不已，闻之邻右，甚是难堪。

十四日己卯 天晴而热甚。余至仁甫家，即至西门观剧，烈日如火，不减炎夏，人都有赤体者。

十五日庚辰 天阴。昨宵热甚，三更时风声大作，复雷而雨。悍荆暴戾性成，日逼我弟家，实欲使之他往。竟至闭中门，使之不得出入。人有往来者，每遭诟谇，习以为常。今日又是闭门，弟家隐忍包容，卒多顺受，所以求安靖也。余不得已，遂开中门，身即外出，盖避其恶氛也。乃与黄某啜茗。即至成隆送殓，遂至西门入，源源饮酒。即至木号，食中饭。因偕三儿等至西林寺，返，至少川家，即与少川至家，而拙荆悍氛犹未已也。噫，余之受其肆毒，亦由自取，而我弟何辜，乃至于此乎。自余破尽家产，我弟所有之产亦尽捐弃。今则所剩屋宅，悍荆犹不相容，竟至我弟置身无地。欲求安靖，遂生远遁之思。余之心诚有难安者，惟日与悍荆□辨，而乖张之气终无能化。虽反复开导，实无能为，徒使诟谇之声远闻邻□。我弟同居数年，刻不能安，受其荼毒者久矣。弟妇甚是贤淑，事事顺受而□相劝道，而顽荆终不能化。我弟或有言，弟妇每抑之，故未显生事端，然他人闻之而笑骂者众矣。公道自在人心，余罪讵能自掩乎？弟妇拟将暂避于□，弟一身欲依亲戚家，而无有招之者。其友人亦有代为之设法者，弟妇虽□忍不言，而忧忿之怀日形于面，饮泣不已，目为之肿，其苦况如此。噫，是谁□过欤？呜呼，言之岂忍言也哉。而旁观尽为之叹息。余则悉付之无可如何之一叹而已。呜呼，岂人情也哉。又我弟有衣一件，被余当钱五千三百，弟不忍其□也，更上利钱八百四十八文。今又届没之期，不能措钱上利，忍视其没，言此□□□芒刺之在辈〔背〕。悍荆复把持余钱，使余束手无策。呜呼？忍矣，三儿亦来谏其□，而悍气终不能已。

十六日辛巳 天晴。余至东门外周新畬家，不晤，返，至治后遇余静安，夫以逼债又及悍荆相逼之事，静实为之不平。

十七日壬午 天晴。顽荆日肆荼毒。余不能忍，偶触之，而悍气愈横，竟敢执帚以批余。余以袖掩面，欲趋而避之，而地隘不能避，儿曹视之而泣。以姨妹之在室也，故悍妇益张其势，姨见之即行，余亦隐忍外出啜茗而剃。有徐某者，以八字付余，晚至施衖钱宅。夕间复至荼肆中，返，仍遭顽荆之肆虐，殊弗能堪，我心实深蕴结。妇，事夫者也。故送女之辞曰："执箕帚，所以尽妇道也。"世运颠连，人无礼义，乃有持帚以笞夫者。蠢尔顽荆，投之四夷以御魑魅，犹未足以伸其罪也。

十八日癸未　天晴。昨宵雷而雨，将曙仍雨。余至奚宅送殓。返，即遇雨。晚至姑母家，姑母喘将欲绝。以参佐之，而喘愈甚。高年病起，自谅不起。姑母体素健，因遭难困苦日久，积劳殊甚，暮年成此喘疾。回想当年惟余知之，能不深为感喟及之。夕间至□□，与时式卿饮酒。既返，天大雷电而甚雨。与廉叔晤谈至半夜。

十九日甲申　天晴。啸溪、和甫至，费何溇亦遣人至，范港户亦至。我弟将迁，遂言及衣服事，而悍荆复张悍势。余匆匆出外，地滑甚，强步至幽静处，旋入施家坟浜底。见水甚湍，仓猝欲失足。忽遇人见，恧然而止。即至同森木号。返，遇张小翁，与之叙茶。灯下悍荆犹诟谇不已，深宵尤甚，声闻邻家。

二十日乙酉　天晴。□日始旦，至晚而阴。顽荆性情暴戾，人皆侧目。我弟将行，以所分授之产被□弃之者，悉记诸账，将欲遍诉诸亲，请问其致逐之由。事未发觉，余闻之已凛然□。夫我弟以余破家之故，甘受其苦，未发一言，且犹望我后起之振兴者，而□拙荆不察，反肆其毒，岂人情也哉。

二十一日丙戌　天□。□晚礼堂父子已至城外，今晨进城，余与之游于北寺，礼堂当日即返。及暮，余与金生游佑圣宫、育婴堂，又至同森木号中。

二十二日丁亥　天雨。今日即为开馆，少川今日赴杭，家中适有纳券事，遂来招余。余至其家，并至界房里，查其界册，而界书已赴新仓。乃缓其事。今午，张小翁来取庚帖。晚间，见邻人陶山槎娶养媳进门。山槎年近知非，上秋丧偶，旋丁外艰，今作此事，亦大奇闻。山槎娶妻也，因在服中，虽无翁姑，亦称养媳。

二十三日戊子　天雨终日。三儿偶偕人至家，因言缄三之郎忽殇。甚矣，葛宅人口之不太平如此，其甚也。

二十四日己丑 天阴晴。午后即雨兼雪珠。昨宵余腹痛甚,将曙而止。今日闻汤家浜王宅有儿因腹痛而死者。

二十五日庚寅 天阴。今日我先妣诞日,余方祭祀,适三儿使人携一大鱼至家,我弟在后进,亦行设祭。既晚,西南城角有人至,昨闻王葛之儿俱死,今日闻江氏之孤儿又□□,徐质民亦死其两儿,而陆氏之孤儿亦死。又道路传闻,言某氏某氏之儿死者□众。盖数日之间,以沙子死,不可胜数。旧岁疾疫病人,今春复损孩童,甚矣□之多患也。

二十六日辛卯 天晴。余因顿邱之事,往访界书奚友卿,不晤。历寻茶肆,仍不见。未及,顿邱即使□招余矣。余复至界房,而友卿仍未返。余即至顿邱,知我弟馆地似有头绪□。顿邱惟即谋迁居。又遇张小翁,知其邻人适遇失窃。午后仁甫偶至。晚间再至友卿家,仍不晤。乃造张小翁室,与之啜茗而反。途遇六小春。

二十七日壬辰 天晴。旭日始旦,而霜甚浓。余晨往友卿家,友卿未起,因与冯少泉、张和卿等茶叙。未几,徐耕畬至,亦云欲访奚友卿。余因知必为张姓抄号事也,询之果然。乃□□约奚友卿二点钟丈地。余遂至顿邱而返。及至二点钟时,余转侧茶肆,□□友卿不晤,遂至丈地之所,询之途人,知已丈毕。余乃至友卿家,仍不晤,因俟于肆间。久之而耕畬至,即与余丈图一纸。余阅其图,与前说殊不相符,遂持图至顿邱,而天色已晚矣。

二十八日癸巳 天阴。晨遇沈介安,知其馆在潘笑春家。当午,顿邱复来招余,余即往。见张姓契单不符,遂不交卸,而居间者往返不已,不胜错愕,盖其三面皆巾帼中人也。余既返,天即雨,顿邱欲迁至余室。我弟之馆地,福绥亦已有意,余情稍慰,然事难逆料,唯恐谗人间之耳。

二十九日甲午 天晴。晚间至同森木号,返与徐伴梅、冯少泉啜名,知前此之小窃叠见,今已悉破,而且其事有牵涉宦家子弟者,殊属可笑。日暮,余造张小翁之室,返遇卓哉叔于途。

以上孟春之月。在家记此。

二月初一日乙未 天晴。向晚朝东，欲知甄别之期。甫上县前桥，见一醉汉仆于桥上者，有童子□系是老爷。余约略视之，疑是沈八先生。余窘极，急欲寻其所亲以扶之归。□于照墙上略阅告示，知各书院俱在初七日甄别，乃匆匆过西，急寻沈氏之所亲。徘徊歧路，一时不可得。回想沈氏之困厄，与余实有同病相怜之意。方一路嗟叹，忽遇沈竹安于途。余如梦初醒，即与之少叙寒烜，盖桥上之人□非沈氏也。余不禁哑然自笑不置，即与张小翁、侯鹤林茶叙。既入源源酒肆，遇界房奚友卿，言裘姓地基甚详。少川还债，是为失察，事未必成，而转滋口实。闻徐雪秉昨日去世。噫，困厄之人，每思自振，然而穷饿终身者众矣。由困及亨，有几人哉？今日徐伴梅忽起喉风，春来疾病又何多耶。

初二日丙申 天晴。□至县前。返作新仓一札，日暮与张小翁茶叙。未几，沈介庵至，谈及日间小□事，其结党为非者历历可举。有十二人，年均弱冠以上，旧家子居多。呜呼，其可概〔慨〕也夫！介安既往，卓哉叔忽至，小翁忽有人招饮去，余亦与卓哉入酒肆畅饮，又入烟室而返。宵既深，夜课遂免。

初三日丁酉 天晴。晨至大街。午前偕金生至文帝庙，遂阅报功祠碑（祠碑冯汝弼撰书，时在嘉靖三十七年），并游登瀛局。见工人徐二目已瞽而在庙乞食，陆氏有丧，系是文川之太夫人也。见香华桥西一带，桑林颇盛，望之欣然。当日始树之时，余实见之，今已二十余年矣。出丝已不知凡几，而桑本今犹方盛，其出息正未有艾。睹此，不胜自悔当年失此树艺之功，忍令西南城角祖基荒废也。昨晚适与族叔谈树桑之事，今日睹他人之桑，曷胜自感，而余情滋戚矣。当午即洒雨花，既晚，风愈急而天始阴，旋复晴。顿邱来招，余遂至其家，无非言迁居事也。返遇张小翁于茶肆，言已到过余家，因言肆中昨宵失窃，由后门进。余忽忆昨晚小便后，约略闭其后门，肆中虽不必怨余,余心实有难安者。即偕小翁入新酒肆,遇徐友菊为东道主,余□佐以馄饨。又遇钱士良,言及我卓哉叔之市房者,既醉以酒,复饮诸茶。返□宵深,功课又废,余之所以不宜城居也。

初四日戊戌 天晴。晨霜颇浓。余入茶肆,见罗丙卿、沈卓然诸人,当午周氏之媪至,言莲汀当日事,并有残书欲卖于余。余无以应,是可慨焉。晚至同森木号,使三儿寄杭信,知新开之庄曰道生。往返均遇徐稺峰于茶肆,云为桥工事也。返与张小翁茶而复酒,转成隆而返。

初五日己亥 天晴。晨入茶肆,遇张氏和卿,既返,又遭蛮荆之谪。当午,顿邱眷属率子女至,因所居江氏之室甚不太平故也。宅后嘉郡沈伯墉亦于是日进宅。及暮,周新畬至,□至酒肆,而仁甫亦与焉。因转成隆而返。风急甚,宵深愈甚,即雨,将曙尤甚。□下功课仍废。

初六日庚子 天雨。□曙雨甚,至午不已。新溪俞氏来请吃喜酒,晚至礼房,知册已送,遂入品泉,与沈贤宾、钱伯溥茶叙,而笑山至。未几,屈恂如至,而又遇新曹、志贤等。既返,夜课仍废。今夕笑山言及田事,并及九峰陈氏事。

初七日辛丑 天阴而仍有风,鸠声四起。昨忽梦有黑马欲我乘之者,如将有行险路,而心亦无所畏。午前雨甚,余至书坊订书,即至西门,与陆敏宣啜茗而酒,知小窃之案已捹,而不逞之徒均已远扬。而走马之风稍熄,怀利刃之徒亦皆匿迹矣。论者以为失主得贿,事或有之。蒋生之郎今日弥月。余家迁移,由柳溪选定在十三日,顿邱迁移定于十七日。晚间,八儿忽倦,遂令辍学。是儿较他儿稍克勤学,然以余之怠惰,必致失学,诚可虑也。余旧宅东偏何姓之基,已为时氏所得。再东孙氏之园,亦为张姓所有,而陆花聚宅旁一基,亦为赵姓所有。西南一隅渐有起色,尤余所厚望焉。丁中翰一基,向为陆庶常地,今赵姓颇有窥□之意。今日敏宣为我言之。

初八日壬寅 天晴。□仍大。周姑母今日忽使人至,知姑母疾病始愈。晚至西门木号，携顿邱、利泽而返。适沈甥象元至，余复往东，遇笑山及黄寿孚于途，即与之啜茗。笑山以吴姓事至轮秋家，轮仍牵涉于余，然今日之余诚无可如何之余也。未几顾醒斋至，言及甄别题目，余心烦虑乱，不能构一艺。日既夕，为顿邱所使，持灯造江氏之室，剥啄扣扉，内户尽闭，怅然久之而返。一路犬声不绝，在途匆匆，人视之都有讶色者。志此可知余今日所处之境之如此也。

初九日癸卯　天晴。我弟将行，不得已而向余言外套事。余实恧然，不能答一语。日旰，三儿至，知瑚儿亦有信致三儿者。询及家中事，并有勉励三儿之语。以兄勖弟，固其宜也。夕间，余至西门，宿于顿邱家，以顿邱家属尽至余家，室中虚无人，故余携四□及木号排工一人守之。既至顿邱，复至源源，与时式卿饮酒而返。既夕而□风大作。

初十日甲辰　天晴。东南风竞起。晨即至家，当午以物至江氏之室，付四女，旋入操劳，拮据万状，忧郁外形，而形神顿惫。余虽忍视，而心如刀割，无地容身。意将远避，适乡人朱生和来，因导之入江氏室，为顿邱运物，遂入源源饮酒，聊解心中之闷。不意生和酒醉而遇拂意之人在肆，忽生口角，余抑之而返。及暮，弟家将行矣。弟媳极达礼，于我家临别必有赠言，愧余无状。对是，实属有腼面目，乃攸然而遁，潜身于仓弄口茶肆中，与何伟卿、顾翰西等晤谈久之。望我弟南行之舟已远，怅然久之。复忆南风正盛，行之惟艰，开船既晚，至彼必在更深，心窃忧之。既返家，而三儿亦至，将以办料装修房屋。余每见三儿瘦而多咳呛，常以为忧。三儿勤行务，而更虑家务，秉质如此，而境遇又如斯，其果若何而可耶。自古祸患之来，每出于昏庸之主，不能触于几微，姑息养奸，优柔少断，祸基既伏而不之觉。及天变民怨，神人共怒，而后下罪己□诏深自痛责，尚何及乎。帝王如此，小民犹然。夫以巽懦之性遇事不能独断，而僭窃者得以乘之，渐而至于太阿倒持，习以为常而不为怪，势必肆行无忌，惟尽己之所欲而不自知非。不知获戾既久，遂至宗亲畔起，骨肉离心，而僭窃者作恶依然。尚论者其必曰:罪有所归。则余今日之事可慨已。如蛮荆乖戾性成,礼义所不能喻,权术所不能化,冥顽不灵,化道无策。余既不能杜渐防微,忍令悍氛之日长,又不能渐移默化,足销戾气于无形,迄今养虎遗患,树大根深,莫挽狂澜之既倒,惟是忍安缄默,侥幸目前之安靖而已矣。非然者,日寻干戈,足履荆榛,芒刺在背,而顷刻不克安也。如弟家之居后进也,历遭横逆而不与之校,本将远避。今忽使之去,弟家慨然而行,一言不出,盖欲求其安靖也。将去之前,顽荆复多不逊语,声闻邻右,弟妇终顺受之。尝语诸人曰:我幼遭闵凶,六岁失怙恃,育于祖父母,既不及躬事父母,实不敢多言,贻父母羞。其立心如此,故历遭横逆,而益示谦和。今日决然远去,宛似太王之避狄。吁,当时胥宇偕妃,《诗》咏来朝走马,此日迁居有偶,人知向晚行舟。呜呼,弟家不得已而行,安知非发祥等岐阳也。噫,良田二百亩,尽被余弃,今存此屋,虽尽为弟家有,有何不可,何乃弟反去之,而我独据之耶。公论自在人心,讵不顾人之笑骂乎?愚荆固无知,儿曹必不可以亦无知,异日旧宅起宇,敬迁弟家来归。二月初十日灯下,在西门江氏楼上记。此复系之以五言四语,曰:避却嚣凌气,乡居远俗尘。时清终有待,转瞬便迁城。

十一日乙巳 天雨。昨宵二鼓已雨,至晨未已。余自西门至家,雨方甚,遇张小翁于茶肆。既至家,雨尤甚,匠人运木,衣裳尽湿,日中我弟自乡至城,不入余家,惟至外面徐氏之室。言昨晚坐船至乡尚早,其运物之船因风而滞,至乡更已深,幸乡人相率来运,故连夜物皆运起,不及乎雨。今晚三儿至家,言叔父今日亦至西门行里,其□人仍至余家。余以八仙桌使之带去,知我弟今日仍返赵泾,余今晚仍宿于江氏之楼,已三宿矣。闻江氏内眷朝夕痛泣其忘儿,闻之惨甚。因思江老先生五旬外得子,七旬见孙,差堪自慰,不谓先生没后其子即夭,今复殇其孙,是不数年间三代俱亡,而本支遂绝。说者以为祖茔风水之故,而要之亦不尽然也。呜呼,其可哀也已。

十二日丙午 天阴,花朝日逢春分节。余自西门至家,途遇朱生和，即使为我佣工。余偶有所事，顽荆终违其意，或与之论，而悍气更张，声闻邻右。当午张生元燕至，留吃中饭。既晚而天晴，夕间仍宿于江氏之室。

十三日丁未 天晴。余家今日始迁于后进，祠灶已迁，而房室尚在装修，故房户犹未迁也。迁居本顽荆之意，乃事或涉余，辄相诟骂。黄昏，汲汲至江氏室，为顿邱守望。入其室，并无灯火，四女、六女早先在室，处黑暗中。余既至，仍无灯火，俟至木号里有工人至，遂有火光，乃寝。

十四日戊申 天晴。因迁居，学生遂辍学。及晚，我弟自乡至城，忿然至家，向余曰：汝今安矣。余恧然答曰：犹未也。弟曰：若是犹未安耶？余默然愧甚。盖弟之产业为我尽弃，存此屋宅，犹不相容。弟家既往，而言仅若是，余何能安。呜呼，弟虽不言，余固难安。弟或言之，余犹难安。反己自思，不堪回首。正思虑间，闻八儿为顿邱望船，已泛舟西门矣。余骇甚，即至西门河埠携八儿归。不意余方在肆，而八儿复乘舟往矣。及暮，携金生往木号借宿。余入酒肆，与张小翁等饮酒，闻英姿已北归。酒已，再入木号，而门已闭。奔至江宅，知门仍所〔锁〕，而号中工人已至而返矣。余再至家而门亦闭，乃回江宅。由江氏内室进，内眷皆不及避，余疾趋而过，心实恧然。乃乞烛火开锁，入门而寝。静室凄凉，欲闻鬼泣，宵深狗哭，闻之惨甚。达旦不能寐。顿邱所剩仅木器数件，皆非可窃之物，必欲使余守夜，亦可谓已甚矣。今晚闻彭辛卿去世，数□前犹遇诸茶肆间也。

十五日己酉 天晴。家已迁后，而装修方在经营。范道星至，余即与之约扫墓之期，遂至东门外周新畬家，闻朱静夫卒于官。既茶，而偕新畬造亡友周莲汀家，理残书而返。后入馆吃点心。即至俞小大茶肆，啜茗而听野语。再入莲汀之室，而门已扃，乃别新畬而返。天色已晚，家中方殷整理，顽荆见余，遂肆交谪，寝室遂居于后。

十六日庚戌 天晴。余至西门木号添料，既返，俗务纷繁，学生功课已歇三日矣，奈何清明已近。张生即日欲返，而温书犹未毕也。

十七日辛亥 天晴。余昨宵梦侍先人在他人之室，将行，持灯无烛，遂乞诸张保真。并见时岭香。张、时皆余之赌友也，而岭香逝世已近二十年。得烛，点之即灭。踉跄入途，心无所定而觉。余前此所梦，往往若是，故所遇□多不遂。今梦复若是，其尚有望顺遂事耶？晚间，三儿至，接着少川杭信。

十八日壬子 天晴。午前费河溇船已至。金生遂行。

十九日癸丑 天晴。当午有风甚急，八儿因风而倦，即令辍读。旋即呕泻，形神惫甚，即服神□仍呕，泻亦不已。复投以山查〔楂〕沫，仍不止。家中惶恐，至晚渐愈。今日奚宅奎夫人五七，余欲备香烛一付，商之他人而不可，乃自至丰泰赊之。时候已晚，汲汲在途，适遇不相合之人，余望之殊深愧悔。日既夕，门首陡遇我弟，凭空语曰："若此如之何则可。"盖我弟积忿已久，欲抒胸中之所郁，故俟余者已屡矣。乃偕之入酒肆，甚发其不平之慨，均非兄弟相接之语。噫，余惟治家不正，忍令顽荆肆虐，至弟家不得已而他去。余虽然而不语，余心能自安乎？先是我弟顺受凌虐，久之实不能耐而欲有言，弟妇每抑之。今弟妇已往于乡，我弟性执，而积怒又甚，遂欲与余评礼〔理〕。岂知余之心，弟既言而如是，弟不言而亦如是也。弟虽欲与我为难，我终不能弃弟也。在酒肆出言甚是不经，视其容□又甚憔瘁，余深恐其因而致疾也。呜呼，念及此而余心滋感矣！

二十日甲寅 天晴而暖，日光淡而黄。八儿呕泻皆愈，可保无虞。我弟昨晚约今晨偕余往良卿叔祖家。及晨，弟果至彼，彼已往善，今弟又寄语于余，明晨偕余往访。

二十一日乙卯 天晴，暖甚。日色淡黄。我弟馆于南宅时氏，清晨两次来访，余即与之至西南城角。见良卿叔祖，叔祖发以达言，而并欲余立一约言，使我弟执之，以为日后之证，兄弟相感而返，在故宅见宗祠宫室，尽作桑田，睹此不胜感慨。噫，余不能早复旧基，忍令我弟离居，转使族人占据，而又不数次卖基址之砖石，是谁之过欤？余乌能辞其责耶！售砖石自伯母始，时干戈初定，草创艰难，诚不得已而为之者也。其后伯母之子月泉堂弟亦为之,而犹未尽焉。又其后梓才堂弟历数次,悉卖之,而起土□尺矣。今所存煨烬之余,而族叔卓哉亦将效尤,则亦甚矣,而仁甫堂弟甚为□□。然前此经数次卖者,皆仁甫之若兄若弟也,余不佞忝居冢嗣,不克兴复旧基,又不能禁止族人之作此无行,触目惊心,不能自已。

二十二日丙辰 天晴。昨夜宵已深,顽荆骂不绝口,余起而避之,启门惊动顿邱,遂止之。及晨即起。昨日漆窗未竟,今午复买油漆之。晚至西门木号,知三儿偕人泛舟游汉塘。余散步寻之,遂至西林寺之西,而遇僧人焉。返与张小翁等畅饮。复茶。即遇卓哉叔,余汲汲欲返,卓哉挽之入烟室。时既二鼓,至家门已闭而不能启,怅然久之。遇朱宦一仆,欲代为之扣扉。余辞之,仍黑暗入西门烟室。偕卓哉至西南城角,炊夜饭食之,而宿焉。因想自庚午违故宅,迄今历二十有二年,汲汲在外所遇辄穷,虽未尝一日相忘故基,而其实与是基日相远。今于暮夜急迫之际,复宿故宅,睹是清景,甚悔昔日之非,而深恐从此之来归无日也。悲夫!今晚始见卓哉叔手录地理之书。

二十三日丁巳 天晴。清晨自故宅归,零露侵面,遍体生寒。今日祭祀,祭毕,即至才圩墓祭。拙荆及三儿、八儿、四女、六女皆行。返过木号,三儿即携八儿入号。未几,瑚儿自王店□先至木号,遂携八儿归。而时候已晚,当午已遇不相合之人,责余以极不易之事。余心犹是无定矣。而催科之事又将欲至,谓之奈何。心窃忧之,不舍昼夜。

二十四日戊午 天晴。晨与张小翁叙茶。当午范道星泛舟至,余即率瑚儿至瑶池浜及邵家泖扫墓。墓门既毁,松楸尽捐,瞻拜于荆榛中,心实伤之,殊懔懔焉。返遇周新畲等,茶□又酒,至家三儿适在,夕间风急甚。

二十五日己未 天阴。当午即雨。沈吉田太夫人今日入节孝祠,仪仗甚赫。

二十六日庚申 天雨。祀先祖忌日。夕间遭顽荆之肆,避之不遑。

二十七日辛酉 天晴。清明节。余至东门外，与周新畬茶叙，又造亡友周莲汀之室。返至内河桥药铺，与王静涵、金子铸等看会，即偕新畬至邑庙看排班。复叙茶，而遇卓哉叔□□。既往，余与卓哉入烟室。返与侯鹤林入王聚仙叙酒，遇着沈明思、黄锡卿、戈子芳，余又至木号，取三儿洋两元，又遇张小斋、徐伴梅，叙酒而返。余每多言，卒致招尤，尝颂白圭而致慨已。

二十八日壬戌 天晴。清晨与沈卓安茶叙而剃，遇钱子美、张伯贞诸人，又至成隆，两造马秀眉家，以婚事焉。当午遇陈申华，又与徐连生叙茶，晚至俞静安家，晤谈久之。至笑山家，遇俞吉甫。及至品泉茶室，而周杏如、钱伯普等在焉。归途遇沈庚三。

二十九日癸亥 天晴而寒。仁甫以店友不合而去，将生事端，遂偕余入肆。与卢柳溪商酌，即至南河头，入两处烟室。使钱某、黄某两人，及顾小五同邀该友至。余反复开道，彼卒不悟。既至茶室，张康甫亦为之劝道，而该友偏合同业，卒多议论，而事终不了，真不思之甚也。在肆见赵泾吴氏诸人，因知吴氏有丧事，我弟亦自乡返城。亦至茶肆，返与黄氏、赵氏饮酒，而遇地保阿顺，归途遇俞轮秋，立谈久之。

三十日甲子 天晴，仍寒。晚间仁甫至，以店友事，偕余至仓浜汤氏宅，见常州赵仲养，立谈于堂楼廊下，所言皆空谈无补，实仁甫之不识事务故也。返遇周氏之门，遥见五姑母，遂入其室，坐谈良久。至仓弄口，与吴奏云等茶叙，未几时伯仁、潘宅安至，轮秋亦偕沈氏至。日既夕，余复过东，遇笑山于途。今日葛传朴有盛馔至。

以上仲春之月记。

三月初一日乙丑 天晴。余欲偕卓哉叔同行扫墓，遂至其家。适我弟亦在，即与余据稿一纸。卓哉叔约余午后泛舟至乡，午前余至顾小五茶室，与徐丽川吸烟而茶话。又两至成隆，复至益生药店，俟卓哉之舟不至，即至其家知佣，佣有别事之忙。扫墓□□明日，怅然而返，见有催科者至，心实骇然。不知是为葛宅事也。盖年来素畏是辈，当忧诸心，不敢见诸面，故一见而不自安也有如是也。晚间从堂妹携其子至，晚至茶室，俟小五，适仁甫亦偕人至。未几小五归，余乃与之吸洋(烟)而谈，见徐氏子有台北之行。

初二日丙寅 天阴。俟卓哉不至，向西往访，遇雨而返。当午卓哉叔至，与之泛轻舟至南门坊之夜字圩。舟人一再失路，数兜独圩，多行六七里路。过沈氏之坟，而高坟之前后尽历焉。至祖坟而满目荒凉，昔之坟产俱为竹园，坟前一堰独存，曲折如瑶池。牌楼基(高)而大，追忆我七世祖福海公，以诸生考授州司焉。承先世遗绪，扩充基业，建宗祠，广田产，垂裕后昆，传世永久，迄小子而家产荡然。兵燹后，不克稍复旧规，忝居冢子，心殊恧然。今日瞻拜松楸，抚躬益觉难安。返从南湖，望塔圩会过。迎会适过。旋过星桥，进南水门，与卓哉叔一茶复烟，返过成隆。至西门□徐伴梅、张小斋等畅饮于东源源，再入烟室，访卓哉不值。

初三日丁卯 天气晴□复阴。弟家既迁于乡，弟仍馆于南宅时氏，尝至外面徐宅，催余速付笔据。余今晨已书就，将付弟手。及晚，八儿读书或懈，金生一去不返，拙荆每肆交谪。余闷甚出外，遇茶肆有不相合之人，余趋而避之。彼出而与之言，旁人皆笑之。余遂转成隆，并入面馆。及暮，鸠声四起，天气仍暖。日既夕，我弟又至外面，余以笔据付之。

初四日戊辰 天阴。鸠声四起。余腹泻已数日矣，昨日不数次，今晨复泻不止。及暮风愈急，势将欲雨，余入□后静涵之室，听笑山自扫墓归。

初五日己巳 雨甚。昨宵即雨，将曙而大，至晚不已。

初六日庚午 天阴。余呛甚，已数日矣。泻亦数日矣。昨晚闻我弟年来多病，今馆于时宅，诸多不便。□半夜每寝而假寐，将曙始得睡着，盖气闷火升而成之者也。有心者能无忧乎？□□宵既深而睡始着，小窃穿壁而入，衣服一卷而空，今晨着他人之衣而出，其艰境如此，余心能自安乎。曾记在未有下榻处时，遍商亲友，皆未之便。今才馆时，动即如是。闻之益觉难安，而况犹有人言之责备者乎。噫，可畏矣。当午蒋少鹤来，向晚天色暗甚，望之如夜。少顷，雷雨大作，雨未止而徐丽川至。徐去而大雨复至，至夕不已。

初七日辛未 天阴雨不已而寒。鸠声亦起，风声不止。今日葛福绥使人来言我弟馆地，已有捷足先得者，可见遇合之自有定也。昨在静涵处闻之而未之信，今日始得实信。噫，可慨也已。及暮，仁甫至。又与徐伴梅、张小斋、侯鹤林等，一茶而酒，在源源见三儿亦偕人在肆。

初八日壬申 天阴。北风吹面，鸠鸣不已，而天气尚寒。日中沈氏有婢来言四宝有疾，余将往视。及暮出外，知我弟寄言徐氏，欲招余至其馆，余凛然知其必为外套事也。盖我弟将往延陵贺寿。弟有外套，为我当去。弟曾人当代付利钱，冀其未没而赎焉。余延久不赎，至本年正月十一而没。言□及此，心殊惴惴，此衣典后，余亦尝措钱将赎，不幸而遇匪人唐寅卿者，□钱冒去，贻误至今，余心实深隐憾。噫，言及外套事，余之憾事实多矣。在昔丁卯之秋，曾借陆氏之外套而当之，既还而仍招物议，后亦有己之外套被人携去而不返者，种种丑行，言不尽意，伊谁之咎，自取之也。至正公衣庄寄新溪信，而其人适在城，遂至笑山家，而笑山已外出，至沈氏视四女，知其疾固甚微也，遂见沈宅老太太，返遇张贞吉，即托书小斋一便面。既至家，知我弟又到□徐宅，□言外套事也。闻之心殊恧然。即至其馆，而弟已他往矣。乃入酒肆，写□酒票□张。与赵咏勤、张康甫叙饮而返。方在北寺前见开征已有告示，南白在即，□不日将至，心中一刻不安，窃自虑又自伤已。

初九日癸酉 天阴。余晏起而泻甚，无知之妻子责有烦言，余闷甚。起而外出，一茶而饭。入沈氏，借衣不遂，怅然而返。复泻，室人仍肆谪。无何而新溪生至，余又入肆啜茗，然素□不相合之人，尤复增闷。呜呼，苦矣。及暮，又遭室人之谪，愤懑出门。过西关，欲□□行借衣，恐或不遂，乃至竹行而止。途遇侯鹤林等，招余饮酒，余不顾而走，进西门，过聚仙漕坊，至施家坟，见江氏之屋，怅然思余屋之坐落，甚非余家今日所宜。因想西南城角之故基日荒也，念此而黯然神伤。遂至仓浜，与奚氏昆季晤谈久之。奚氏新丧偶，殊深悲悼，余遂与之谈时事，并论京华人物，而伤我辈之久困沉沦。有怀往事，事有伤心，还念故人，人都作古。谈论之间，实有无穷之感慨而嗟叹及之。既夕而返，即遇朱氏、邹氏，即至静安家，取一田账。知今日我弟亦至其家，言及借衣事也。余既返，借衣之事卒未就，而徒奔走于道路间，中心摇摇而已，而我弟早已俟诸徐宅矣。余心殊惴惴，夜不成寐，而又日虑催科之将至。前此因得余氏之田账，遂悉卖田之术，而已产一空。今回首二十年，浑如梦里，兹接是账，不禁怃然而伤心。

初十日甲戌　天晴。余未起，而我弟至矣。余即起速出西关，至木行借衣。三儿云：即晚使人携至可也。余□□□而返，惟俟外套之即至，望了半日，卒不见至。中心摇摇，惄焉如捣。□晚而三儿归，言排工忙甚，故未及至，当夜必至。余即至奚宅，坐谈久之，返转成隆。遇弟而归，言及借衣成否，余不敢决。既归，而知外套已至矣。即使五女携奉叔父，而我弟复使人来还，言此套已不及时矣，以其珠皮故也。未几，我弟亦至我室，晤谈久之。仍励八儿以读书之宜勤，因言今日在馆殊不欲□饮酒□已。

十一日乙亥　天晴。候在虹始见。昨因所借之衣，弟未惬意，责余再借。余速〔束〕手无策，终夜不寐。天明而起，□入茶肆，与清河、竹林昆季谈论久之。秀山颇有振起善举之论，实获我心。而满座俱嗤以为迂，秀山果不之觉。而城南荒址已渐布置，明日启宇，先造五间，则秀山固非空言矣。伯贞仍责余以不易为之事，良卿惟谈前事而已。未几，我弟亦至，言及借衣事，余遂奔走数处。人皆未起，未晤即行。途遇数□□云明日均为己用。怅然在道，不知所之，遂将珠皮托仁甫至周氏，易衣而借。因偕葛宅一婢，携套至成隆，婢忽由他道返，余回，回首不见婢，骇甚而不知何所为。既返，而婢亦返矣。易衣之成不成，正不可决，而我弟行将在即，余心诚不能安。此情此景，实无以堪，而反见唾于妻奴，更深交谪，余何所遇之不幸如是耶。仁甫尚无回音，汲汲俟之日中，望眼欲穿，而我心如醉。无何而赵泾舟到，而我弟又至矣。余即走成隆，仁甫遣小徒携不堪之衣至。余在途却之，踉跄入我弟馆，弟言拟至衣铺商之，余始息肩。然是役也，余已痛甚矣。伊谁之咎？亦思戊子周氏易衣之事乎。及暮，奚宾鸿至，言卿圩事似乎有难就者。余遂与之至静安家。宾既去，余又至品泉，与笑山、伯普等叙茶。遇良卿叔祖，问及我弟。笑山仍言轮烁事之牵涉于余者。余心殊弗能安。途遇张贞吉郎，与余便面一页。又见俞吉甫，日忧催科之到门而日无所措，而实则日急一日也，奈何。而况又增意外之忧也。新篁里灯兴颇盛，邑人都有住□者，瑚儿尚未到号，何耶。

十二日丙子 天晴。马秀眉来，言亲事不谐。日中朱生和自杭州归，以扫帚送余。周姑母疾病已久，日又中风，益复沉重。使人来招余，余即至其家。姑母启口已不甚便。医者云，高年气血两衰，顿时猝中，势殊岌岌。余唏嘘嗟惋，侍坐久之而返。过钱氏□□□死生，即立谈少顷。复至西门，与张小斋等四人茶叙。更与徐伴梅□□转□□□返。

十三日丁丑 天晴。鸠声□□□暮晓华至。言肖虹在镇日扰事，而子荣佐之也。既暮，入茶肆啜茗而剃，遇沈介安诸人，并见张伯贞与金氏买屋不成，反滋口实，阖肆皆笑之。是屋若葛少川置之最便，余窃念之。

十四日戊寅 天雨。今□为谷雨之三朝。蚕事方始，天气温和，正合时宜。余刻危催科事发，顽佃排□□□，风声鸟语。闻响即惊，忧从中来，总乏弥缝之术。此虽余之常□，数十年中往往如此。今兹以妻奴之迫，益觉其危。噫，甚矣。及暮，至街即返。春服未成，自顾何堪，人视之而笑，顽荆复深交谪。

十五日己卯 天晴。瑚儿至周姑母家，姑母病如故。向晚仁甫至。余即与之游青秧地，遇时福山诸人。即至西南城角老宅基，入良卿叔祖之室。既返，入源源，遇轮秋诸人，又偕仁甫叙茶而谈梦征。

仁甫历述前梦,所遇皆应。

十六日庚辰 天晴而寒,候在萍始生。三儿至姑母家问病。朱生和至。颜妪以庚帖付陈氏。余在方桥遇老人吴桐宪,知我弟今日必至城。日暮至周莘渔家,与之进城叙茶,遇笑山、延宾诸人。既返,我弟果亦返矣。

十七日辛巳 天□。风起而雨至。日中有鸟一行,乘雨北向,浑如雁阵。时在季春,何何以睹此。瑚儿面□不正而瘦,今日复咯血,云自旧寒始起,新春亦发。余旧寒多呛,喉间□欲□出□窃忧之。而又日虑三儿之体弱,惟恐致病。不意是疾已瑚儿得之也。念□而心殊惴惴。噫,起是疾也,非得养身之道,别无以可,而唯恐儿之不自知也。及暮出门,心甚无聊,不期而至西门木号,返遇徐伴梅,历寻卓哉叔不晤。

十八日壬午 天雨。终日□□葛福绥来邀酒,余不赴。日暮至街,雨方甚,转成隆而返。晚至西门,□□□□□□叙,知催科事尚须十日之缓。张小斋与卓哉叔亦至,遂与之入□□□□,又入烟室久之。既返而门闭,忿甚,搞之急甚,声闻邻右,惊起徐氏葛氏□□□两道之门而入,时犹未及更也。瑚儿知余未返而门仍闭,谅或其母使之也。

十九日癸未 天晴。余晨起入茶肆,转成隆,至西门外,既返舍,复至成隆而返。顿邱即言昨宵启门之事。今日先祖忌日,清晨有人来访余者,余不晤。蒋鹤仙夫人病故。昨日来报□□□甫至。既去而奚宾鸿至,坐谈久之,旋至鹤云楼叙茶。余即至□□□适霍庙有戏,即与周新畲往观焉。因遇钟某,返遇仁甫于途,遂与之叙茶,□见叶养泉。

二十日甲申 天晴。晨起至西门,与俞莱叙、张小斋叙茶。遇张桐序,并论叶干甫之为人,两见林某。余既返,复出,备送蒋氏之礼。途见徐某。日中起阴,旋放雨花,既晚,余将出门。适三儿偕冯师承至,云霍庙仍有戏。余即至施弄钱宅,晤访畹生,遂至霍殿观剧。遇新畲于茶肆,时方有雨,更偕沈锦园、鲁水村入酒肆畅饮,谈论久之。

复遇叶养泉进城，途遇时福山、唐惕三而返。

二十一日乙酉 天阴。候在鸣鸠拂羽。今日葛氏内侄来过房，取名蔚文。余上街买物，忽见朱生和，使之携归。□□日暮起晴，俄而水云复布，漫天雨象，至夕始稍清。

二十二日丙戌 □□。日暮，废学徒之功课。自西而东，每见庄书等俦，必感催科之至。汲□□□□□□忽见有冤小窃者，大起争端，势甚汹汹。余即避茶肆观之。因遇郑保□、□三亭，知新溪费氏已到城。遇沈惠堂父子在途，余招之入肆。因言往事，知其弟笏卿已死。蒋鹤仙等数人亦至，知东门外张文阶得五日之病而死。唐寅卿亦至，观其色，赧赧然，是所以为唐寅卿也。余复至西门而返，知□□今□□□及赴王，余复出门至治后，与静安谈田事，仍不就。见伯康之郎□□□□□□安，立谈久之，云自南湖来。余至面馆，闻成衣者云：南湖有人家□□□□□□□□□必是朱氏也。又至三环洞桥而返。今日室人至姑母家，问□□□□□□□湖葛宅，弟妇亦由赵泾至姑母家，其女畹龄亦至我家。当日即返。赵泾邹淡云自湖北回，今日亦晤诸茶肆。

二十三日丁亥 天阴而微雨渐放，日暮雨才止。余至姑母家，姑母病愈重。余入竹生书斋，知施氏之事，并知胡氏月生果迁居于青秧地。月生余向耳其名，曾于青秧地一□□□人，今闻竹生言而恍然矣。并悉胡氏景况，返从汤家浜遇屈□□□货铺。既至施弄钱宅，沈氏延宾即至，遂及伯普。将入茶肆，天忽雨，余由□□至治后晤静安，并见其母三太太。久之而天仍雨，日之夕矣。乃冒雨□□，衣裳尽湿，困顿不堪。噫，余于是景昔者犹多尝也。

二十四日戊子 天晴。日暮至周新畲家，即与王静涵、孙金波茶叙，又与新畲对饮，更深而归。

二十五日己丑 天晴。余晨出即返，闻此刻疾病又多，类多不起，而尤甚于孩提。张星槎云自□□时疫以来，至今疾病犹未已也。及暮，携乙丑所备之条幅、丁丑所备之□□笺，至周新畲家，与新畲啜茗清谈，复畅饮于费氏酒肆。而遇孙金波□□□□较上夜犹宴。启十道之门而进，黑暗潜行，心殊凛凛。

二十六日庚寅 □□。候值戴胜降桑。清晨戴胜果鸣，旋闻鸠声。将曙雷雨交作。及晨而□□□□□□□至治后买酱油，途遇乞假者，余无以应，亦不忍却，遂使之俟诸肆。余□□酱园弄，即遇陈升华于途。既入园而见相适之人，遂生惭色。园中又不用小钱，欲换无从。还油两许，园中人笑而应之。余恧然而返，汲汲在途，怅然自失。既至家，即入茶肆，而俟余者尚在焉。余实无以应，而且无所措。在肆□□□□摇摇，与张印心、冯月亭等，谈论久之。因至成隆借资，偕俟余者入□□□□□而返。俟余者谓谁，即昨晚在酒肆所遇之人也。在正月初，其人□□□□□□□□余乞诸其邻而与之，前此每来称贷，余无不应。在庚午初冬，余日□□□□食，而更有绨袍之赠。今忽忽二十二年，彼则困境依然，而我则今不如昔已，对此不禁有自伤之感，而嗟无及矣。方进酱园弄时，见弄里新启一庠门，疑即雅言俞氏之宅，而不知其实。嗟乎，昔则依附俞氏，今何与俞氏日远□□夕与张小斋、张康甫叙茶，欲晤卓叔而不见，旋偕小斋及冯少泉饮于源□□□□返，唤城门而进。昨宵唤东城而更已深，今宵唤西城门而更□□□□□□□□醉无归。似乎逸乐之太过。实则无聊之已甚也。及归，仍十扣□□□□□一室寂无人声，睡之久矣。

二十七日辛卯 □晴而多烟雾。清晨有扣门者，出而视之，新溪费氏取庚帖至也。云前此访□□值，余即与之茶叙。以庚帖付徐丽川送彼徐氏，而徐氏已赴江都矣。黄梅生云，南都武弁有谋不轨者，已皆伏诛。姑母病仍如旧。三儿今晨至彼，及暮，余出汤家浜水洞，至孟绣浜观剧，旋游斗阁外之水湄。进东城门，直达西城，遇张□□□与之叙茶，复入源源叙饮。张小斋、冯少泉，仍与之偕，而徐伴梅亦□□□□阑而雨花渐起。更深返舍，荆扉尽掩，潜启而入，心诚惴惴，恐惊同□□□□也。

二十八日壬辰 □□□□□□□立夏节。昨宵有雨而地皆湿。余清晨入肆，与郑保甫茶□□□□□□□□□庙，游葛仙翁殿，遇古越孙氏，云抱朴子即葛洪也，并言朱丙□□□二品衔，不日复将起用，有故徒在葛殿，彼此不顾。日暮仁甫至，谈及世事也。

二十九日癸巳 天晴。近宅乌鹊及鸠之巢最众，飞鸣上下，无时不闻。今日一鹰方扬，两乌逐□□□□□□□鹰乃遁。日中至姑母家而遇吴清士，返至治后，为顿邱请陈氏。□□□□□□张伯贞于茶肆。昨闻伯贞之子，以其父之不慈，竟图自尽。幸为人□□□□□□□□及暮，余西至育婴堂，访徐氏不值。由城门桥将至西南城□□□□□□东向遇张壬甫，正行间，复遇奚宾鸿，与之茶叙。遇胡氏、毛氏、王氏、余姓而返，牛豆医适至余家，为顿邱所请故也。

以上季春之月。在家记此。上年孟夏朔日始，至今已及期月矣。

四月初一日甲午 □□。候在蝼蝈鸣。余未起，鸦声忽起。旋有新溪费氏至，以梅氏庚帖来，我弟□□□□经示余，盖为姑母祷病也。未几，费氏更以张氏庚帖至，约□□□□□□□□□至治后，适遇费氏，立谈少顷，约余俟诸鹤云楼，余即往□□□□而费氏不至。后至者既往矣，余俟之又久之。日之夕矣，欲往，茶资□□□□□□文犹未及给而行。甫起，足磨甚而不能步，循墙而走，艰困万状。□□□□觉其难，人皆视之而笑。在肆遇陈申华诸人，在途遇冯文卿诸人，复遇奚宾鸿诸人，转成隆，入酒肆而返。宵既深，犹有扣门借帽者，仁甫之学生也。由徐氏、葛氏两婢启门接应。惊觉孩提，转滋口实，彼学生实不知也。

初二日乙未 □□□昼两至街，使徐氏婢送钱氏礼。

初三日丙申 □□□茗而剃，遇胡良甫、吕少亭诸人。有人言方曙时候，西门外炮船□□□□□□□□□□山谷，获私盐甚伙。日前，东镇亦有巡盐与贩盐大举□□□□□□□□□□□塘界。周姑母病日重，我弟日至其家，余则不能然也。虽然，至亦□□□特自尽其心而已。日暮至西门木号，闻方曙时巡盐船与贩盐船即□□前开仗，互有受伤,而贩盐船中一妇年三十二岁,咽喉吃一子,即时殒命,怀中一婴,血溅满身,妇既死而婴犹吸其乳。嗟彼贩盐,伊可哀也。计截□□□□□俱止于虹桥。因开仗在西门外木号前,其妇实毙于此,故其船仍□□□□前。船中诸妇,哭声不绝,观者云集。有云船中婴儿亦毙矣。先是□□□□□□□盐船来有数十号,势甚汹汹,故炮艘据要害击之,但盐船□□□□□□不过数号,所获仅四号,而炮船施放枪炮,在市上不顾商民,亦□□矣。方子落如雨时,木号排舍及更船上皆着,而幸不大损,而人皆惊起□□□缉私开仗,不在近市,领队者其果知之乎?余在木号见王子良自由□□三儿有撇兰之酌,欲余入肆,余却之。进城遇卓叔,亦以是招余。余辞,□□□伴梅,亦以是招。余又辞之。又遇和卿于茶肆,并遇干泾□□□□□清士诸人,极醉而返。更已深矣,入门惴惴,难自安也。今日既允顿邱□□□□酱,酱至而余已行,是为失约。

初四日丁酉 □□□□司来修屋。日中余将出门,而困厄人孙氏至,盖践余青衫之约,俟于门外已数次矣。余见之恻然,约彼俟诸肆。余又至街而返,潜携一敝青衫,匿诸袖,怅惘出门。至肆而孙果在,遂与之。更至糖饼桥叙茶,孙言龙王庙幽静□□□迹于此,亦是为便。特饔飧不继,以是为难。且有一犬,依依不舍,□□□□□儿即来,身为饥躯,而犬亦忍饥,未知何故。今晨忽有雄雉入室,□□□□□象,遂叹息而别,又遇魏松岩于别肆,坐谈久之。闻恶乡愚有欲□□□□□□□□者,因而手刃其妻,且所刃在其下体,其人正不知以何□□□□□□□□□者,因争斗受伤而死,人命迭见。为民上者,奈之何哉。夕间闻□□□徐氏江都之信已发。

初五日戊戌 天有□□□中至陶执三家,闻邑首在郡接方伯过境。日暮,由南弄至南河头烟室,□吸嗜好,听诸游手议论时事。余流连不能去,至夕过东,游邑庙,至大□□□□而更已深。

初六日己亥 天仍□□□□□□□舟至姑母家,傍晚仁甫至,以周氏所寄田账来,方雨而四□□□□□□□□既晚雨止,鸠声忽起,他乌亦鸣。候在蚯蚓出。既晚而雨止，既□□□□□即至仓浜奚宅，宾鸿视之，系到过之账。余怅然失望，匆促而返。途遇吴秦云，既至南河钱氏烟室，与徐屠户言，即晤沈氏秋阁，遂与之叙烟□□□事，不免唏嘘不已者，而秋阁复有明日茶叙之约。今日少川自省垣□□□。

初七日庚子 天晴。□□□□渐放。余将入治后酱园中，途遇少川，遂与之看卓叔之□□□□□□□□□之门，归而知其果俞氏之门也。在途遇不相合之人□□□□□返复出至南河烟室。吸烟者都有颂余者，不知余正在困厄时□□□□□相见恨晚之语，则余之今不如昔已可见矣。钱氏有烹鲜以酌□□□□□庆者复佐之以甲鱼。未几而顾小五至，遂与同饮，又与郭武生论及□□返与小五偕。又为之叙茶、叙烟，与张印心及黄氏子晤谈□□□□□□□□遇朱生和于途。

初八日辛丑 □□□□春，清风徐送。余晨起，与张和卿叙茶，返遇周竹生，为□□□□□□□立谈之。转成隆，观河厅夫人迎丧。复遇不相合之人而□□□□□□□田账来，而三儿适在家，余与少川复看市房。余遂至西□□□□□□□□□□□寻至江俣庭家不值，卓叔遂行，约夕间再至。□□□□□□□□□□□余猝起，齿牙痛甚，始又耳痛甚，至南河钱氏□□□□□□□□转成隆而返。甫晚湌而卓叔至，我弟亦至徐氏之室，□□□□□□□□。

初九日壬寅 □□□风大作，今晨犹甚。闻我弟来晤少川，言房屋事。顽荆闻□□□□□□□□□□以赵氏庚帖来，傍晚与少川游青秧地，遂至卓□□□□□□□□□□□啜茗久之。至家而大遭顽荆之肆谪，复起而为□□□□□□□□□□□□上年九月至今已及半载，余虽不敢见面□□□□□□□□□□顷者忽闻其声，心殊惴惴，而其人果至矣。坐谈良久□□□□□□于余也。夕间弟犹至徐宅，言弟妇近日又发咯血之症，□□□□□□□□牙仍痛，日中为甚，应及于耳。日暮至新畲家，与鲁水□□□□□□□以牙痛却之。进城数寻宾鸿不晤。至南河钱氏，取严氏□□□

初十日癸卯　□□□□□□□泉等入天泉啜茗，闻我弟云钱氏弃屋事，□□□□□□起阴□声渐起。对门邻又毙一女孩者，哭声不绝，惨不□□□□□□□假寐，适仁甫至，因言亲事，遂托伊即日至时氏说之，乃□□□□□□□□叔田及吴惕夫，并有不相合之一人，吕少亭等亦晤之。□□□□□□□□齿益痛，既返愈甚。

十一日甲辰　□□□痛甚，日中而睡，痛少减。日暮朝东至县前，知十七日月□□□□□□□宾鸿不晤，惟见倪氏，隔河见张九福磨刀，一见此人，遂□□□□□□□□返遇沈氏于酒肆，招余，余却之。途中即遇顾氏，至家□□□□□□□卿、陈寿藏诸人。夕间齿痛少已。

十二日乙巳　□□□□□□□谪不已，余耳仍痛。日中至面馆食面。既返，因□□□□□□□□□□□与伊为难。日暮，周新畬至，余与之入品泉啜□□□□□□□□闻途人言成隆复有事，余即至成隆，知仁甫果为若□□□□□□□□余即至押所，见旁人都为之不平者。余再至成隆，见□□□□□□□乃返舍。晚餐无着而寝。

十三日丙午　□□□瞻草，今因进风而齿痛依然。日中成隆使人至，余□□□□□□□□□□良甫家，途遇沈韵□□吉甫，因言若川之所言。□□□□□□□□□□□□□隆所招，至则周忻斋在焉。周遂使余偕成□□□□□□□□□□□徐稼甫家，訴若川事，余遂至稚峰家，不值，而遇□□□□□□□□□□东山门啜茗。遇着痴人汤仲简正在发病，余遂转西山□□□□□□□□□□钱畹生。而钱莲君、时新溪、朱伯慈、吴问樵亦与焉。朱□□□□□□□□□□两徐亦有议论。而畹生颇有劝解之意。余偕朱七弟□□□□□□□□□□□余至成隆，见迩安昆季，再晤周忻斋，晤谈久之。并□□□□□□□□□□□□□时又至家招余，不知余犹未返也。今晚造□□□□□□□□□张氏□门，晤谷贻竹林，因付余扇面两页。在途又遇张和□□□□□□□□□□诸人。

十四日丁未　□卓哉叔至，约晚间西门外饮酒。周新畬以候仁甫故，即□□□□□□□□□陈文甫等议论成隆事甚详，而复为之不平者，亦有□□□□□□□□□争讼而不肯用钱，人皆怨之，今以一钱起讼,人皆笑□□□□□□□□命事,余始至成隆,见赵颂扬在,故不入。少顷,遇何虞□□□□□□□□之,□唯唯。既入成隆,知禀已进过,而赵氏云,邑首将□□□□□□□周艺□□而返。日暮,余至西源源,候卓哉叔,久之不晤。独□□□□□□□□□□□□数寻卓叔。东源源忽有人招余,余却之。忽晤□□□□□□□□□□□□斋、伴梅,复入源源饮酒,又入烟室访卓叔不□□□□□□□□□□大发雷霆,河厅自乍川返,亦知己之门丁及差作□□□□□□□□□知情,窘甚,即将仁甫送进县署。若川知之,踉跄入署,进□□□□□□□□外,余亦偕朱七弟入署,仁甫果在县署号房矣。署中方□□□□□□□□□□损命□不问老师及局员均来陪客,各轿纷陈宅门之外。□□□□□□□□□□□□均言差河厅差役之咆哮。若川之惯于串差□□□□□□□□□□□□□为正当所察。彼犯是者,乌能逃其罪耶。时□□□□□□□□□□余遂偕朱七弟至成隆,言其事,又至周宅商酌一□□□□□□□□而启,乘月光以入。园林竹木,风动影摇,未几而寝者皆□□□□□□□□□□四姑母也。因与迩安表弟入县署。而店中各伙俱□□□□□□□□□行,而宅门始言具保状。乃仓猝出署,赴代书家写状。□□□□□□□□□□户,惟陈伟卿有事未寝,扣门而入,方写保状。而□□□□□□□□□□□□件送结状,而偕仁甫返。方返时,宅门复索□□□□□□□□□□□□被他扭碎之衣,须携带呈验,盖前自若川串□□□□□□□□□甫不□□保遂挥仁甫于地,倒拖至厅署,观者云集,都□□□□□□□□□武□返,实知其情,故嘱门丁言之。

十五日戊申 □□□□□成隆,返与我弟及清河昆季叙茶,并与远山言催科事。□□□□□□□□□方与子明言仁甫事,而和卿适至。入酒肆写票,送沈□□□□□□□□□言成隆事,而叹若川之过分。今日热甚,候在苦菜秀。□□□□□□□□□而□甚,当雨成隆又使人至。及晚餐,仁甫亦至,言顷□□□□□□□翁与□争论不已,竟至入县署宅门者,盖缘昨日成隆□□□□□□□□□□□□要赂,是真可笑之甚。因此忻翁即来邀余,余□□□□□□□□□□□□□事并使余开发昨日县署值日之差。既至成□□□□□□□□□□余遂至茶肆,开发差费,并入颜氏烟室。闻吉甫云,□□□□□□□□□□□遇张印心,亦言此事急,宜早了。今晚成隆复有宵小□□□□□□□□□□□有事,更已深,天始晴,月明如昼,余即返舍。

十六日己酉 □□□□□□□□始晴而复有雨,猫头鹰声起。余方起,成隆复使人□□□□□□□□□□□□□语示之,日中入茶肆,啜茗而剃,与柳溪、伯贞言□□□□□□□□□□□□□□仁甫之不结人缘。余在茶肆,而少川亦至,若□□□□□□□□□□□□世。傍晚余与黄梅生、余肖云啜茗,梅生谓余耳门□□□□□□□□□□微有黑气,恐不利于妇,而要之有在命也。晚间齿仍痛,□□□□□□□□□□□不善养身,一病即毙。余诚凛然。今见徐若川在途,发□□□□□□□□□□□□之易老也,可不惧哉。日暮鸠声迭起,布谷时鸣,余□□□□□□□□□□□□□。

十七日庚戌 □□□□□□□□□□□□日邑事为成隆事重责地保,即以收禁。并□□□□□□□□□□□□至□□卿家,陈亦言正堂重惩地保,重责小板四千□□□□□□□□□□□□□□欲究徐氏若川,里巷闻此,为之一快,余昨宵早□□□□□□□□□□□□膜,心殊凛凛。既睡而少安,日暮偕少川及携八儿,与金□□□□□□□□□□□横庙街及后街。既入殿,遂歇息于陆陈公所,宾朋满□□□□□□□□□□□日□伞一柄,托钟秀岩付诸管公所之人。访原人还□□□□□□□□□□□幼者先返,余与畹再游灯场,湖滨啜茗,命作烧饼以□□□□□□□□□□□□胜□动波扬,异乡看灯之舟,接踵而来。在肆与迩安谈若□□□□□□□□□□□□□□□□孰甚,畹生亦言若川亦属非是。又言昨日稚□□□□□□□□□□□□□□□□生事,因嘱余亦宜劝成隆可已其事。在肆□□□□□□□□□□□□□□□□地主纷争地界,可知鹊巢鸠居,冥冥中自□□□□□□□□□□□□□□也。归遇唐吉甫,复言成隆事，余遂转成隆而返，复□□□□□□□□□□催科事。噫，此事余岌岌已三月矣，今则实逼处此，依□□□□□□□□□拟托吉甫缓商之。

十八日辛亥 □□□□□□未已，而事多难了，心烦虑乱，不知所为端午之节，□□□□□□□□□□□□□□两徒，往东至陈氏，问计氏之室而未得，有□□□□□□□□□□□□□计氏只有小孩在，余遂至姑母家，止两徒□□□□□□□□□□□余乃返，室有人止余，余辞以欲至灯场，至则千□□□□□□□□□遇历游各街，仍入公所歇息。见供宣和御笔一幅，至□□□□□□□□茗清谈，而笑山亦至，及见伯普等而余适返，两晤唐吉□□□□□□□□□之小价已经正堂发差寻着，即传若川领回，河厅亦□□□□□□□□□□□其门子，而重惩其差役焉，其夕遇陈莘卿，亦言□□□□□□□□□□□□□。

十九日壬子 □□□□□□□□急寻夏氏，故即至冯宅，而冯已北迁。至冯而□□□□□□□□□遇□余窘甚，汲汲踵寻，已弗能及。方踌躇间，遇唐吉甫□□□□□□□□□甫愿代为之谋。余遂重托而返，心犹惴惴，不能释。既□□□□□□□□□小姐与之偕，余入源源饮酒，遇朱生和亦以催科事□□□□□□□□□返知八儿及张生为顿邱所使。至西门外，竟失路不□□□□□□□□□□人所指，三儿乃引之归。余在顿邱食中饭，遂至钱宅，看□□□□□□□□□借□偕畹生游灯场，遇新溪六氏诸人，并与禾城陆□□□□□□□□□而龚□□亦与焉。风急雨甚，人皆入室，拥挤不堪。妇女□□□□□□□□□□□□□及余诸女皆在，又至同泰坐谈良久，见两□□□□□□□□□□□□余氏诸人，并遇周竹生，知姑母尚为无恙。又□□□□□□□□□观灯而返，至家而甚雨及之，英姿、轮秋，均在外间徐宅□□□□□□□□□□。

二十日癸丑 □□□□□□□□□靡草死。昨宵甚雨连宵，至晨未已，鸠声时闻，遇吴惕□□□□□□□□□□至，与之茶叙。遇胡良甫，晤谈良久，闻冠英昨日来□□□□□□□□□□□及暮，至成隆，偕仁甫向西，遇冠英、清士，于渌泉□□□□□□□□□□□养真□□诸人，而三儿亦偕人至。在肆仁甫忽言□□□□□□□□□□□□有一矣，艰险备尝，至是复遭横逆。酒已，复入茶□□□□□□□□□□事，已革去地保四坊矣。余复至成隆而返，地滑甚，不□□□□□□□□□进退维谷，遇冯月亭之灯光而行，彼遂照至余门首。

二十一日甲寅　□□□□痛，终夜不寐而晏起，犹为徐氏钞《清白祠记》一篇，以□□□□□□□□□□□朴使人至，余方齿痛，而睡至夕尤甚。

二十二日乙卯　□□□□□□□□十日，曾开一方，药尤未饮。今晚三儿至，遂□□□□□□□□□□□□□甚是从容。今闻三儿云，业已被人据之在官，□□□□□□□□□□为□□法脱之。及夕，余齿痛稍减，服药而睡。□□□□□□□□□□中携幼至西门外观剧，东风大作，余方耳痛，风吹愈□□□□□□□□□□者至木号携凳立看。风愈吹愈甚，余不堪当，乃入？□□□□□□□□□□携□宫上台□看。余与金生入源源食酒面，再至戏□□□□□□□□□□□均在，余甫坐定，而细雨急催，乃返。夕间复饮药。

二十三日丙辰　□□□□□□□□□□日□转成隆，知邑尊尚欲惩治若川事，河厅已尽革□□□□□□□□□□仍□□禁，而若川行将远遁矣。余以催科事急，往茶□□□□□□□□□□□□□□途索款，余不能堪，而其人且日相见面也。□□□□□□□□□□□□□阑叙茶，知新溪谈如以控漕案发，为廉宪所□□□□□□□□□□□言英资事。卓叔亦至，言及市房事，张秀山言失印□□□□□□□□□□□等流连于茶肆者久之。而唐吉甫至，言余所托之□□□□□□□□□□辱命，余闻之凛凛。既返而宵已深。

二十四日丁巳　□□□□而风，候在小暑至。室人将至传朴堂，我弟寄言姑母□□□□□□□□□□□□不省人事，身热而神晕，侍者言上数日饮食渐□□□□□□□□□□□□□复见□余见之而伤痛，方与祝生言，而我叔母亦□□□□□□□□□□□□□□氏之室，在周宅时闻人家有丧事者，又闻杏如之□□□□□□□□□□□□□云钱仲毓之嗣子，昨亦身故。噫，数日之前，余曾晤及□□□□□□□□□□□□□有托于余，余未有报命，今日复来，坐谈良久。盖与其□□□□□□□□□□□□也。临行言新溪紫云，日数到城，其室人竟服洋药，幸□□□□□□□□□□□□□□母病愈重。与祝生晤谈久之，返遇新溪人曹廉□□□□□□□□□□□□□□□□大真有难保其身家者。日既夕，与唐吉甫□□□□□□□□□□□□□□□□谤朱竹石者，一挽对一联。又闻督办厘局□□□□□□□□□□□□□人□□而我邑潘厅，将作夷人之戏。至家宵已深，而□□□□□□□□□□□□□周姑母事。

二十五日戊午　□□□□至街，家备物祭父亲生忌，日中周氏使人至，言姑母已□□□□□□□□□□□于地，哭出声，遂与周氏人言后事。呜呼！姑母病□□□□□□□□□□□余则不能然也，闻姑母近日稍健，饮食顿增，余以齿□□□□□□□□□□□十□日携幼至彼，入室见姑母已睡着，不敢惊扰，而□□□□□□□□□□□不□□事矣。呜呼痛哉！今则临殁不得在侧，稍健时又不□□□□□□□□□□□□□□□燹以后，室如悬罄，草创艰难。我家重整旧□□□□□□□□□□□□□□艰难，亦惟姑母康济。呜呼！姑母之恩大，而我□□□□□□□□□□□□□已矣。姑母往矣，痛余之心，何以堪此。姑母年七十□□□□□□□□□□终数呼其母。呜呼！返本归原，固其所也。平生逢庚申□□□□□□□□□□□适遇庚申，久微佛缘，必增冥福，而宗庙享之，子孙保□□□□□□□□□□□□□或夭，兹以侄孙兼祧。姑丈讳鸿藻，字兰宾，诸生。为我□□□□□□□□□□□□□□怙，长负盛名，优等之试，鹗荐之膺，历久如此。家□□□□□□□□□□□□□联曰："广厦千万间吾庐独静，钟声十八里此地先□。"□□□□□□□□□□□□而兵难至，姑母携幼依余家，流离靡定，困苦万状。□□□□□□□□□□□土，仍与我家同住于我叔父之家。是冬，幼者即夭。年□□□□□□□□□□成童也，而聪慧过人。讳祖庆，字少兰。今姑母寿终□□□□□□□□□以荣承祧。以荣，诸生，字祝生。余至周宅探丧返，即至□□□□□□□□□□于道，胡言仁甫之鄙吝，复据事以征之。余既返，□□□□□□□□□□□□□坐谈久之，盖言与其兄有嫌隙事也。日暮，□□□□□□□□□□□□□房事。未几而我弟亦至，今日复晤新溪诸□□□□□□□□□及□□事。

二十六日己未 □□□□行路，当宵乱梦颠倒而溢。日中张生蔚文至，言下月□□□□□□□□□余至成隆，使人至周宅送礼，复使婢至传朴堂，使至□□□□□□□□□甚而睡，心中终虑催科之至，不克自安者，已数月矣。□□□□□□□□□暮，入肆啜茗而剃，闻唐吉甫云知催科事发矣，盖由地□□□□□□□□□□□兰修在侧也。余仓皇失措，至治后杨氏坊书之，□□□□□□□□□□□□□不启，怅然而返。日之夕矣，茫然失路，逡巡于□□□□□□□□□□□□□返与徐廉叔晤谈及更。

二十七日庚申 □□□□□□□备吊礼，至馆催祭菜，遂至周宅，而宾客已众，□□□□□□□□□余兄弟及静女皆至，余室人在传朴堂而病，竟不至。□□□□□□□□□返，遂至周新畲家，坐谈久之，即叙酒面，复入肆啜茗。□□□□□□□□诗赠新畲，新畲转赠于余。余既返，日已暮。及夕，复出，至□□□□□□□□□□廉叔论文至二鼓。催科之事，忧切于心而已。

二十八日辛酉 □□□□□齐等茶叙，旋入源源饮酒至更。徐伴梅，俞莱叙，亦□□□□□

二十九日壬戌 □□□□□

以上孟夏之月记。

五月初一日癸亥 □□□旋有雨，候在蝗螂生。日中蔚文以庄滨之舟至，以其弟□□□□□□□□□叔祖家之西席即日去世。日暮,余至卓哉叔家,叔亦□□□□□□□□□□□人家有丧事者。及至成隆,仁甫言近时固多痧症,日□□□□□□□□□□□□暮,余至錢畹生家,阅尺页而观种兰,复往周祝生家,□□□□□□□□□□□□□□□舜卿诸人。既别祝生,即入西山门啜茗,并□□□□□□□□□□□□□□然于途,至家而我弟适在。

初二日甲子　□□□□□余□□成隆,使人以节礼至。八儿受寒而泻。余至街买□□□□□□□□□□□□叙。余心殊不克安。日中至卓叔家,遇沈六相、张秀山□□□□□□□□□□□中与佩秋至伊家将迁之所。既返,知我弟至乡无舟,□□□□□□□□□□□里路,将以备物为明日祭祀也。所买海鲜,或恐有烂,□□□□□□□□□□□□。及暮,余候少川久之,甫入茶肆而少川至,卓叔亦至。□□□□□□□□□□□□□也。

初三日乙丑　□□□□□西南□□□,在途遇汤叔荃,即与之同见卓叔,而沈六相□□□□□□□□□□□□□□□□□□与卓叔少川说合平屋事,当即立契。余转□□□□□□□□□□□□□□□□□□着奈何哉。日中至周宅,今日乃姑母首七也。□□□□□□□□□□□□急病身亡者,问之达泉也。即遇钟宝斋在门,亦云死□□□□□□□□□□□□□□工陆大观在。陆言昨日东门木行中,有病者延医,医□□□□□□□□□□□□□□惊,痰述而晕。噫,达泉固痴肥也,其有是疾有必然者□□□□□□□□□□□□而卓叔至,与张书绅等晤谈久之,余或与群小言卓□□□□□□□□□□□□□洋二十五元,遂与卓叔再入茶肆,仍转成隆而返□□□□□□□□□□□□□□洋一元,从此不交。噫,是人最不识气,余是以称之以不□□□□□□。

初四日丙寅　□□□□□□两至家街,返而入茶肆,与沈介安及张氏昆季语,而陆□□□□□□□□□□□□□言其妹之事,而吴仲贤适至,夕至源源,与钱叔田、徐伴梅□□□□□□□□□□□□□归。

初五日丁卯　□□□□□□□□而仲贤至,因食之中饭,日暮倦而卧,收账叠至,不□□□□□。

初六日戊辰 □□□□□□□□□□余书斋，来作决科者四五人。余入肆，与□□□□□□□□□□□□□北之信，闻陶山槎有马皆死，被人药毙故也。马□□□□□□□□□之家而哀鸣焉，马夫祝之曰，若果药死，当自报之，马□□□□□□□□□小马三，亦不能活矣。晚携八儿至成隆，并游县署，既□□□□□□□□□司弄钱宅，与畹生登西山门啜茗，未几而沈九如、时□□□□□□□□□稚峰至，即以挽联付余，并示计炳文、李仿白、黄仿廉□□□□□□□□□时□子至，而余适返，至家而决科诸人犹在我书斋□□□□□□□□□在□□□。

初七日己巳 □□□□□□□□□庆太太至，余方卧而陆子明至，为顿邱医□□□□□□□□□□□□而恻然矣。夕间风尤甚。

初八日庚午 □□□□□□耕种，人皆欣喜，傍晚倦甚而睡。三儿偶至，朱岐侯等□□□□□□□□□□。

初九日辛未 □□□□□□新畲自周欣翁家至，坐谈久之，与之游西南城角，出□□□□□□□□□遂入源源饮酒而返。

初十日壬申 □□□□□□□□儿至周宅，叔母偕其女及外孙已至矣。未几而我□□□□□□□□□□中饭□返途遇晓华。

十一日癸酉 □□□□□□无声。今晨姑母迎神之期，余至周宅而事已毕，以□□□□□□□□□泉茶肆，闻人云夷人将有事于兵事，自各路拆毁教□□□□□□□□□卷资而返，洋行由是停止，百姓纷纷议论，恐海壃〔疆〕从□□□□□□□□□作矣，以洋市之不佳而丝价顿减。催科方盛，乡人有□□□□□□□□□同病相怜之感。日旰为廉叔誊王氏决科文一篇，传□□□□□□□□□□□□□不能至周宅而人或有言。夕间犹至西门，□□□□□□□□□□□□□□催科事，而黄梅生言海疆事，返与廉叔晤□□□□□□□□□□□□惟柯少春熟悉之。

十二日甲戌 □□□□梅，农家望雨甚殷，而河水甚浅。农事之拮据，于此为□□□□□□□□谈良久，有所托于余，余实不能有为，良可慨已。晚至□□□□□□□□□□谈论久之,都及往事。再至西门外木号中,并入沈氏□□□□□□□□□□后出,至成隆与仁甫及倪家五叔茶叙而返。

十三日乙亥 □□□□而浜皆干,旱象始昭,人皆嗟叹不置。而更有海疆不靖□□□□□□□□□□□□□□一篇。有魏松岩者至余家,即与之叙茶。见陈□□□□□□□□□□□□□□事,余复入成隆,与仁甫及虞春怡茶叙,而论□□□□□□。

十四日丙子 □□□□起备物祭祀,即与我弟茶叙。见张氏诸人,知九峰沈氏□□□□□□□□□□土木云。傍晚三儿偕八儿游于西关外,余倦甚而卧,仁□□□□□□□□□□戴坤巢,晤谈久,为丰泰事也。既晚,余至钱宅,见有三十□□□□□□□□□□□久,适提塘官报至,报仲毓教职,余遂偕畹生、伯溥、沈□□□□□□□□□□□□而返,归而金生已至。夕间至徐宅,与恂如晤谈及□□□□□□。

十五日丁丑 □□□□□□□开耕难甚,人皆浩叹耳。日中传朴使仆至,知拙荆□□□□□□□□□□傍晚魏松岩至,与之入茶肆,与钱叔田诸人谈时事,即□□□□□□□□□□返,余与徐伴梅、张小斋等畅饮久之,犹转成隆而返。

十六日戊寅 风吹日燥,河水为干。正在插秧时候,为之奈□□□□□□□□□□雨象,至晚始闻鸠声。顷闻少川云,此刻申江夷兵大□□□□□□□□□□□□□□□□到自外国来,亦数十号矣。米价日增,以天□□□□□□□□□□□□□□□赴□。

十七日己卯 □□□□使平□观持送周宅,今日乃姑母三七也。日中至成隆,□□□□□□□□□□四字,畹生当即书之,字迹未干。余遂至周宅,我弟已先□□□□□□□□□□□中饭后,偕沈庚三返,再至钱宅取字。至家,今日热甚□□□□□□□□□□蚁垤日见。晚间起阴,始有转象。人之望雨固已深矣。在途□□□□□□□间有阿顺者已经出屋,向晦水云漫布而雷,清风忽起,故此□□□□也。及夕雷电交加而雨至,宵既深而雨尤甚,约略计之。他处□□□□□□。

十八日辛巳　□□□□□□□□□□□□□弟啜茗。人皆云雨虽好雨，惜未畅也。及辰雨甚，遍地□沾矣□□□□□□而热甚。至晚即晴，室人自传朴归。余晚至西门木号，使三儿书□□□与徐伴梅茶叙。

十九日壬午　天晴。向□□阴。

二十日癸未　天晴。□□□晚间传朴以物致。余携券至仁处，而仁不在，怅然出东门外，茫然无事。□□□至品泉，与延宾、笑山、愚卿、兰畦啜茗清谈。知司弄钱氏子病甚沉重。此外□□有病死者。时值夏令，尚有豆疵，实闻所未闻也。返又偕仁甫至仓弄口啜茗，归并之举犹就也。

二十一日甲申　天晴。□□蜩始鸣。余晨起治园，顽荆一不如意，即肆交谪，余不能堪，小徒犹为之□□八儿瘦甚，恐有疾。昨日诊治，今将服药。瑚儿近亦无信。节届夏至，亦恐□□。余今日手足多磨，而胆或怯，为之奈何。闻有人病，每思诸己而恻然矣。□□倦甚而睡，顽荆促之，而又诟谇不置。余起而至益生药号，遇陆子明。□□□病甚，恐致不起。余闻之而心恻矣。及暮，天始阴。出门寻我弟不□□□□□□□□□□□于茶肆，复至其馆。及夕，复寻仁甫，又不晤。返与□□□□□□□□□□□□□□之而仁甫至，亦与之茶话。约明日再与我弟同□□□□□□知钱氏子已去世也。

二十二日乙酉　□□□□□□余晏起入茶肆，而叙茶者已散。遂至我弟馆中，复入□□□□□□□□□□□□遂与之入我弟馆，而付归并之据焉。金生有微痰而卧，余□□□□□□□□□□□而见西南之阵大作，雷声逼近而雨渐至，天地为暗。甘霖□□□□□□□□□既暮尤甚。

二十三日丙戌　□□□□□□□□中至成隆备物，以明日至姑母家礼忏用。返而入天泉轩啜茗□□□□□□□□甫诸人，仁甫亦在。闻双庙相近有田忽陷。卓叔忽来，言市房一间□□□□□□□□□□□□□□暮复阴，余再至街。既返，复出偕成隆之学生，携物至周宅，返而□□西□□东备物。望品泉叙茶之人，余欲入未入，大阵忽至，在途俱弃走，

□□□复遇田人之负米而至者，拥挤不堪。至方桥下而雨及，避于成隆。雨止□□□。

二十四日丁亥 天晴。□□□阴。余清晨至周宅，以姑母四七。余家外荐，礼大忏一日，日中至家祭祀，□□严忌日故也。祭毕即至周宅，及夕而归，与陆小村及我弟至钟楼头叙茶□□复入烟室，更深抵家。

二十五日戊子 天微雨。□生和以豆至。及夕风作而寒，雨遂大。

二十六日己丑 天晴，□□微雨，日中尤甚。昨宵好雨通宵，从此青苗含润矣。催科之事自春及夏，□□不忧，而日上愈急。余以忧之不胜，转若忘忧。然梦中惊觉，风吹草动，无□□□深惊骇，而心不自安。今晨未起，闻室人云昨日事发，村妇已至矣，言数□□再至，余闻之怃然不能答，唯浩叹而已矣。及夕，复转成隆，又入肆啜茗，□□遇沈亘山，复遇陈叔华及高云阶，知莪斋病重，将议后事，其家□□□□□□□□□□□二为承继子产，一为义儿之产，异日公产仍作单□□□□□□□□□□□□□□。

二十七日庚寅 □□□喜烛送沈庚三家，西门外有演剧者。余再至成隆而返。遂至西□□□□□□□在舟，余未之见。俟之久而与之归。遇陈申华等，知莪斋□□□□□□□□□□□转重，故其孙今日大婚。

二十八日辛卯 □□□□茶肆与汤兰亭啜茗清谈，傍晚复拟垂圩租契一纸，作十□□□□□□□得已而为之者也。噫，佃妇固可恶之已极，而田主亦无聊之□□□□暮至成隆后，即至治后访祥卿叔祖，不晤，即至大顺昌定货。返入□□□□□□诸人，余□寻祥卿叔祖不晤，不意叔祖今日适至余家，余未得□□□□□□□□□□□□□资，见良卿叔祖在途，闻丰泰有讼事，俞福清已经斥革，正堂大悬招告。

二十九日壬辰 天□□□。昨宵不睡，将曙而起，入茶肆与徐伴梅啜茗，返而携八儿至戈杏庄家，□□未起，遇祥卿叔祖及孙氏子，候诊济济，余遂携八儿入茶肆，遇徐氏竹□□陈良卿父子，又及沈齐贤。茶已，再入戈氏，而杏犹未出，余遂返。日旰拟□□柜纳微，遇印心而茶叙。在途遇夏四弟，言该坊书阳鹿门在肆，余即往，□□啜茗而付泽艮焉。有蒋老、德老者，亦在焉。余至大顺昌取物，返而至长□□付仟资，而与七和尚晤谈久之。昨宵终夜不寐，气惛若梦，而中心如□。

以上仲夏之月□□。

六月初一日癸巳　天晴。□宵无冷露。今晨微有雨花而晴，旋阴，复晴。候在温风至。日中祥卿叔祖以人参客至，为顿邱所托戈氏故也。余至子明家，请子明阅人参，□□□儿开药方。忽莪斋使其子至，来招子明。余拟明晨问莪斋疾，子□□□□□□□□而莪斋之子复至，招余往。余即往见，莪已淹淹〔奄奄〕一息。□□□□□□□□□□□押，遇吉甫诸人而返，至夜雨作。

初二日甲午　□□□宵，终宵雨甚，及晨尤甚。余起出外，雨及于身，日中泛舟至姑母家，□□□□故也。雨甚，故余室人不能往，唯阿静昨日已往矣。既而余之□□□□□□□赵泾至，复转余家而归赵泾。余在周宅见何氏子，言□□□□□□□□又遇谢少溪者，言其岳家顾耀山先生事甚详。及暮而返，遇□□□□肆，知莪斋固已去世矣。呜呼伤哉，余与莪斋童年同塾，莪以兄视余，□□□□子视余，又中表亲而累代深交。实与我父子患难相依。事平回□，□□□□□室，其后筑室小街，同居七载，嗣以他事稍违，实以余之不肖。无以□□□□□□□□□□期而莪也遽尔长逝，岂不痛哉。余之负恩尤甚矣，其将何以为情耶。既暮，犹至益生买药。两遇陈申华，均言及莪斋事，黄昏犹至街，今日□□者节。

初三日乙未　天阴而□。晨起入肆，与余肖云啜茗，听清河昆季言诗。日中至成隆买物，即往俞宅□□。日旰，魏松岩至，卓哉叔亦至，均与之茶叙，复遇清河昆季。卢柳溪言方□□事，而并论俞福清。

初四日丙申 天晴。晨□入肆，与徐伴梅、小斋啜茗，出西门而返。有一小猫甚弱，恐不能畜。今晨疾趋□健，似无难畜之忧。及余返，知猫被长凳所压，踊跃数起而毙。闻之甚是伤□，□哉！何一物之微，犹弗能保耶？想当年莪斋有猫甚爱，其猫偶向余叫，余□刀击之，数日而猫毙。余甚恻然，自悔起手之何忍也。今日莪斋即将入木，□余家有猫立毙，忆此犹不能无感于心。噫，亦异也已。日中至俞宅送殓，□□细雨不绝，而复湿甚，又以作黄梅也。傍晚，传朴以婢阿二至，为余家服役。□暮携嗜好至钱二家，与冯五畅吸，并食烧酒、馄饨。及夕，雨至而返。□□□□□□□□□足于河，汲汲至叙室家，天大雷电而雨，久之雨甚，遂□□□□□□□□□□而返。时已更深，雨急尤甚，雷霆大作。

初五日丁酉 □□□宵不寐，将曙而起，入肆啜茗。闻柳溪诸人言漕案陆希荣等事，□□□倦甚而睡。室人促之起，及夕卓叔至，谋事不成，怅然而返。

初六日戊戌 □□日中暗甚，大雨即至，候在蟋蟀居壁。雨方甚而催科之人至。□□□□□□□□□雨淋身，风露交迫，汲汲图挟□事，而更有他事之迫切于心□□□□而昏，夜则以嗜好而不克睡。及晨胀腹从事，力不能胜，徒贻人笑。然□□□□今晨为尤甚。日旰倦而寝，起即觉饿，出门至源源寻鳝丝，不得。□□□□□□卿于茶肆，至梯云桥而得鳝鱼，食之无味，再寻至仓弄口，得之。□□□□□□□□□□至成隆，复入肆，与唐吉甫言催科事，而复遇钱子美、徐介生谈同□事，听人言东路地生白毛长寸。再转成隆而仁甫归，雨方甚，持灯扣□□□门而买物焉。乘雨返家，心殊惴惴，而气将不续，而天又寒甚。盖今晨劳□□甚而忧急尤甚，且受风露，将曙又泻。噫，自作如是，亦太甚矣。

初七日己亥 天雨。昨□终夜大雨，而雷电不止。漏屋殊不堪居，终夜不寐。今日雨仍不止，日旰排□□李子至，云昨夜沈氏失窃。初五之夕，三儿以瑚儿之信至，今日之李，亦瑚儿所寄焉。日暮，余携婢至寿翁魏松桓家送礼。返，至治后，俱从水滨行。河□□岸，道滑，心殊惴惴。而过家浜昨有失足落河者，观者如堵墙。余返而□□□催科至，已三至矣，遂付之。及夕，我弟至徐宅。

初八日庚子 天晴。日□□吉甫至，言俟于莪斋家。余遂取烛票，望吊莪斋。即偕吉甫至西门木号。□秋，将返而钱竹筠至，复坐谈久之，见三儿面色黄甚而瘦甚，返遇伴梅、□斋及沈三大弟于茶肆，朝东吃面。复入品泉，与崔莱怡雪见甫□□□□□□□□□□□□晤我弟于徐氏之室。

初九日辛丑 □□□□□□□余啜茗归，以归并事发，而顽荆交谪不已。余不能堪，闷切于心。□□□□妇，诸事掣肘，或送一人情，而彼不知者，知之而咆哮尤甚。声达□□□□闻之而皆笑。在茶肆闻潘宅安诸人论施医局事。日旰至周宅，□□□□□□也。竹生言钟少畲病重。钟氏谋承祧事，途遇卓哉叔，约傍□□□□□□□□俟于德园，遇子修、朗卿诸人。未几而卓叔至，即与金大吃茶，并□□□□遂说妥其出屋事，仍转成隆而返。

初十日壬寅 天雨，补作黄梅，而气候甚寒。人皆被褐而帽，今日始正。犹未热□□□□□□，此刻未已。今晨闻我弟言之，及夕至成隆取货，送至徐稚峰家，□□□□□□□□□□及俞思安郎，俱言可进后门。遂进后付物于乡妪之手，迳往茶肆，遇问樵，知稚峰已往，追而及之于阴阳弄，更以托撰挽莪斋之联句也。□□少顷，仍转成隆而返。在途闻钱薇亭病危。

十一日癸卯 天晴。候在□□乃学习晨起。入肆与张厚本诸人茶叙。

十二日甲辰 天晴。日□转成隆，至治后戈宅。见祥卿叔祖，并遇戈菊庄，返至大顺昌交易。仍转成隆而返。传朴以垂圩田单还。及暮，入茶肆，仁甫与良卿叔祖在焉。戈杏庄昆□□至。既与祥卿叔祖至成隆，复与之叙饮，而谢照观亦与焉。再与仁甫等啜茗，遇唐吉甫，知外永壬坊书亦杨氏所充。

十三日乙巳 天晴。晨□□声叠起，鸠声应之。至成隆，即入茶肆，与吴沁连、魏岩啜茗，言畹生已至□□说过亲事矣。余闻之而骇然。盖畹本约我偕行也，今独不然。跄踉至畹□□值遇诸途，即与之上西山门茶楼，言陆氏本使履尉如作伐，故不及偕□□是，亦付之一笑而已。见徐稚峰，言挽联已撰，而并遇李仿白诸人。既归，□威方迫，而延古之内眷至矣。一坐即行，烈日可畏，其苦甚矣。昨以□□□□□□□□□□不遂，而延古亦以所托不效而复至，三者之难，萃于□□□□□□交谪不置。晨见三儿吃面归，余亦至馆食面。

十四日丙午 □□□起向西，转东至成隆，入肆邀吴氏不果，乃偕魏松岩入面馆食面。□□□□卿之携幼者，余复至大顺昌，又至祥裕衣庄，返与唐吉甫叙茶□□□。

十五日丁未 □□□起至大顺锠及大吉祥，北转出仓弄。茶毕，复进仓弄，旋返。日暮□□□□为念大佛者来扰，余将使人挥之。已逸，夕间闷甚，余以顾小五托租□□□□既掩，犹至茶肆，晤张康甫、印心、钱萃庭、唐吉甫诸人，晤谈久之，返□□□□闷而热甚。

十六日戊申 □□□□□□□□候在腐草为萤。晨起，携婢买肉，入茶肆，与陶山樣、陶菊泉、郭兰波、余雪生、张良卿、张厚本诸人晤谈良久。而及永安局事，复入成隆写票。途遇□□甫诸人，又至颜五茶肆，仍遇张印心诸人焉。日中至周宅，而我弟已在□□姑母终七故也。有吴少卿者亦至焉，竹生以字格及纸与余，晚间热稍减而天色阴。钟少畲既死，以钟颂清为嗣。赵咏琴之郎年四岁，病剧，诸医棘□□夕余与康甫在肆，见咏琴疾趋在途。今日闻其子已死，而咏琴之母伤□□殇，而自投于河，幸不灭顶。日暮，卓哉叔至，与之入天泉轩叙茶，而遇多□卓哉即往金大家。余食夜饭，亦至彼，旋转成隆，见赵氏之儿柩过，一婢哭□□听者伤之。余再至金大家，与卓哉吸洋烟久之。过陶大生药店，知彼死□□子，哭声大震。及余归，时将至更。复过大生之门，见彼方殓其子，哭声愈震，途□亦为之出涕。有言大生店主，年已周甲，只此一子，仅十一岁，以天花而□□。噫，今岁天花流行，至盛夏而犹未尽，所损孩提不少，为之奈何。日中遇□□陆姓者于途，言晓华亦到城，而余不晤及。决科之案已发，一名□朱□□□□□□钱子美造沈氏之室，知主试官李端治①及费念慈也。

十七日己酉 □□□热甚，昨宵尤甚，而夜尤觉长。将曙时梦在雪地，而岸途俱为之□□□□□□履，而欲蹶。忽想时方炎热，将欲以手取而食之，乃觉。时东方□□□□□□□而起，与吴沁莲、魏松丸叙茶，而吴即馈我李子。日中费少□□□□□□□梅氏之亲事也。日暮热愈甚。

十八日庚戌 □□□热甚，交大暑节，日中晒书，昨日徐氏之童，畏逼自逸，旋经成□□□□□□□□夕间门首纳凉，晤陶山槎，言俞福清事，必俟陆希荣出，而后□□□□□□□□□。

十九日辛亥 □□□□□□□□□言朱小楚之郎以天花而殇。今岁豆症之可危，□□□□□□□□□尤甚而西北起阵，大风即至。溽暑渐收，旋闻雷声而雨花□□□□□□□□□气始来，及夕仍洒雨花。

二十日壬子 □□□□黄昏时狂风大作，大雷电而雨，遍野含滋，农夫相庆。今□□□□□□□□□晤我弟，及清河竹林昆季。日中，厕忽倾，以雨故也。天气□□□□□□□□□日前蝉声始唱。日既中，白果树周宅以物至，今年西瓜□□□□□□□□□热甚而浴。

二十一日癸丑 □□□甚，候在土润溽暑。日暮热尤甚，代徐宅作一札。

二十二日甲寅 □□□热。晨入肆，而我弟亦在。途遇轮秋，余转成隆，甫返而周□□□□□□□□□宅吊，以莪斋三七故也。复偕婢至西门外缸瓶行，转木□□□□□□□□□返至徐公义买锅。又至源源，途遇朱生和。返家，复至庐□□□□□□□□□返家而徐氏稚峰至，坐谈久之而去。

---

① 李端治，当作李端遇。据《德宗实录》卷二九八，光绪辛卯年（1891）浙闱主试李端遇、费念慈。此处当是作者笔误。

二十三日乙卯 □□黎明而起，出北门至松尘道院进香，行人相接于道。返□□□□□□□□□□□□天泉轩啜茗，又遇我弟。卢柳溪以所合八字□□□□□□□□□渐起将曙时，亦多云遮，闻天花之行，仍未尽也。

二十四日丙辰 □□晴。晨起与吴沁莲、乔梓啜茗，问赵氏亲事，而又吃面，复至大□□□

二十五日丁巳 □□晴。晨起过东，返与吴沁莲茶叙而又吃面，而复畅吸其嗜好。知□□□□□人陈氏去世。余夕至西山门茶楼，晤钱畹生，因气其书挽额四字，□□□□□□林之游，余未之敢决。晤吴问樵，言及轮秋事。晤徐稚峰、李仿白诸人。□□□□事。余再至宝源买纸而返。闯钱氏烟室，畅吸至更余。持灯而归。至□□□□□忽堕，俯而拾之，犹未尽也。恐或失足落水，匆促就道。即至颜氏茶□□□□□□□□□小街，甫归而更愈深矣。天气凉甚，然犹终夜不寐。在烟室闻新丰乡妇有以毒毒人而遭雷击者。

二十六日戊午 天晴。候在大雨时行。余晨起，携婢买物。既返，复入肆，闻张伯贞云乍川张梦龙因事□远，急病死于道，即日丧归。而所管公事，俱让诸人。魏松岩店已开张，恐弗□久。夕间持行灯，由堰入钱氏烟室而吸。以鞋子归，至茶肆啜茗，返而挟□也。在烟〔室〕闻嘉兴许景澄出使外国，即以身故。

二十七日己未 天晴。□□转成隆。至南湖钱氏烟室。与冯五弟吸烟，并遇沈秋阁，冯忽与人大争。余止而去之。再转成隆而返。欲寻金大，而卓叔即至，即与之入茶肆。余金大叙□卓既返，余复入烟室吸嗜好，更深而返。

二十八日庚申 辰晴。当□而雨，复晴，天气甚凉。夕间我弟至徐宅，言何咏华之郎已死于申江馆舍。

二十九日辛酉 天阴。傍晚与余肖云啜茗，闻周远山言张天翔事甚详，闻黄梅生言沿江纷纷，扎营大兵云集，将有事于江南矣。及暮卓哉叔至，与之入肆。并唤金大啜茗，张秀山□□□儿，冯五亦至，与之入烟室吸嗜好。更与卓叔至面馆吃□□□成隆而返。

三十日壬戌 □□入茶肆,与张选青、张秀山啜茗而剃,遇江松泉,言陆小春事甚详。□□□□及暮,造嘉会堂陆氏之室,未几,子明至,为阿静治诊也,盖身□□□。

以上季夏之月记。

七月初一日癸亥 天晴,候在盲风至。晚至益生堂药号,及魏松岩家。

初二日甲子 □□□婢买肉,入肆与吴沁莲啜茗。夕而挟。

初三日乙丑 天晴。晨起鸠□,晚则蝉声嘒嘒,而炎热甚,风亦作。

初四日丙寅 天晴,热甚。交立秋节。余未起,闻八儿跌闷而战,大窘,即起。视之,幸为无恙。余遂转成隆,即入茶肆,遇魏松岩,及吴沁莲父子,又潘氏子,又乍川戴氏。茶毕,至司弄钱宅,访畹生不晤。晤之于西山门茶肆,并遇徐稚峰诸人。复造钱氏之室,伯□昆仲俱遇焉。畹生仍劝余武林之游。余仍不决。傍晚,余忽起小恙,恐痧。既晚,□人至传朴堂借锡盆十二,携之至成隆,使装供果。将以送至俞宅,糊挽额□对,亦以送俞宅者。其额曰:“痛抱苏程。”其联曰:“儿同嬉,髫同塾,冠同游,不惟至戚关怀,管鲍多情忘尔我。幼无父,长无昆,老无子,嗣□贤郎式谷,蓼莪一恸等劬劳。”上月初二日,亦以联额挽□母。其额曰:“慈云望远。”其联曰:“母仪克绍先芬,鲁义久同钦,视我如犹己子。□矣殊艰式谷,姬宗原勿替,承祧赖有曾□。”一月之间,两出额对。夕至西门木号,使三儿买物。

初五日丁卯 天晴,热甚。晨起与小斋啜茗,又至西门木号。日暮,俟排工至,将使携条箱送莪斋五七之礼。俟之既久而不至。既夕而至,即往。至则已在点树灯时候矣。返而匆促在途,裤子带脱,投扇于地而束之。仓猝上梯云桥,一折几跌,人皆笑之。复转东啜茗。店伙有钱五者,或干余怒,又转成隆,犹向西畅吸嗜好。仍由梯云桥返，至家而更已深，扣扉入室，行黑暗而只觉热愈甚。

初六日戊辰 □□□甚，候在白露降。晚间热愈甚而浴。八儿不勤读，大责之。

初七日己巳 □□热甚。日中祭祀，今日为胡氏祖妣诞日也。深宵犹出门，转成隆买□□□□

初八日庚午 □□。因中元节祭祀，黎明至街买物，入肆啜茗，至木号便饭而返。□□□□□气热甚，及晚愈甚，炎威愈迫。昨宵热甚，人亦有疾病死者。池鱼都为□□□□以天气热甚故。既晚，至白果树周宅而不入，途遇杏如，遂至大顺锠□□。□夕而青龙见，少川见之。既夕，鸦声竞起，鸠声为应，炎热尤甚。

初九日辛未 □□□□热。及暮，卓哉叔至，与之入肆啜茗，造烟室而弗吸。复至成隆，遇轮秋于途，论及余所挽其兄莪斋之联有"式谷"二字，轮遂疑余有着重螟蛉之意。莪斋果有螟蛉子，而以轮秋之次子为嗣。岂知"式谷"二字，是赞美贻谋之善，而嗣子象矢也。而轮独执诗句，以词害志，侃侃而言，争论不已，将以余为重彼螟蛉。呜呼，轮亦甚矣哉，而又何泥耶。

初十日壬申 天晴，热甚。晨起，携婢买肉。既返，复入茶肆，与清河昆仲啜茗而剃。又携物至徐稚峰家，不晤，见治后作盂兰盆会甚盛。途遇吴沁莲，返而入魏氏之店，买杜李子□□，即使人携至余家，而室人殊不欲也。日中朱生和以西瓜至，而复遣婢□李子送传朴堂葛氏。傍晚，卓哉叔至，少川即至西门外携洋付之，而卓乃□□焉。盖余作中为少进市房两间，弃主即卓哉也。

十一日癸酉 天晴而始起浮云。候在寒蝉鸣。而蝉声果闻，鸠声亦起，四脚蛇每见。今日癸日，始有转象。至晚而雨，大地流膏。

十二日甲戌 天晴。至晚而阴，旋雨。日中因泻而入金氏烟室畅吸，转成隆，即入魏氏之室，与延陵乔梓啜茗。就入其室，吃中饭。与潘同寅之郎、吴虚白之孙及延陵父子博，而负大武焉。既返而室人交谪不置，至夜而甚雨至。

十三日乙亥　天□□□雨竟通宵，遍野含滋，农人忭舞，果如所望。日中鸠声又起，出门□□□魏氏招之，乃入焉，即食中饭。未几而吴静涵至，与之啜茗，遂至其家，□□□焉，终日而毕。即偕沁莲入肆啜茗，叫酒面至茶肆畅饮，杯盘满□□□□有以咸藏瓶担而过之，瓶堕于地，不顾而走，人皆取之也。朴如□□□□□。吴翼如亦偕人至，与余谈往事。余赞其子年十三岁，已精于同棋，□□□□余博焉。有开花园者周某，余亦招之饮，与之谈及云门夫人所托之□□□蹊路过，劝余向程哲臣谋馆地，余仍转成隆而返。周某言及北郭外□□□□返入徐氏室，知埭圩徐升闻将至，余遂俟之。未几果至，升闻实不认识余，言之始觉。盖因乱后卅载不序亲情，至戚多疏，升闻实余徐氏祖母之胞侄孙也，与之晤谈至二鼓。

十四日丙子　天晴。日中出门，遥见升闻在肆，余欲入不入，即过魏氏之门。将至延陵，先遇潘氏子，与之偕入，博而胜焉。傍晚与点溪昆仲入酒肆畅饮，并食面酒饭，复与点溪啜茗，而潘氏子复来招余。再入延陵，博而又胜焉。遂偕沁莲入肆，即过西遇空财□途，知非吉利。遂见李少亭者，复遇朱生和之酗于酒者，即云李少亭逼伊口付余一元。余虑此事之久，已过半载，今犹未妥，深为忧之。三儿昨日至家，亦甚为家计忧，室人犹交谪不已，为之奈何。及暮至韩家埭李宅，李欢焉口之，且云俟之已久。遂博两局，俱负焉。且与博之徒，都未相合，有素所逼余者钟某，又有族弟仿渊者，尤余所对之而有隐憾者也。未几而杨某至，余与之偕返。是役也，李氏望余已久，余往，李氏诚感激也。返过俞氏之门，见莪斋之郎。既归，入徐氏室，徐言及英姿之次子，文章日益进。

十五日丁丑　天晴，仍有云而热。偕八儿及金生至魏氏看会，至周姑母家，返而入徐氏室，复看会焉。方至周宅时，过钟氏之门，钟妇屡顾余之趋过，心焉憾之。盖余在七□□□曾入伊家博而负焉，其妇似乎相识，故顾余焉。及暮，阵作而雷，□□□起。日之夕矣，朱生和至，以催科事也。噫，此事虑之半载，而今犹未已□□□寻吉甫，而卓哉叔至,招余入肆。余往而卓已行,晤不相合之人□□□□□余未送礼而若有恚然者。闻陶菊泉及陶山槎云,俞福清已□□□□□矣。及卓叔至,即入方桥下茶肆啜茗,而付余洋焉。又谈及仁甫,甫遇□□□言此刻催科事迫,甚于从前,余闻之愈懔然于朱生和之事。及更而返,甚□与□□晤谈至二鼓,归而复受顽荆之肆谪。俞福清之得释,唐惕三云恐未必真。

十六日戊寅 □□候在鹰乃祭鸟。余未起,八儿来云朱生和至,将以抹桐油。余即起,至街买物过成隆,至魏氏之店而返。日中戈西山报丧至。傍晚偕婢至街,指婢入典门,余俟于外,往来行人不绝,余不敢顾。奚氏一妪亦由典门出,手持一元,盖余与英姿家仍旧如是也。复买物送戈氏,亦转成隆,在途遥见新溪费氏于茶肆。及暮,雷声顿起而阵势大作,方在抹桐油,心殊懔懔。未几雨果至,天暗甚,雨遂不止。

十七日己卯 天阴而凉,余泻甚。晨入茶肆,数见坊书辈,而始觉催科之方迫也。见卓哉叔于途,一□而行矣,恐复用心于博。及暮而雨,夕间冒雨出门,长衫为湿。途遇书办之催科者,而恧然也坐成隆久之。返而雨尤甚,衣履俱湿,犹入徐氏之室,与廉叔□谈至二鼓。

十八日庚辰 天阴。日中即雨渐大,至晚而止。清晨三儿至,傍晚仁甫至。日夕而雨复至。汤兰亭过我门而蹶,几不能起,逾时始行,观者云集。至夕凉愈甚。

十九日辛巳 天仍细雨不绝。晨起入肆,与仝黄氏啜茗。见清河昆季,多相口角,以陶菊泉卖屋事也,而冯月亭为之解纷。赵咏琴言陆云亭之郎与朱三木匠有隙,而欲入官者。日中雨甚,天色暗甚,八儿殊不肯读,责之仍旧。日夕带雨至街,至□□□伞,遂至北寺之长生房。山门既闭,乃入后门。既返,寻唐吉甫不晤,□□□隆晤谈久之。返遇吉甫于茶肆,遂谈催科事,而我心为之蕴结。返家□□甚,今日交处暑节。

二十日壬午 □仍雨,日中始晴。有书客至,欲余补抄《大学衍义》四卷，以《嘉兴府志》□□□□前次曾为徐氏钞过故也。向晚仁甫至，言及卓哉叔事，余复托仁甫探□□□□。

二十一日癸未 天晴而热。昨日尤热，候在天地始肃。既夕而至成隆，遂与仁甫及西悦□□□□啜茗，雨点渐放而行，归而与廉叔晤谈至更。

二十二日甲申 天晴，浮云犹未退也，叠连数日。闻唐吉甫病重，余以所托催科之事，欲一晤而不得，我心亦为之蕴结。昨日我弟在徐宅晤余，仍言及外套事，余实恧然不能答，惟切切于心，无在不念及之。今晚仍遇诸门首。夕间至成隆，又与九峰魏氏啜茗，魏仍托余措资，余实不能。及更再转成隆而返，归与廉叔晤谈，书客老顺者亦在焉。至二鼓而行，为徐氏售书故也。

二十三日乙酉 天阴，晚晴。及暮至周新畬家，遇鲁引相，与周对奕。奕已，即与之啜茗，而见王静涵□□孙金波者，自馆至城，将赴乡试，亦晤诸茶肆。茶毕而酒，孙氏欲借余考具，并欲借余钱，余少应之。在肆又遇俞氏吉甫，言时姓之屋已将成交。既与引相、新畬入酒肆，遇卜少湖诸人畅饮及更，引与少湖先返，余与新畬谈论至二鼓而进城。返而室人交谪不能已。

二十四日丙戌 天晴。晨起，入茶肆啜茗而剃，遇赵咏琴诸人。昨闻张朗斋中承去世，今日又有人言将星猝落，天何忍乎。可见有大用之人，人尽惜之。日中孙金波至，携余考具去。金大亦至，欲收普济□文，余约伊即晚当付。及暮至成隆取钱，即入金大室，付钱而畅吸焉，复入茶肆啜茗久之，再转成隆而返。归与廉叔晤□□二更。

二十五日丁亥 天晴。浮云未退，而间放雨花。魏氏使人来招余往，盖乞余措资，余实无□□返至成隆而遇周新畬之子焉，遂偕仁甫入肆啜茗焉。魏氏所托□□□唯切切于心，而一筹莫能展。将欲转乞数次，恐亦都成画饼。嗟余之□□□苦而复误人事耳，哀哉。昨晚三儿至家，今晨使工以蟹致家，及夕入□□□叔恬啜茗清谈。转成隆，复至魏氏之室，愧效事之不周。复转成隆而至□。

二十六日戊子 □□终日不已。日中与少川言及魏老，余不能画一策，有负所望，歉何如之。夕间携膏入金大之室而畅吸焉。及更而返，至成隆而门弗能启。冒雨至家，归而甚雨及之，终夜不已。候在农乃登谷。

二十七日己丑 天晨仍雨，旋晴。余晨至街，返而挟焉。日中道听有催科者，正思虑间，而持票者至矣，一见之而手足无措。噫，虑及半载有余，费尽口实，而终至到门追呼。正不自知其所以然也，而要皆急人之所急，实则自取之也。夕至金大室畅吸，至成隆而雨。及更入他人之室，天雨不止。

二十八日庚寅 天雨。□间诸凡不遂，自问必难久世者屡矣。想旧岁之多灾，近闻他处又多疾疫，□亡枕藉，懔懔于心，唯恐旦暮及之。昨晚向西而行，遇江若泉于途，少叙寒□，不知其他。今晨闻江昨宵呕血身亡，倾听之下，不觉失色。向晚余携婢入源源沽酒，返与朱生和及催科者之姚余庆啜茗而谈催科事。当雨甚时，七旬之叟急迫来寻少川。室人却之，余亦忍而坐视，心殊歉甚。天雨终日不止。

二十九日辛卯 天仍雨。昨宵风雨大作，终夜不绝。其有损于秋收者，为已甚矣。而日间疾病身亡者，又甚众。日中雨甚而催科到门，不得已，偕至肆中，复至吉甫家，再至□□□两枚付之，复至家取串票付唐吉甫而返。满城风雨交作，在桥风□□□投于河。归而见江氏之丧，而雨仍不已。夕间仍造他人之室。

以上孟秋之月记。

八月初一日壬辰 天晴。旭日始旦，日间烧香妇女道路相接。候在鸿雁来，而天气凉□。

初二日癸巳 天晴。即有微雨。余晨入茶肆，与小斋及程祥甫诸人啜茗，见冯朗君已□□□□咏仙亦有期服，询之知瀛仙即日去世。闻张仲宣即日亦逝，日间病症死者又叠闻。人民多难，闻之伤心。余拟买鱼，东西往来，俱已卖尽。两见有渔人卖鱼者，余少懈，即被人夺。怅惘在途，遇徐伴松，知遗才之案已发，不录者六人，而徐彦英与焉。匆促在途，求鱼弗得，携肉以归。日中再出门，过东观道才案，转成隆。途遇张星槎，共叹时疫之仍遭而心窃忧之。余日间心绪不佳，兼自作恶，每听人死，而皮肉为磨，而心殊战战，故此身实不能一刻得安。八儿诚不肯读，责之而泣。旋睡，若有不胜其痛者。余复忧之，而功课日懈。一婢能为我□自六月初四日来，以身份不给，今日即去，荆人如失所倚。噫，无论何物，假如用物，即可无而有，不可有而无，何今日之余家，而乃至于斯也。及夕过西，遇张良卿于途，言张仲仙临没有言甚奇。遇松年，知小斋在源源酒肆，就之而见三儿等亦在另桌。余与伴梅、小斋畅饮及更。有杨少卿者，小人也，欲与伴梅借钱七十，伴弗与，而杨追进城，将至伴梅家，殊有不堪之状。余与小斋挟伴梅入肆啜茗，杨亦至肆前，不堪其扰，伴再至家，杨仍追及。家中知之，与之钱七十而杨返。杨亦无耻甚矣。观者云集，而茶肆议论不已。有朱三司务者，与余说及倪宅婚事似成，更深而返。至成隆而门已闭不能启，遂归□□□有雨。

初三日甲午 天晴。浮云不尽，间放雨花。向晚朱生和至，言催科仍迫，且身已坐疮，其□□□堪言状，然余亦无可如何也。晚仍有雨，夕间仍至成隆而返。

初四日乙未 天晴而热，夕尤热甚。

初五日丙申 天晴。余至仓弄口啜茗，遇时伯仁诸人，仍转成隆。夕间出西门，遇徐友菊于□□至木号中，饮酒及更而返。与渌泉之郎偕，又转成隆而返。

初六日丁酉 天晴，候在玄鸟归，交白露节。及暮，三儿至。以昨日余移洋两元，室又交谪□。

初七日戊戌 天晴。晚间以上数日之谗言，今日大发作，兜底翻身，一一问及。事非细故，余实无地容身也。夕间又两次指摘。余避于肆，知钱子怀之大责顾小五者，遇钱二，至更而返。在茶肆闻有异星半夜而见。

初八日己亥 天晴。余入茶肆，遇朱生和，复至西门徐源源及成隆。店中以已谗恶之故，今日复大受指摘，不克自安。晚间使妪送姑母百日礼。余至周新畬家，与之对弈，而叶养泉至。既与之茶叙，而仁甫亦至。有黄步云者，因挥一蛇，坠地于楼下，伤甚，其子□跟来请新畬。既余复偕新畬如酒肆，与养泉饮酒。遇鲁引翁、沈锦园、徐莱山诸人，及更而返。门启而指摘旋闻矣，窘极□。

初九日庚子 天晴。旭□始旦。晨入茶肆，知遗才所不录者已先归，统计考数殊少于前。人死仍日以闻。以数日前之热甚而大风者，乡人云稻已大损。余复入顾小五茶肆，与卓哉叔啜茗。再入天泉剃头，见王云卿来晤卢柳溪，而柳却之。我弟来言外套事及汤氏买屋之事，谗慝之事今日犹指摘于背后，吁，可畏哉！晚至白果树下周宅。及暮至小斋家，与之茶叙。遇徐伴梅，遂入源源畅饮及更。知徐管、侯管复呈禀以夺育婴堂者。

初十日辛丑 天□。日中至西门兑洋买物。晚至司弄钱宅，食粉饺，观同棋而返。知学政□□陈氏名彝，壬戌二甲一名，曾巡抚安徽者，现官宗府承〔丞〕。又至品泉寻□□□晤，遂向西至方桥下，与张书绅、张印心及乍人小梅者啜茗。知邑首□□甚。既夕而钱二至，自述昨晚起痧几死。甚矣，困厄之人之多难也。及更犹□成隆而返。

十一日壬寅 天晴而风。候在群鸟养羞。晚入茶肆，与郑葆甫、周远山啜茗。遇黄梅生，言□□及宜昌事，陶山槎、陆子明均至，并论及坊书催科事。晚至西门外佩□□□□木号饮酒食饭，与佩秋、乐天及龚桂亭畅吸嗜好。时已更余，尚转成隆而返。

十二日癸卯 天晴。余未起，费何溇、张礼堂之舟已至。礼堂携其子去，余即至李氏之家，而杨某已在。余复至清河，及高氏之宅。未几，选青、菊生皆至矣，博而余大胜焉。及程鸣球、沈直斋至，余稍逊，无何复胜，得英员一名，而孔方□焉。及夕，仍至成隆，使胡氏掮钱三千以归。

十三日甲辰 天晴。余入肆见小斋于途，复遇我弟及徐丽川、唐吉甫诸人。日中至玉泉家，入局而负□至家而知新畬在成隆。余即往偕新畬入茶肆，见人有以题目至者，知□江头题子张学干禄一句。章仁甫既至，即偕新畬出北门，而钱某亦至。遂至倪氏之园，游玩久之。返而与钱某入烟室吸嗜好，新与仁俟诸茶肆。及余入肆，而周桂亭亦至，遂相与共入酒肆，而祥叔祖及吴氏昆季均在焉。返与印心复吸嗜好，而遇卓哉叔焉，更与之入茶肆，二鼓而返。室人交谪不置。始来一乡妪，闻之不觉失笑。

十四日乙巳 天晴而阴。余昨宵不克睡。晨起入选青之室，与之出门啜茗清谈，而望湖中舟行相接。天忽起雨，既返而遇朱生和，仍言及催科事。余至成隆借资而返。遇□泉于途，复恧然入徐氏室，付讫药资。再入茶肆，与沈介安、唐吉甫啜□□遇选青于途。今日始知介安有闽垣之游，欲集一会以备行资。晚偕卓哉□□肆，欲晤选青不果，乃往东迎之，然终不能晤。知吴静园在烟室，因往访□而不晤，唯晤印心。复晤乍人沈迪新者，一见如故，谈往事而伤心今日。再入肆晤谈久之，而迪新返，余与卓叔复过东而别。遂入茶肆，晤笑山、伯普、延□，□晤新溪曹廉甫，复与笑山食酒面，而论及轮秋与延陵事。及夕转成隆□□长�馆。

十五日丙午 □□而有云，间放雨花。余未起，即有人来托写帖而选吉者。余转求卢氏选定送至其家。遂携八儿入肆啜茗兼剃，卓哉叔已先在肆，未几而沈氏介安亦至。余转成隆而返。收账毕至，未能尽应，心殊难安。然较诸前次之相率偕来，则少靖矣。日中赵泾吴仲贤至，言我弟昨晚买舟至赵矣。催科之事，实为朱生和所累，已两次来扰矣。余乃与之入肆，即晤唐吉甫、张印心诸人，又晤卓叔。既入烟室，复入茶肆，而沈氏迪新至。余见仁弟妇偕女子在途，知是倪闺，乃至家遣婢察之，果也。夕间携八儿至治后，知俞宅三太太病厄于吉甫之宅，竹夫人持灯往返道，急遽万状。余欲入其室而不果，遂入笑山宅，晤谈久之。八儿待之又久，心殊汲汲。余偏畅吸嗜好，遂偕笑山游北寺，而上西山门茶楼啜茗。游人毕集，返走小街。雨甚，时已二更。犹造烟室畅吸，晤程小泉诸人而返，道已滑甚。幸八儿尚善走，余与笑山行之唯艰，途遇崔晓湖。

十六日丁未 天阴，候在雷收声。余晏起，朱生和以姜至，而催科者踵至。余与之入茶肆，使人邀吉甫代谋此事。方与唐吉甫说妥其事，天忽大雨，乃使生和携雨具，余遂与卓哉叔入面馆。既至治后，知俞氏三太太病益危，已买棹去请海盐谭氏矣。余遂与笑山至品泉，啜茗久之，返至成隆饮酒，再转茶肆而归。

十七日戊申 天晴。晚至成隆写票，遇胡良甫来访姚子堂，遂偕余入肆啜茗。晤徐莱山，□及沈氏屋事。未几，迪新即偕吴静涵诸人至，七旬之叟魏松岩亦至。余以□□之未免失约，对之而恧然。余欲至治后，至韦驮桥而返，向西至德馨买物□返。及夕再至成隆，坐谈久之。倪闺亦在店隅，音闻于外，余返而门已闭，扣□□应，知不能启，拟至治后求宿。持月饼六枚，向北而行。桥上群犬潜伏，余□□□□前，强步而行，至俞氏门首，而门亦闭，扣之寂然。仓皇向东出阴阳弄，由大小街至干河，冀时伯仁或在店未返，可得附骥入后门，至则店门又闭。匆促在途，望倪氏之门而心愈恧然，乃踉跄入顾小五茶室，时已二更。啜茗久之，欲宿而有未便，出门惘□。至家复扣门不启，恐邻人失之笑，逡巡在途，进退无路，惴惴于心，其况如是。在甲申之岁，时值严冬，亦以门闭不启，往返于途中一夜。门数扣不启，乃南行，缓扣时氏之门，亦不启，遂由永壬桥至南湖，八字桥上众猫相会，吠之不已。过桥心殊惴惴，望钱氏之门，则已锁矣，怅然失望。由大弄再至大小街，烟室亦已皆闭，偶有未闭者，知吴静涵犹在，余乃托吴宫后止之。余自至金大之家，取烟而行。与之者恐或服毒，而生惊异状。余既取洋，果遇静涵。静涵适欲至他处，不能与之偕。余乃扣老叙之门，叙又不在，其媛不纳。幸小五妇闻之，启门而入，乃借宿焉。然喜虫与蚊虫，相率而来，实终夜不得睡。晏起而茶，至成隆借钱买肉而返，室人已交谪不置已。

十八日己酉 天晴。余日中至家，始开馆焉。在肆时晤马秀眉诸人，日中倦甚而睡。晚至小五茶肆，遇印心、吉甫诸人，知沈迪新已来候过。未几，迪新又至，吴静园亦至。既与迪新入馆吃面，复造烟室而返。复转成隆而晤陈寿藏。

十九日庚戌 天晴。余以眼痛晏起，八儿来言有人候在茶肆，未几而其人至矣。与之□□□茗，而晤何咏华乔梓，而催科者仍来相扰。然吉甫昨日已办妥矣，以杨□□来逼，余遂出门至李玉泉家，博而负焉。夕间选青亦至，灯下入金大室，□钟浩卿吸嗜好而吃酒面。复转成隆写票而返。室人交谪不置。

二十日辛亥 天晴，旭日始旦。早起携八儿入肆啜茗食糕。以其余糕付乡儿食之，其钱□皆钟浩卿用焉。茶已，携八儿买鱼而归，日中知我弟到城，因其女病厄，即□□返。乡试之人皆已返，吴奏云余清晨晤及之。及暮，我弟使人来招余□□□其女病甚，医者已辞，求神问卜，皆云不吉。今将买药徒步以归，恐犹不及，因欲余为伊权馆。我弟傍晚仓皇就道，将徒步走十二里路，困苦万状。余仍出门至李氏宅，再转清河宅，复至李宅，博而大负。知其不可而竟为之，妙手空空，徒增人羞耳。怅然而归。及夕，入徐宅与勉之晤谈及更。今日在清河家，见选青之妹泛舟归乍。

二十一日壬子 天阴，候在蛰虫坯户。日中入茶肆，与何丙楼及顾蟾客郎啜茗清谈。遥见吴仲平于途，而心殊凛凛。唤朱生和至家抹桐油，晚将入肆剃头不果。腹将泻，遂入烟室畅吸。旋转成隆，晤仁甫，知我弟今日仍到城。余返，复入肆与张云翔诸人啜茗兼剃而观奕。未几，张兰修至，陶氏昆季亦至，闻新溪陆朗轩三场得病出院，至寓而逝。又闻省寓有王省者，阖寓七人共死，皆时疫也。在肆遥见居仲平、李玉泉、高亦亭联步在途。想俟余不至，因而出门也。盖昨日余与是三人博而负焉，约今日再叙，而以措资不遂，不能践约。心诚蕴怯，睹此愈觉难堪。心摇摇焉，终日不克自安。噫，余当日常常如此，至今日而犹未免也，哀哉。日既夕，复遇沈介安、陆子明，晤谈久之。复遇何丙楼。天忽雨，丙乃行。既又遇钱子美，极言冯来轩文章之好，无出其右者。子美亦自诵己文。既归，知三儿今日亦归。拙荆即日将产，而余常出外不归，然终心不自安。又有□□余用，惟恐其觉，而刻不能自安也。噫，前此之负债难偿，今日之债累又□。自取若此，可胜慨哉。

二十二日癸丑 天雨。以昨夜忽起微疾，因而晏起。未食而我弟自乡至城，使人来招余，言九宝昨晚已殇。呜呼哀哉，余闻之失色，即入徐宅。晤我弟，遂知九宝之□状。言念及此，伤何如之。余遂至面馆食饭，复晤我弟及郑介福于大街。余□□西门外木号中，与三儿借洋而返。复晤我弟于永盛酒肆，遇黄梅生□□□□成隆，复与黄梅生入烟室吸嗜好。返而入徐氏之室，闻我弟舟已行。遂不入己宅，以昨数日之事未了，踉跄入玉泉家，不值。遂入何阳世家，晤海盐吴氏昆仲，及选青、和乡诸人，余博而负焉。及夕，与潘宅安、何伟乡诸人啜茗，既返，室人以余今日尽日不返，交谪不置，余终夜不寐。

二十三日甲寅 天雨。日中雨甚，而李老玉泉冒雨至。余与之偕行，至选青家晤，秀山亦在。既而与俞春园等博，而李仿白等皆至。时已更余，余胜而复负，天风雨愈甚，恐至家门弗能启，乃与林二店主仓猝就道。风雨骤至而灯灭，余向河滨行，足弗能启，身将欲坠。林遂至人家点灯，望韩家埭一带，河水溢岸。余所暗行之处，与水仅尺。既过万安桥，而雨愈甚，林遂送余至家，幸门尚能启。与廉叔晤谈至二鼓，阅其乡试场作，固千人皆见之□也，必售无疑。余至家衣尽湿，拙人交谪尤甚于前。

二十四日乙卯 天仍风雨交作。甫晓而交谪骤起，余梦中惊觉，且梦中若吟诗四句，约略计之，似是绝命词。其不祥孰大于是。噫，可危也已。日中余入肆，与张兰修啜茗久谈。家中使人来促者三，及闻拙荆忽起微疾而战甚。及返，稍已。未几而河静归。及暮，天始起晴，夕阳在山矣。夕转成隆而入茶肆，与张筠庄诸人啜茗，返而与廉叔论文及更。

二十五日丙辰 天晴。旭日始旦，鸠声四起。室人以余于三儿处借洋之故交谪不已，拂衣□□。余弗能堪，出外避之。入长云馆食面，过东复西，见成隆里周欣翁有备□礼者。余转德馨，家中使朱生和来促余，乃返。及暮，三儿返，拙荆因之复深交谪。余出门过东，遇沈涤新于途，言昨日果来候余。余遂至大顺昌，适三儿□在。余办竹布一匹，店友有不相识者，乃唤周三弟出而相晤。因言少川□□□还账事。余遂出水关，至新畬宅，不值。返而遇其子于天禄门首，盖其子□□□禄茶食铺。今方经营伊始，既进城，与屈恂如啜茗久之，而言及廉叔也。未几而廉偕啸蹊至，余转成隆而返。仍与廉叔晤谈至二鼓后。

二十六日丁巳 天晴。闻有迎娶者，遂入酒肆写票送钱氏之礼。至则阒寂无声，返遇张稚峰，言谭氏新丧，故改日出阁，而钱只好待焉。在途遇卓哉叔，及沈秋阁、张印心者。及暮，俞笑山至，与之出西门，历寻徐文波，不值，乃啜茗待之。复俟诸酒肆，畅饮而醉。亦晤三儿，及佩秋诸人。返与笑山至金大室，畅吸嗜好。复转成隆，借灯以归，途遇廉叔也。候在水始涸。

二十七日戊午 天风大作，亦微有雨花。余晏起，拙荆遂肆交谪，而伤及他人，声闻邻右。三儿以蟹归，拙荆以疾不食，因而恶及于他人。傍晚杨氏至，与之啜茗，而晤徐廉叔及张莱修竹林。在肆见云门夫人路过，亦遇苏老庆者。夕间当雨至成隆，及更而返。

二十八日己未 天晴。余晏起。入肆晤杨不值，未几杨至，与之啜茗。家中使来促余□□，余仍与廉叔晤谈久之而返。今日风犹甚，拙荆寒战尤甚而喘，人皆忧之。余仍夕至成隆，返复与廉叔晤谈及更。

二十九日庚申 天晴。日中入天泉轩啜茗，晤钟浩卿诸人。日暮八儿不肯读，挞之，闷甚。出外，不知所从。不觉至治后，晤笑山于其门首，其子亦见焉。复见张谷贻，谏□□□人，锷青犹岩然道貌。返遇张文星携衣在途，而唐吉甫亦见焉。返而八□□不率如故。再出门，晤林可群于途。入茶肆晤笑山，不值。徘徊道路，遇钱年□、张印心诸人。复遇伯普、贤宾,与之复入肆,而笑山亦至矣。未几而徐文波至,言及金氏、陈氏之事,遂与余向西饮酒,而言借洋事,并晤王友福诸人。余仍□成隆,久之而返。晤我弟于廉叔家,并晤叶啸蹊。既返,夜半闻交谪之声,终夜不□寐。

三十日辛酉 天晴。余未起,闻小南门外计宅盗劫,沈韵兰家失窃,余起而至街,返遇顾翰西及胡梅伯。日中偕廉叔造计氏之室,游观之人不绝于道。至则知其所失财物近千,而持主受伤,计氏本拟迁居城内,至是自悔不及。返与廉叔入关帝庙,望余旧宅而返,见一包子店亦被失窃。噫,当今之时,何盗贼之多也。昨闻闭省用兵,我乍亦有防堵之举。日暮,引妪入酱园,返而入魏老之室,而吴沁莲、钟友琴皆至。余即偕魏老入源源,与许吟全、许咏皋及吟泉之舅氏饮酒。吟泉等先返,余与魏复食面。魏去而小斋、伴梅至,复与之畅饮而入烟室,弗吸。复入金大烟室,与陆敏宣畅吸。陆去而郑老介及李少亭至,复与之畅叙,更与介福入永盛畅饮。至家时近二鼓。室中人尽睡,自炊而食,苦不堪言。

以上仲秋之月记。

九月初一日壬戌 天阴,候在鸿雁来宾。拙荆已将分娩,前祷一签,词句颇吉,今日复祷,词句不吉。昨闻钟寿铭在寓曾见奎星,想今科必有佳兆也。及暮,至治后,访笑山不值,朝东乃遇诸途,与之入品泉啜茗,晤陈良卿、薛剑甫诸人。良卿新丧偶,言其内之死,自己若有先觉者。又有为其母代请死之说。日既夕,余实无聊,往来于方桥下塊者久之,始入馆吃饭而返。入徐氏之室,知我弟被我□□□元之事发,我心殊弗能安。盖我弟前日有事欲用洋,余于三儿处移□六元,余以三元付我弟,尚有三元暂付他处之急迫者,拟异日再找我弟也。以拙荆嫚〔谩〕骂他人,人或以六元之说为我弟言之,今日复明言于我,我心用是难堪矣。汲汲入门,寂然就枕,心殊懔懔。闻日间人都有起痧而死者,□终夜不得寐。

初二日癸亥 天阴。余甫起，三儿即至。盖缘三元事发，我弟至三儿处，三儿因之入余□□□忍饥入肆，与朱生和啜茗。久之又久，而周欣翁至，复与叙茶，久之又久。天忽雨，不能遄返。复遇马秀眉、李少亭诸人，及返，铺中已皆食中饭，余犹未之食也。心惴惴，而过成隆亦不入，而腹中饥甚。过天泉轩，晤廉生而又止步。抵宅又入其室，而不能食也。及暮而天愈阴，鸠声又起。余阅新溪书院生童文卷三十余本。夕间晤我弟于徐氏之室，出而言家事也。余遂转成隆而返，晤高访言之子，余犹未识也。

初三日甲子 天晴。以柿子馈廉叔，而晤芦川徐升文至。昨晚我弟所托之事，今日未有成效，汲汲于心，置身无地。忽焉而又有人来逼，即与之入茶肆，阅诗三十韵。而又闻今日所死孕妇甚众，余闻之而愈窘也。夕俟成衣不至，乃冒雨出门。遇吴沁莲、魏松岩，招之饮酒，皆不愿，遂与桂亭周氏畅饮而食面。又至成隆、德馨，返而入徐氏之室，与廉叔晤谈及二鼓。知我弟日中来访余，今晚果至乡矣。殇女以来，拮据万状，余不能一援手，心实难堪。深宵天忽大雨，余入内室，人皆睡尽。

初四日乙丑 天晴。清晨成衣来访余，为之备帖付之。既入肆，与余肖云等啜茗。而沈介安至，言昨宵甚雨，夜半犹雪也。天亦热甚，今日愈热。日中朱岐侯自考优□□□湖，惟徐乃昭备在十六名，备贡共二十四名，如是之多，亦所未见。人有云□巡抚升任两湖，新放浙江学政改为巡抚，而浙江正考官为浙江学政。晚至□宅，遇还租者，睹此而伤心。途遇吴静园招余，余不顾，过顾氏之门，念顾之负余者，实余自取之也。晚至治后，过徐氏之门，见胡氏之有丧事者，遂入笑山之家，坐谈久之。即至品泉，与伯溥、延宾啜茗。返而遇雨，路滑甚，行之维艰。恒攀援店柜而过，犹转成隆，遇陈寿藏而返。入徐氏之室久之。

初五日丙寅 天晴。昨宵电甚，深宵雨甚，大雷电以风，今晨即晴，日中复阴。余入茶肆，□□□钱氏啜茗，而晤东邻余氏。未几而天雨，向晚雨甚。余过东遇钱氏，随余而中止。余遂至成隆，遇徐又波于途，乃踵及之，不觉至源源饮酒焉。遇蒋赞臣，与之谈徐文阁事，而并及高毓石与徐廉叔事，及更而返，仍转成隆焉。天热甚，蟋蟀与蝼蛄并鸣，至家而雨犹甚。

初六日丁卯 天阴，候在爵入水为蛤。交寒露节，日中仍放雨花。余入肆啜茗而剃，见金生自乡至。向晚始晴。余腹痛而泻，即已。余在肆见张海帆在途，未几余入面馆，转至魏氏之室，知海帆之郎已笞千百，将收禁矣。盖以忤案，非以窃案也。晚晤轮秋于途，言及延陵事，不胜其悉。顾姓适过，见之赧然。盖其事实为顾所累也。轮秋即云即日复来促余也，余闻之失色。踉跄至品泉茶肆，晤徐稚峰、徐若川、陈良卿诸人，未几而崔氏兰畦、钱氏伯普、沈氏延宾、俞氏笑山均至。言及前年办荒政之绅士，俱有奖保，连日雨作，米价腾昂，闻之忧甚。盖余之田亩尽捐，而小儿日谋升斗也。余则家食自甘，而日招尤悔也。呜呼难矣。

初七日戊辰 天晴。余昨宵不寐，晨尚未起，室人交谪不置。晚至大顺昌易布，途遇张厚本，返从甘河行，见萧氏而恧然，入钱氏之室。其家方作佛事，一家皆博，对客不顾。余俟畹生出，乃托其说合延陵之事。踉跄而返，过叔父家之门，感怀往□□实慨然。向晚天愈阴，鸠声四起，势仍欲雨。顷在途间，遇冯氏兰轩，揭晓□即，不知是人在其中否。沈嗣山之子，米松舟之子，及朱氏凤冈，均有可望。而张锦镛一人，余亦拟之。徐氏寿臣上科固中矣，而张氏亦其俦也。日暮，知我弟今日曾至徐宅，余以所托无效，心殊歉然。怅惘出门，欲向东而复西，心焉惴惴，不知所从。踉跄至西城门口，睹禁赌之示，观茶肆之有争论者，望源源□入而不果。仓猝延西城脚行，过黄氏、江氏之宅，由莫弄出，朝东入程□□□而观倒同棋也，晤徐氏、张氏、陆氏、程氏诸人，转成隆写香火票而返。遇胡良甫及钱老义。

初八日己巳 天晴。晚即起雨花。妪送对门陶宅之礼，闻揭晓在十五日。日暮出门，见我弟在肆。既至魏老家，乃遇吴沁莲。未几,全义至,与之入酒肆畅饮。晤潘念慈,谈及相法。深宵而返,醉甚,犹课八儿读,盖因其日课未尽故也。

初九日庚午 天阴,重阳令节。余以昨宵饮酒过醉,及晓而溢,闻鼠声如裁衣声,不知何故。旋闻鹊噪而天明。仍晏起,而泻甚。饮食不谨,自取之也。傍晚,将携八儿上报本塔。天雨,不果。余遂出门过魏氏之室,将至邑庙观剧。入县署,见差役以缧绁人出,观者甚众。余遂至邑庙观剧。返至魏老宅。遇小斋于途,与之入茶肆,遇林秋山、程鸣球及徐伴梅诸人。及夕,至源源畅饮。仍转成隆而返,观对门之烟口焉。

初十日辛未 天雨。昨宵夜半,忽有人呼号者,或疑失慎,似乎在仓弄之地方。未几即雨,将曙大雨。及晨仍雨,日中而雷,昨宵雷甚,诚非其时也,疾病之所以多也。雷方不已,而鸠声起。雨偏止,而天气亦未热也。晚入茶肆,与仁甫等啜茗,而全义至,周远山言及雷始收声而复雷,诚非其时也。既而陶菊泉至,卢柳溪自言伊家早入我湖籍,而明日揭晓,申报又言及之。徐介甫由肆间过,人言送张海帆□□或然也。余在肆久之,归而知三儿亦归。及夕出门,晤吴静园,入肆啜茗,而遇吴历耕焉,魏老亦至。余与历耕、静园遂入面馆,既而入烟室久之。言及登善堂基址事,闻沈迪新亦以址事,屡来访余而不晤焉。

十一日壬申 天晴,候在菊有黄华。余晨起至街,转成隆,晤周欣斋而返,徐八叔以定坑洋一元至。傍晚有人来访余,疑是轮秋也。出而视之,是沈迪新,乃与之入肆,□□入馆吃面。复入烟室,资有未足,假诸魏老,又入酒肆畅饮,而与高四□□□而犹课读也。今日本有出榜之谣,问诸他人,知必在十五日也,而别省已都揭晓矣。

十二日癸酉 天晴,晚即有雨,旋晴,复雨。傍晚徐廉叔自新仓归,与之入肆啜茗,偕卢柳溪言课理,知他省已皆揭晓。朝廷派大员查办外事,而嘉兴钱子敏亦与焉。及暮至成隆,遇子修、寿藏于途,偕仆少湖及仁甫饮。醉甚,肆中皆笑之。过魏氏之门而不入。既醉,复入面馆吃面，再入成隆而返。与廉叔晤谈至二鼓。

十三日甲戌 天阴。日中而雨兼风。秋收至是，为之奈何。晚至崧年之室，博者方已，遂与谱琴、小斋、伴梅入王叙仙畅饮，宝欣之郎作东道主。既返，与廉叔及叶啸溪晤谈至二鼓，并阅啸溪拟作一首。揭晓决定明日亥时，恐虚语也。

十四日乙亥 天阴。傍晚入茶肆，天方雨而钱畹生至，与之晤谈久之。雨止而行，始开霁色，方鹿门者来访柳溪，阖肆均有言，盖信柳溪者半，重鹿门者小人中亦半焉。昨闻啸溪云，方恺才亦有亏空空乏之厄。然其所空，亦必其微焉者也。念及此，余不禁有感夫前此之忧，而今犹未已也。向晚复有人云，明日寅时书榜，则出榜恐非明日矣。及夕夜课甫毕，余入成隆久之，乞姚子堂查余庚，今在甲申运，殊多不顺适。而葛宅一仆人朱姓，又与余谈莘□家婚事，余殊不耐听。既□□宵已深。

十五日丙子 天晴。日中无聊之甚，入肆啜茗，遇余肖云。未几而李玉泉至，坐谈久之。而高亦亭、蒋鹤仙亦至，人皆云电报此刻必已至郡矣。傍晚入肆，与卜少湖啜茗，见望报而向西者，道不绝人。未几而廉叔亦偕人入肆，张莱修父父子均至，良卿叔祖偕沈氏子亦至。顷间蔚文偶朴〔仆〕于地，六女吃惊尤甚。八儿仍不□□读，日挞不已，既而悔之。想我弟教时，是儿尚克勤读，今即如是。是谁之□□在肆见我弟亦入肆即行，犹有忧色也。及暮，将出门听好消息，见啸溪与廉叔方吸嗜好。余向西见王良卿、徐慎余在途，若已知报之所在矣。未几，众人自西而来者，均言船已进韩家埭，余疑或是高姓者，而人均言陆姓及徐姓者。即遇徐莱山云，质民固中矣。又听傍人中有邹子赢者，言钱竹筠、金炳星、两徐一陆，共五人焉。余将拟入陆涤新之室，而复至家，见清河昆季与廉叔，一言即行。余即以所中五人姓氏言之，廉犹有疑，啸溪遂行。余再向西欲阅全录，遇屈恂如，尽言五人之名次，并言解元在山阴，乃促余返。复遇杨锡纯而返，亦见三儿焉。既偕恂如入室，复造廉叔之室，而王养吾在焉。见余与恂，王即往，恂亦往。余即至品泉，有薛剑甫诸人，问余五人之名次、里居。余既言之，遂与笑山、伯溥、贤宾啜茗而谈，更与笑山至孟家桥下，言及轮秋之事，并知陈升华之侧室今日逝世。余偕侯鹤林返，至成隆坐谈久之，返而入廉叔之室，见沈肃庭所记明陆方伯《也园诗集》。《蕴珍斋小志》记也园：吾湖明万历时，西南城角有陆石仓先生别墅一所，名也园。先生为万历四十七年进士，官至湖北布政，性喜林泉，工点缀。其园占满一城角，中有台榭陂池，丛花古木，有石帆高九尺，有小飞来、醉茗斋、怪石轩、元亭、鱼听、半舸诸景。良辰美景，主人每招宾客宴集，赏花网鲜，赋诗赠答，集成一编，曰《也园记》。记一篇，花语花约一则，数十则后有楚藩朱华圯五古一首，及先生同年僚属诗数十首。余于旧家购得一册，遂装褫成帙，不时展玩。友人见之，以为得未曾有。余犹及见先生之后人曰陆莘田，颇豪于饮。○巨缸，亦沈肃庭《蕴珍斋小志》所记，陆石仓先生《也园记》□□有巨缸容五石，非近今物也，用以蓄水养鱼，颇为得宜。此缸见在城西，□□□中，其下半陷入土中，质已破损。相传未有□□城，先有此缸，故缸体大于城门也。

十六日丁丑 天晴。候在豺狼祭兽。余晨起至街买物，遂入东岳庙，观各官祭轩辕皇帝。即入茶肆，与余雪生诸人啜茗，而论及新贵诸人，适见陆涤新于途。日中与钱子美、张炳侯啜茗久之，而雨香先生之郎至，余与之谈前事。方晨入成隆晤周欣斋先生焉。日中在肆，见生和于途，而道星则入肆焉。晚至成隆，复至□□与笑山诸人啜茗。返遇梅西溪、俞荫兰，至家知有人寻余，大约是全某。

十七日戊寅 天晴，旋阴复晴。连日雨阴少晴，早稻已尽发芽，米价日昂，而收成殊歉，乡民犹是不堪耳。日中天复阴，即雨，至夜不已。雨时传朴使婢以绸至，酬阿静之女红也。及暮，指妪送陈申华家丧礼，返而与魏老饮酒，极醉而返，仍造廉叔之室也。

十八日己卯 天晴，而仍有阴。傍晚李玉泉来促赌，天忽暗甚，即雨而大。及暮，至玉泉家，返而隔港望张兰修之宅。有张姓言彼占他宅之无人者多矣，且有施王庙基，向之白地亦皆占之。余返过己之门而不入，入肆与张和卿啜茗，而言周云史事。未几而朱少岩等至，余遂偕和卿行。入酒肆畅饮，而遇张匡甫诸人焉，仍转成隆而返。

十九日庚辰 天晴。昨晚八儿身热甚，今晨犹未就已也，而不食，犹起而读焉。日中心绪不佳，以相逼之甚众，心无所定，不禁至潘氏之宅。有胡氏一妪问余何往，□潘而方食，余亦食，博而败焉。既而稍胜，遂转成隆至家，室人已交谪不置矣。再至街，与周艺圃及潘氏昆仲叙茶而返。途中又遇和卿，欲招余饮，余却之，再转成隆而返。问阿静有言我弟将有言语，而又有迁居淇滨之说。

二十日辛巳 天晴而仍有阴。日中鸠声四起，钱子美至，甚不服陆宝铭所中式之文，而□有言。向晚晤我弟于门首，言沈庚三太夫人，在廿九日六旬寿辰，礼应申祝。周欣翁是明日七秩寿辰，黄修庭太夫人三十除帏，均当送礼。夕至成隆，知周欣翁做寿颇盛。霄既深，复至金大之室，吸嗜好而遇俞景清。二更返舍，黑暗难行，遇钱莘庭之灯归至家。

二十一日壬午 天雨。候在草木黄落。日中至街即返。或有送礼之事，拙荆或不欲，则多口实。八儿昨夜身仍热甚，今日仍不废读。又至成隆寄周氏之礼，返而入□□茗而剃，见李氏之大婚，闻治后徐幼士之次郎今日亦大婚。今日祭祀，三儿亦至。闻昨日有唐老全者，因至乡医人，返而失足落河，竟至殒命，伤哉！余尝见是人多愁眉，知其遭时不偶，今日结局，亦已甚矣。甚矣，困厄人之多艰难也。又闻郡尊夫人即日去世，又遇翻尸，甚哉盗贼之多也。俞兰岩舟行至海盐迎娶，遇来船而撞，水手伤其首而死，闻之亦惨。日夕天雨甚而风，秋收大忌，人皆嗟叹。二鼓而睡，雨仍不止。

二十二日癸未 天雨。昨夜雨声不绝，至晨犹甚。日中周氏邀酒，不赴。夕与廉叔观张溥论史之书。

二十三日甲申 天晴。晨梦先君示一龙章，文有周仓二字。章文有“周”字，章首有缀龙。日中闻徐慎余昨夜急病身亡。顿邱家洋被婢窃，而反滋口实。夕间无事，亦至成隆久之而返。盖心烦虑乱，而不能坐定也。

二十四日乙酉　天雨。因雨久禾伤，米价日昂，人皆浩叹。日中始起晴象。至晚似开霁色，而浮云犹未尽退。日间小恙屡侵，心绪不佳。轮秋之事，刻切于心，无时克安也。晚至品泉，与笑山、兰畦、伯溥、延宾啜茗，返与笑山言轮秋事。归而夜课既毕，与廉叔晤谈，二鼓后而罢。天仍放雨点。

二十五日丙戌　天晴。旭日始旦。日中门首西望，见李玉泉逡巡在途，安知非俟余也。傍□见黄□朗、张景录二人致廉叔之信。天气热甚，而日亦焦，恐未老晴也，及暮热甚。余多着绵衣，且感微恙，踉跄至畹生家，不晤，晤其子于书斋。返而复向东，愈走地愈滑，欲坠者屡矣。既出东门，过天禄之门，遂至新畲家，不晤，亦晤其幼子。又访诸酒肆，仍不晤，遂由水天洞入。日之夕矣，登西山门茶楼，与畹生、稚峰、介甫及钱莲君啜茗而阅魁卷，并见一禀。即约畹生明日往访延陵，谈轮秋之事，仍转成隆。取货而返。宵与廉叔晤谈过二鼓，并阅公保叶啸□□登瀛局鉴察董。宵中若仍有雨，而星尚满天。

二十六日丁亥　天晴。候在蛰虫咸俯。天仍热，室人昨夜不睡，日中已将分娩。余入街请收生婆，途遇稚峰，返遇兰畦诸人，将往访相家。余克不偕，愿俟诸异日。至家而收生婆亦至，余至益生买药。傍晚有金大者至，欲余至森泰言房屋事。及晚仁甫至，余殊懔懔，恐祭产事发而不知其非也。仁方去，而钱竹筠至徐廉叔家。余即出门，遥遇金望云亦将至廉叔家也。盖两新贵皆将赴省垣云。余入育婴堂点火，返而灶祠均此也。向晚天阴，鸦声即起。方四五点钟时，余问柳溪及小槎时候，至五点半而产。余又入肆问人时候，俱云申酉之间，其实酉也。使柳溪之徒阅诸钟，则五点半也。夕至成隆，请仁甫及子堂排所生小儿之庚，果甚佳。闻陈寿藏云，平湖荐卷最多。返遇文波于途，仍及抵款事，亦遇我弟于方桥。夜课方毕，余又入徐宅，我弟亦至。余遂至成隆，坐谈久之。各店均闭，余犹买物而返。知我弟犹在，余复造烟室吸嗜好，时已二鼓，金大以灯照至余家，仍登廉叔之楼，知我弟今日已数来问余家所生是男是女，盖伊家昨日果已生女也。金氏有买中之说，人颇言之，而价复甚廉。买举须逢中举年，必其应中而后克买也，不然有家者均可如是已。夜半而睡，复起进茶，天将曙而复睡。

二十七日戊子 天阴而风。余晏起，至街买物，见各店均已方食中饭。日中风急而雨遂至。八儿仍不肯读，挞之愈不肯读。及晚，斜风细雨不已而晦甚。天气亦寒，宵仍雨。与廉叔及陆子明晤谈久之。闻闽省有事，而新疆多乱。

二十八日己丑 天晴。旭日始旦。余早起买物，入仓弄口茶肆，与汤兰亭诸人啜茗而谈科场等事。既返，复出门，至成隆、森泰诸处，返而献三朝，儿称九斤重。日旰天阴，为小儿取名维圻，字周封，小名雍熙，均与点翁商定。大儿维城，字长卿，小名瑚希，为我父所名。三儿维垣，小名保厘，亦我父所名。八儿维墉，字崇翰，小名彦禧，为余所取，并取三儿正字曰云屏。今日合书一京片纸上以为证。及暮三儿至家，陆子明以黄牛乳至，室人不欲，转滋口实。夕至品泉与笑山诸人啜茗，知日间新畬亦欲访余。返遇吴沁莲于途，见一地棍架出者，以咬脱人耳故也。既与沁莲饮酒吃面，见钱萃庭诸人打一烟室，吴静园为之排解。余与印心茶而复烟，均遇吴历耕，又晤顾小五，邀余至其家，啜茗而复畅吸嗜好。买一石榴，买之甚难，将付诸八儿，置诸烟室之几，有水手之来吸嗜好者，取而食之。小五欲买而偿之，而店门俱闭，于是不果。犹转永盛酒肆而归。时已二鼓矣，自不知其所为何事。而室人固已交谪不置矣。

二十九日庚寅 天晴，旭日始旦。余至街书票，将以送黄修庭及沈亘三家，途遇轮秋，亦以至沈氏祝寿也。及晚指姬送沈氏之礼，由治后进，见学书处荐卷者县学十九人。晚来访畹生，恐不及晤。未至其家，即出东门访周新畬，与之啜茗清谈。久之而入酒肆，遇亡友之母之在途者。酒既阑，而叶养泉诸人至，极醉而返。新畬送至城门，余踉跄至家，寒战甚而不省人事，睡于他人之室。廉叔促之，遂进己宅，而时过半夜矣，室人交谪，殊不可当。

三十日辛卯 天晴。日中入肆啜茗。与沈齐贤诸人晤谈已久而返，顾小五欲租顿邱之屋，以开烟室者。晚至钱畹生家，托再说延陵事。即至笑山宅，偕之入肆，与兰畦、伯溥、延宾诸人啜茗，而廉叔诸人亦在肆焉。复转小五家及成隆而返。方在徐宅，时已及更，而竹筠之子来扣扉，廉叔出而余进宅焉。今日与姚子堂及卓叔与印心吸嗜好，夕遇汤叔筌、冯文卿诸人于途。

以上季秋月记。

十月初一日壬辰 天晴，旭日始旦，候在水始冰。余携八儿等至西门外看会，遇孙金波游于西林寺外而不入。即入木号，晤陈怡齐诸人。返而至家看会也。见张逸才之郎及云翔郎。晚游北寺，访相家者，不晤。晤钱萃田诸人于途。见其气色颇开，即入茶肆，与笑山、伯溥、延宾啜茗，而王良卿至。有开烟灯陈竹梅者，云烟灯生意尚有可为，特非其人不可也。返转德馨烟号。夜闻小儿啼甚，室人终夜不得睡。

初二日癸巳 天晴，晨起入肆。与汤兰亭、顾翰西啜茗，晤和卿诸人。闻坊书有杨姓者，丧其妻而革其书，有王良卿、徐小竹亭为之保而复之。返造金大之室。晚与印心啜茗，而晤唐吉甫，言坊书之革而又丧偶者，系谢氏，非杨氏也。天热甚，余登熬烟之楼，觉热愈甚，转家复出至成隆。二鼓时犹在徐宅，闻陆伯埙之言故事也。拙荆身热已及三日，婴儿夜间啼甚。

初三日甲午 天晴。晚始起阴。姚妪返，佐执炊者乏人矣。坊保今日寿，晚与陈氏、梅氏、张氏啜茗，即至成隆。将归遇卓哉叔，偕之饮酒，晤时氏诸人。既入烟室，晤金桂亭诸人。再入茶肆，啜茗久之。二更而返，犹煮茶啜茗而睡。

初四日乙未 天晴。钱氏报至，廉叔以卢生甫邑乘至，阅之局知前朝有人发迹之奇。晚至品泉啜茗，伯溥言其子病厄。余与笑山复造赵氏之室，见书办谢氏诸人，返与廉叔、伯埙晤谈至二鼓。

初五日丙申 天晴。尚存垂圩一田，其佃妇顽甚，永不还租。余曰受室人之谪，殊弗能堪。又轮秋之事，今犹未了，刻切于心。终日急急，事总无成。今晚果轮秋偕其佃户至矣，谓延陵唤租甚急，佃户果已还之矣。噫，方了此事，而复有此一举，则事又难图矣。余何不幸，事总无成也。田被人唤租，而佃户来扰，及他人之租被人唤，人与佃人相率来扰者，往日常尝之，至于今，犹未已也。而室人交谪不已，而余情实无以堪。日惟汲汲图维，唯恐吴氏唤租，轮秋偕佃来扰也。而乃所谋不遂，前功尽弃。乍闻轮秋声，而佃户已随至矣。噫，余之日有所谋，果何益哉。舍本务末，所计皆左也。窃自念之，不堪回首。晚至品泉，遇云门之郎，及吴子卿之郎，并晤和卿。云门之郎言紫云之郎即日联姻。日间有急病死者甚众，东门外有张姓，楼井隘下即殒身，亦有婴儿因压而毙者。笑山既至，遂谈轮秋事。兰畦、延宾、剑甫均至，我弟亦在途。昨日伯溥言伊侄病厄，闻今日午时已死矣，惜哉。钱氏今年迭陨三子。亦已甚矣。返遇唐吉甫，言及市房事，余再转成隆而返。

初六日丁酉 天晴。旭日始旦，候在地始冻。余晨入茶肆，与周远山谈命理，与顾瑞卿谈科场事。欲与卢六弟言卢仲山当湖邑乘事，而六弟已远出矣。晚俟笑山不至，待诸肆，仍不至。闻人云硖石将建洋人教堂，恐有事，大宪各路调兵护之，以笑山昨日之约，夜间遂访诸品泉，仍不晤。返与廉叔借卢仲山所辑当湖邑乘一册，时陆伯埙在侧焉。

初八日己亥 天雨甚。昨宵亦雨不绝。日中入肆啜茗而剃，遇庄小梅诸人。闻时氏学生云我弟有疾，故至家服药也。及暮雨犹未已。余以轮秋之逼，畏缩不由自主。向东而行，将以访笑山。忽又向西，踉跄途中，晤鹤林、良甫，皆见而异之。及至源源酒肆，晤春怡甥旧，招余，并晤朱氏诸人。未几而小斋、伴梅至矣，遂畅饮而返。犹转成隆及小五茶肆，归而天始起晴。

初九日庚子　天晴。日中至街即返。日旰偕全氏啜茗于顾小五肆。晚出访仁甫不晤，晤庄小梅诸人。既至品泉，晤笑山、莱畦，及戴雪翁。未几伯溥、延宾至，言自高拾元家来，盖明日其太夫人八秩寿辰也。余偕笑山过东而谈轮秋事，途中恍若遇吴问樵，返至成隆，遇堪舆曾氏，复入肆啜茗，遇卓叔及印心、吉甫诸人焉。

初十日辛丑　天晴。入肆与全氏及胡梅伯诸人啜茗，见吉甫与黄氏俱在焉。余入馆吃饭，复至仓弄口买肉而归。时已晚，室人交谪不置。日中代写廉叔一信，及晚有催科者姚庆余至，朱生和累之也。余食仓芋过量，出遇印心招余饮茶，余复至魏老家，魏以其子之不堪，不胜浩叹。又晤吴沁莲，但云何不入伊家。适伴梅、小斋、朗君将至酒肆。余亦入酒肆，酒次甚，复多市脯馄饨诸品。至家复多食饭，黄昏腹遂痛，二鼓痛甚，殊不能忍。呕泻数次，痛愈甚，终夜不得寐。食痧药、辟瘟丹诸品，复呕不已。清晨踉跄入烟室，冀以烟止其痛，吸之仍痛不已。人咸云沙〔痧〕也。至成隆，胡良甫、仁甫亦均言沙。至家痛犹未已，三儿至家，延医治之。药甫饮而气稍松，痛甫随下而不升，则可忍矣。

十一日壬寅　天晴。余以腹中疼甚，强至烟室吸烟，仍不能已，人皆云沙也。昨晚有阿金亦因沙〔痧〕而毙，闻之懔然。余至家，疼仍不已。三儿至，以药尝之，稍松，遂延莫友棠至，用小朴等药，服之疼觉垂下，至晚渐已。候在雉入水为蜃。

十二日癸卯　天晴。清晨有顾小五者来言，昨晚偕治痧者至，徐氏开门接之，至墙圈门而顿邸不纳。今晨故复来问疾，均与八儿言之。余甫起，拙荆偶以火燃絮，几不可灭，幸而无恙。纸窗之外，又多木柴，风又大，今日诚危甚也。余至晚始食粥，腹痛犹未已也。

十三日甲辰　天晴。腹仍痛甚，昨服查炭、神曲仍无效，今服神曲、鸡黄亦无效。腹中起块，坚甚而痛，覆以皮消，而痛始降下。

十四日乙巳　天气温和。鸠声四起，风亦大作，至晚犹甚。

十五日丙午 天阴，风大作，向晚而晴。余招卢柳溪至，阅卢仲山东湖乘。及暮，西风愈急。余以外人逼迫，带病而出，风侵入骨，遍体生寒，战甚而齿为之击。途遇顾五、全二，皆招余，余不之顾。盖欲至品泉，以延寿丹方一册赠伯溥也。至则知伯溥已赴新篁，唯见兰畦、笑山而已。既而延宾亦至，知仲毓续娶，嫁资颇厚。笑山言轮秋事，在肆又见沈迪新诸人。返而至顾五室吸烟，复至成隆，及烟号、醃腊号，更入永盛，与沈韵兰饮酒，再转成隆而返。顿邱内眷日多言语，每生事端，人皆侧目。噫，斯人焉，其易滋口实也，其性则然也。近与余家同住，而卒多不靖，与拙荆相似而实异。异日所遇，谅必亦异焉。

十六日丁未 天晴。候在虹藏不现。余晏起，买物而返。八儿以昨日之挞，昨宵身热，今日遂不读。日中顾五至，以洋五元付顾顿邱顶首。既而使人阅其洋，有一是铜，余至成隆复阅之，果铜焉。夕至顾五茶室。晤印心、小枚及唐吉甫，与黄姓诸人。有全二者，曰俟余。及见余，而反若欲远避者。其心实有所馁在焉。钱子美忽来告余曰，钱浩如将死矣。有金大者至，与余登楼吸嗜好，甚怨其生意之不济，抚膺浩叹，不能自已。忽闻人声鼎沸，皆疑是火，细察之，知浩如即死而化衣也。余从窗隙窥之，见火光自钱氏天井直上。宵既深，而入永盛酒肆，与金酌之，且约明日携樽畅饮。余腹有积食，而依然饕餮，自作之也，可若何。复与印心、小枚及姚氏子茶，再入小五室，以铜洋还之。而顾五若有异焉者，明知其诈也。

十七日戊申 天晴。余早起将出门，而我弟适至徐宅。余至茶室，而金大已先至矣。茶已，而买肉付之。复造卢氏之室，借邑乘一部，遇两书办而知文系已不在库中矣。余复至永壬柴行，遇张星槎及南寻邢氏之栈中人。日中顾五至，以洋付顿邱，即立租契，复与余乞破窗两扇。余至茶肆，不晤金大，乃俟于杨氏烟肆中。久之而黄氏子、姚氏子皆至，招余入肆。晤郑保甫，金乃引余登楼，与黄、姚共四人畅饮，复吸嗜好。余食肉及海参过量，兼食蟹，腹中几胀，恐如前日也。乃至汪独龙烟室，畅吸久之，并谈往事。金大唯怨倪森泰欲与之争论者屡矣，而倪适在茶肆。金大遂大发其不平之慨，而指谪交加。而倪卒默然，其气度有不可及者。未几而倪言颇合众听，而金亦无如何矣。有赵咏琴、徐介生，及差人老所者、老泉者，亦皆有言。全二亦先在肆。余以出门半日，学徒废读，心欲归而身终不归，徒深切切，终淹留于肆，自不知其何故，其性则然焉。偶向途中望，如见三儿行，而余心益切，然终不能遄归也。卒至月上时归，而室人已交谪不置已。噫，有妻如此，尚复如此，何其本性难改耶。

十八日己酉　天晴。腹中仍稍有胀，而饮食不减。晚至西门木号，使小儿叫米，见钱氏朱卷，见沈佩烁钓鱼，所得颇多，而龚桂亭者亦在焉。返与蒋赞臣入源源畅饮，返而入魏老之室，言作伐事也。

十九日庚戌　天晴。既晚将至大顺赊账，而实有所馁。过小五茶肆，金大招之，言卓叔将至，已而卓果至。余转成隆及饽饽局，复入泳盛畅饮，返遇小五，复与之饮而醉矣。乃吸嗜好，二鼓以归。门已未关，骇甚，幸无他误，而室人交谪不置矣。

二十日辛亥　天阴而风。晨起入肆，与吴佩衡等啜茗，久之而张和卿至。时已晚而腹尚空。恧然而入大顺，事果不谐，怅然而返。自顾诚有难堪也，而何论乎旁观。噫，人何不知若是，而为人笑耶。返遇徐稚峰督运柏木，言将修南水门城门，因言畹生已赴申江。署中政令，都有未合，昨宵已逸数犯，今则物议沸腾矣。日中风愈急，余以内外交迫而所谋不遂，心殊汲汲，而动辄生惊。八儿懒学，挞之，怒甚。身起而面水覆于身，潦到不堪，皇遽出门。而仁甫亦仓皇至，言罗圩租米何以被唤。余闻之窘甚，踉跄出门首，而佃户袁某亦至矣。遂偕之行，而途间适遇差保，知果我弟所开也。噫，此事早有风声，今而事发，实无能了。而轮秋之事亦无可了也。既而余无聊甚，心无所定，往还门口，进退维谷，晤张小斋于途，遂思吴佩衡之约，即至河阳家。先晤其师沈介安，既入其室，而同人济济焉。乃食中饭，博而仍小负焉。更与诸人啜茗，而日之夕矣，再转成隆，仁甫已怨甚，如上年周所翁事也。至家而室人交谪不置，而万事丸裂矣。甚哉其运之否也。

二十一日壬子 天晴。候在天气上腾，交小雪节。日暮怀银将兑。既出门，复思吴氏之招，遂往河阳，观博久之。始入局，几致大胜，而终至小胜。欲往，仍恋而不肯舍。再观之，复与人合，欲获大胜而仍负焉，悔之无及，窃自伤焉。以数日之积负而付银焉，怀中遂空。因想家中钱已乏绝，欲求诸人，时已无及，怅然在途。和卿招之入肆，既而同人皆至，无不谈笑自若，而余心则如刀割矣。闻赌客吴菊生被追投水。即入酒肆，而人甚众，分三桌坐饮，余极醉而心自伤焉，亦思今宵实难万全矣，念切而心为之痛。更已深矣，欲谋诸成隆，未敢启口，至顾五室谋之。顾适他往，怃然而返。晤印心、金大招余，余不顾，黑暗中遑遽过东，靡所底止，逡巡道路，不知所从。见唐姓家有放焰口者，再至顾五室谋之，顾亦乏绝。余窘甚，复至成隆，而门已闭。既至，仍不敢言。宵既深，欲不返家而无所归，无可如何，徒手姑归，中心如醉。入其室，室人索钱，不得。拙荆跃床而起，声如鼎沸。余方食，投箸而行，开九道户，潜行以出，扣倪森泰门，并及成隆门，都不肯启。再三求之，乃启，一则取货，一则携钱，仓猝至家，而交谪之声诚不可向迩矣。噫，今日之险难迭乘也，而要皆自取之也。是役也，始因大顺取货百有余文，本来记账，今忽不肯，乃携洋以付之。其我钱固已待需，而无如其洋已付之河阳，欲再求诸人，而皆不得，以致于此也。若非成隆，又不知若何底止，事正未可以逆料也。

二十二日癸丑 天晴而风。余入肆不果，返转南水门，复偕八儿至卢氏乞雪水。日中而阴，晚复晴。三儿至家而不入我室，余仍至河阳，一战而胜。未及取资焉，所遇负我钱之人，固多惭色。既出，欲向东而仍西，遇伴梅、小斋而啜茗焉，后至者不一其人。欲入酒肆而不果，途见三儿诸人。既至家不入室而复出，即至品泉，不见笑山诸人，怅然而返。唯切于昨约成隆之一枚，欲践其言而不能，晤冯氏，意有所商而不启口。归而晚餐未足，继之以粥。

二十三日甲寅 天晴。日暮出门，将往河阳，途遇胡星园诸人，乃偕之入源源畅饮。蒋赞臣亦与之偕，既而吴佩衡亦至，潘蟾云亦至。徐文波见余，遂言与河间借项事，返至德馨、成隆、慎成各处。仁室见余而若有异焉者，余实恧然矣。至小五茶室啜茗，并吸嗜好，均与金大偕。金大屡有所求，小五亦然，更有全二者。斯三者均以余为田氏翁，亦认之差矣。

二十四日乙卯 天晴。日中入肆，啜茗而剃，剃人已为金观察唤，犹先与余剃而剃金焉。晚以顾五之托，仓猝出西门。西风咽口，齿为之击。至木号，知三儿亦有微疾，为顾赊柳杉一丈二尺。返而过东，入品泉，遇笑山，所言皆弗如愿。见伯溥诸人，及海盐谭氏昆仲，清卿亦在列，余遂念及秉白事，而心愈恻然也，怅然而返。至酒肆，而和卿招余，适我弟亦在，言及祭田事，余心诚如刀剖矣。我弟惟仁甫是问，而仁则向余言也，纷纷聚讼，势诚难当，无非取人笑而已矣，而我实无以堪也。归遇廉叔，借文系及县志各一部。

二十五日丙辰 天晴。旭日始旦，霜浓甚，水始冰。余入肆啜茗。返至成隆，而仁以田故，已忿然矣。今日小孩弥月，剃而祭祀。有藩房送历本至，而书客有老顺者亦至。晚仍至河阳观博，屡见负余之人，而愈伤心往事。复想今日之一步不可行，而逼余者又日相起，则余之为余，诚难堪为余也。噫，困矣，亦惫甚矣，而无可如何矣。

二十六日丁巳 天晴，候在闭塞成冬。至晚起阴而风。轮秋来逼，余偕之向西而别，仍至河阳观博。出而欲至品泉仍返，逡巡道路，欲仿梅生而不得，乃入酒家，与张匡甫饮。再入茶与印心等啜茗，复与金大吸嗜好。返至梅生家，不晤，乃返。忆及其事，心殊惴惴。

二十七日戊午 天晴。余至梅生家，不值。访诸茶肆而遇之，言租已为我弟所收，成隆亦已知之。余闻之窘甚，而心不能自主，怅怅而返。遥见仁妇而益窘。噫，此事虑之久矣，今已如此，尚何言哉！在家唯恐人来逼，心摇摇不克坐定，弃学徒而行，踉跄途间。肆中多不肖俗子，皆望余而笑。仍至河阳，见有医者戈杏庄在，遇沈介安言玉泉事，余诚恧然。观博久之而返，想仁甫必来追我，恒惴惴焉。既返，学徒已自散矣。遂至品泉，与笑山、伯溥、延宾啜茗，所谋仍是不遂，唯与笑山言清卿之事而已。在途遇俞吉甫，见人有挟人而入讼者。余欲入成隆，而实有所馁而不果。恒由他道行，归而夜膳已毕，心不自安。乃恧然而入成隆，谈笑之顷，徒取人笑。噫，可慨也夫。更已深，黑暗归来，仍由暗室进，困苦万状，刻不能自适也。

二十八日己未 天阴。人言昨宵有雨，今日向晚始晴。余至街买肉，返而魏老者至，为李氏请庚，又与我谋生意本。噫，魏亦遇矣哉！今此之逼余者，不下十人，求余者，尤不止一二人。而岂知余之妙手空空，何以应十人二十人之取求哉。噫，甚矣其难也！魏将以昨川杨氏，来相南宅，事成甚善。日暮，徐文波至，以笑山事已许久托余矣。今犹未就，是可慨也。余为之事，总是无成。晚甫出门，肆中都有顾余而哂者。想以其为众所迫故也，余情其何以堪耶？余唯与卢氏二叔言，过东遇杨昔人，亦啧有烦言。顾五招余吃面，余不顾，惟至葛宅市房阅装修而已。至县前，晤沈庚三、周杏如，复见众人纷纷入署，余亦入，见环而听者数百人。所讼者，有两妇争产也。妇真丽口，官有不能断者。返遇仁甫于途，言顷即至余家访余，已偕良卿叔祖与我弟啜茗矣。余遂偕仁至我弟书斋，说妥其事。仁甫犹约明日再议。盖明日各佃又必至城也。噫，余正值群起相攻之会，我弟亦有此一举，余其如之何则可也。夕闻我弟曾得一孩，十月十一日卯时生。

二十九日庚申 天晴。余甫起而仁甫至，以我弟唤租事。而仁遍告宗亲，复来问余也。即入天泉轩啜茗，我弟晤而不顾。仁甫欲余立据付我弟执之，以为后日之证。余已许之。归而为卢氏书《卢誉士上诸草庐宫赞书》一篇。即拟契据一纸，而催科者姚余庆至矣，是朱生和累之也。拟据未就，八儿等来报外面有人至。出而视之，祥卿叔祖也。盖由仁甫所请也。余忙至成隆招仁甫，而仁已不在，唯见周欣翁，乃言其事，而仁室忿然于色，仁伙皆笑。此情此景，余实难堪。归而有顾五者至，亦有所求而来也。噫，余既如是，而人复如是，其故何耶。既偕祥卿叔祖入肆啜茗，闻黄梅生即时去世。有金大者，亦有如顾五之所求而来者，余均不能却，然亦不能涓滴应之。李玉泉贫病交迫，狼狈过门，余见之而心恻焉。未几而仁甫入肆，言自东门候佃人返，已至过余家矣。余遂返舍，立就一据，付我弟阅之。余复与祥卿叔祖及仁甫入酒肆，又使人招我弟亦至，饮酒而谈其事，极醉而返。既至成隆，仁室仍是恧然作色而又有言，仁伙皆不觉失笑。余睹此，殊有惭色。方欲行，而良卿叔祖至，阅余所立之据，言此刻只好如此，然此总属未妥。复叹息言曰，何至如此耶。又多方譬喻，极言余之不肖，并及其侄之不肖，而嗟叹深之，又剀切言大总水港万不可动。余闻之失色，愧悔无地，自想失之毫厘，谬以千里，今则万事丸裂，虽悔无及也。仁室尤多言语，若唯恐余亦多反复，仁甫遂有欲会同我儿三官之说。噫，是亦太甚矣，余将何以堪耶。向之挥金如土，今乃为此区区，而如至于此耶。我弟诚无可如何而为此，而仁何以竟作大事视之耶。返而复遇我弟于途，听肆中有挞其子者。归遇成衣者之醉于酒者，又闻前年有张印心、陆伯埙两人经手两造事，办理不妥，竟至损人二命。闻之凛然，不知当局者何如耶。

以上孟冬之月记。

十一月初一日辛酉 天晴，候在鹖旦不鸣。余晨携邑志还卢氏，并赠一书，俱详卢生甫著述书目及其列传。遂入肆与我弟啜茗，既而为葛宅事，往候江俣庭，坐谈久之。及晚，魏老又踉跄至，欲有所求。余力实不逮，而心有所不忍。及暮余方出，知仁甫已来访过。余过东，顾五招之，欲余为葛宅商托款也。及抵东，欲至品泉，遇竹安沈氏、少湖卜氏，招之入肆畅饮。返入魏老室，以时氏屋图一纸使彼付戴氏，转达乍川杨氏也。

初二日壬戌 天晴。日中顾五以票至葛宅，欲抵洋十元。寻余，余不晤。日旰晓华至，与之入肆啜茗，晤卢柳溪，遂言南容等事。既而仁甫至，欲余立据付我弟，仁自起稿也。晓华复言张氏学徒事。向晚葛伯雅至，炳夫人以陈氏子荐之。余年来诸事掣肘，今岁尤甚。春夏催科日迫，始则欲躬其事，终犹无了，刻无能安。既而轮秋事迫，刻又加以仁甫之日迫。内而日受室人之指摘，外而自取小人之来求，实属置身无地。日之夕矣，出门遇金大，言俟之久矣，必欲稍赐涓滴。余未答，回视顾五，亦如金大之式。既至品泉，与伯溥、延宾、笑山啜茗。未几清卿亦至，所谈均不急之务，余则心殊汲汲焉。返则金大仍俟诸肆，而欲有所求也。顾五尤心急如火，反讶余之不克勉力也。噫，余正值拮据之会，又以又来小人之累及耶。昨日三儿归，论号中事，并言与子良有未洽。然同事宜相合，而不宜相违也。人皆克己复礼，天下无不相合之人也。余今日遇子良于途，立谈少顷，今日又托晓华探梅氏家世闺范，并托取叶氏庚。日中天气暖甚，地又滑甚，兼放雨花。甫二鼓而雨甚，余灯下阅文系数篇而睡。

初三日癸亥 天雨。昨宵风雨交作，至晓不已。余以人之群起来攻，又有无知者之迫而求我，余都勿能却，而又毫无设法。昨宵寝而思之，终夜不寐。晨起出门，正值疾风骤雨，衣裳皆湿。入室，人皆避之，恐湿及其身也。然所避之人，即余所访之人也，既商之而竟不允。然其人向尝有求于我者也，一易地儿有相反者，亦太甚矣。然余之遇是类者亦多矣。怅然而返，雨仍及身。遥见我弟亦在雨中行，其弟兄困顿如此。既返，见我弟已示一条，阅之骇甚，心殊惴惴。又唯恐顾五之即至，迫我者之骤来，风声鹤唳，动辄生惊。未几而顾五至矣。室人交谪不置，余窘甚。偕顾五出，遂至秙洲山庄，与厚本坐谈久之，徒增惭馁，而无实效。第说容商而已，然顾诚汲汲焉。时候只半日矣，明日甲子开张而此刻尚待措资，能无急乎。余不知何以故，值群起相议之候，而复急人之所急，以致不克自安也。归而谋诸顿邱，亦不可也。又谋诸人，欲言又止者屡矣。既言之，尤不可也，而反滋口实。噫，余之用心亦良苦矣，正不知其所为为何事也。入室，室人复深交谪，想顾五之急迫待余，余心欲往而身不能行。时已晚矣，心愈急，唯恐顾五之又至，而心惴惴焉。室人皆笑之。复思我弟仁甫之逼又将至也，又想金大此刻亦汲汲俟余也，余心实有难言之隐，是不能堪。八儿殊不肯读，今日复挞之甚。日既中而风雨有加，中心摇摇，不能自已。方思虑间，而顾五又至矣，急甚，室人止余。余强出之，使顾五先行，余再商诸两处，皆不可。余遂出，过小五之门，见全二诸人，顾五顾余而不敢言。余遂再造耜州山庄，与厚本携借五魁，将与顾五，而五已他往矣，乃付其伙。余仍返舍，课徒毕，想金大亦明日开张，今日必不可已，遂至河阳，同人甚众。余夺人之所，强而博之，幸得一元。偕选青返，乃访金大不晤，乃付其母。再至肆，金大固俟诸肆久矣，复与张康甫入顾五烟室。顾见余而颂声交作矣，而张亦为之欣羡。然而余已惫甚矣，与康甫谈论，及更而返。

初四日甲子 天晴，风大作而地冻。日中仁甫至，以议据去。余晚出门，过东而见新开茶馆颇盛，即入新烟室，遇金大诸人，畅吸嗜好而饮酒焉，极醉而返。偕金大转成隆，复入金大之室而返。因醉而失，卒受辱也。

初五日乙丑 天晴。旭日始旦而冰坚。及暮仁甫至，与之访我弟不晤，又访黄氏亦不晤，遂入肆与祥卿叔祖畅饮，而遇谢氏，复晤郑氏、徐氏、吴氏。余将造烟室，适遇云阶，虽醉甚，犹与之向东而行，遇伯溥、延宾，询及延陵。既复偕云阶入肆再饮，醉极而返。动即有失，一如昨宵也。

初六日丙寅 天晴。旭日始旦，风息而冰。候在虎始交。风忽自南，而天气转暖。其母使八儿买物，余恐受惊，为之出而寻之返，然已跌两次矣，一在街，一在室，幼者犹困厄如此。及暮，无聊之甚，入肆与保真、印心、齐贤、小梅啜茗久之。而全二亦至，闻军门将路过，官皆接之而未至也。以啜茗之久，而学徒之课废。余惟深自浩叹而已。途遇赞臣、养真，均是扬扬得意，余则自顾难堪也。向晚至品泉，将入室而晤锷青，遂游北寺。日之夕矣，意兴索然。仍过品泉，欲入不果，至县前领略风景。向西晤魏老，入肆畅饮，极醉而返。偕沈齐贤入烟室畅吸，而康甫已先我付烟资矣。论及沈方伯事，深叹其任用非人耳。天暖甚，睡而遂溢。

初七日丁卯 天雨。日中雨甚。今日交大雪节。日旰风作，三儿言号中有事。日暮余出，金大等在肆招余，余不之顾。乃与叔田入烟室吸嗜好，而匡甫亦至，畅叙久之，言其夫人遘瘀疾已甚。徐若川、姚都都均在，与之入肆啜茗。再至德馨，偕山槎同返，过成隆之门而有惭色也。至家，室人以馆况之故深交谪也。

初八日戊辰 天晴。余两至街而返。日中备礼送卜宅。三儿使人以衣冠至，余方出，有贫病之叟使其子来，亦有所求，实无以应，约以明日，然亦一筹莫展也。肃衣冠而出，即晤冯月庭于途，并遇仁甫之室人。至卜，唯见高朋满座，谈论半日，与沈氏卓然返。途人见余衣冠，见者皆来问余。既与卓然啜茗，久之而陆子明、陶山槎诸人至，言坚山有迁居之议。复遇小楚诸人于肆，更偕子明入烟室吸嗜好，而康甫又偕人至矣。畅叙久之，言其夫人痛厄已甚，刻不能安。然犹谈笑自若也，其旷达如此。余戏以八儿为康甫婿，康甫允之。

初九日己巳 天晴。余以众人所逼，心不自安。昨又加以李叟之迫，中心摇摇，不能自已。怅惘出门，靡所底止。自东而西，一往而还。途人相顾而异，室人指摘交加，其艰苦如此，其能稍缓于人之逼乎？则无补于万一也。呜呼，危矣，余三十年中往往如是。近年少靖，至是犹未能免此也，岂不哀哉？刻闻燎〔辽〕阳用兵，乱者若有异述，官军近战已捷，执讯获丑，良易易耳。晚遇陈针弟及张厚本、张云翔，言新疆已为夷狄所踞，官兵现勤北征。晚以我弟之逼时近，心窃忧之。顿念李叟之约，仓猝至望云桥，转而至梯云桥茶肆晤高某，言李叟俟之久而已行矣。余遂返东，过成隆，少叙寒烜，而生惭馁，以我弟故也。至品泉而笑山、伯溥、延宾及徐文波，所谈皆不急之务，余则心殊急矣。既返仍入顾五烟室，返而室人已交谪不置已。今日仍一入面馆，一入酒肆，文波犹云明日饮，复见我弟在途。

初十日庚午 天晴。日中仁甫至，与之入西门茶肆。头役黄友福在焉，佃户袁凤观亦在焉，已而广陈地保亦至。先是我弟唤租，佃户贪便宜而还之矣，仁甫尤必欲收，行将涉讼。余不欲多事，为之说妥。将佃人所还我弟之洋，及差保所费，均由余偿，使袁佃照常还仁甫租，佃人以余言为是，当面即还。其地保即欲与余向西，偿其前所还之洋九元五角。在肆物议沸腾，观者甚众。延宾、子谦及吴问樵皆见之。余方偕地保在途，即遇我弟之差人黄梅生，尤责有烦言，声色皆厉，更有怨及我弟者。时延宾、子谦复在途间。余于其时，实无以堪。再过西，乃约地保于二卯后一并偿还，地保乃行。我之洋于何取之，犹未之知也。晚至品泉，与和卿啜茗而遇黄福寿，既而伯溥、延宾、笑山至，返晤文波不值。入面馆，与历耕、点溪、起周畅叙久之。而入顾五烟室畅吸，复饮茶听唱而返。如有所闻，心殊惴惴。在途又遇黄梅生，不惮烦言如曩者。余愧甚而悔，内自讼而已。

十一日辛未 天晴。候在荔挺出。昨宵雾甚而暖，余以事迫，寝不能寐，神昏精溢，晏起。以众所逼，不克自安，抛学徒之课，仓猝东行。至白地上，四顾殊少相识之人，向北再走，晤孙金波于茶肆。啜茗久之，即遇周新畬，又久之而至其家，腹饥甚。复思学徒之远扬，余汲汲进城，由水洞埭上游桥而西，入面馆，遇沁莲于途。至家而学徒固已远扬，室人殊深交谪，声闻邻右。曩于初三日，以急甚而有求于人，人亦有应之者，余允以即报，至今未报。适遇是人于肆，彼虽若避，余愈滋愧已。晚访沁莲，遇于魏老之室，魏仍急欲措资而不可得，余则犹是也。遂至品泉，晤延宾、笑山，欲有所言而终止。事愈急，心愈切，惟惴惴焉，逡巡道路，或由小街，或转大街，往来奔走，不知所从。同途见之，皆窃笑之。过成隆，亦不见招。遇廉叔诸人，均如不见。既返而室人交谪不已。所谋之事，愈急而愈难，甚矣，于斯时也，危甚，急甚，诚难乎其为人也。方与金波啜茗时，时方南风，而茶肆正在南熏亭下。时候在冬至之前十日，其地其风，正合时宜，而惜无诗以记之。然金波亦诗人也，与余同在潦倒穷途，何暇及诗。然穷而工诗，亦固其所，何余之茫茫，一有所扰，而心即不克自用也。

十二日壬申 天晴而风。晨入肆，与我弟及卜少湖啜茗，言及成隆事，既又遇畹生于途，复谈延陵事。余又至我弟馆中，知时氏果将远迁，宅将为汤氏得，而居间者颇众，余恐未及分润也。然想到此宅，余已抛弃千百矣，今何谋是区区哉。在家恐人来迫，动辄生惊，不克坐定，皇遽出门。遇厚本而犹生惭馁，与之啜茗久之，晤印心、贞吉诸人，闻康甫之夫人固已去世。方桥之南，自余使顾五开烟室之后，市面日闹。余从天泉轩出，即至顾五茶室，晤康甫而吊之，即与印心、小梅啜茗久之，而晤陈莘卿诸人。既与庄小梅入酒肆畅饮，而又加以面，点溪亦与之偕。更转成隆诸处，而入烟室，再入茶肆啜茗久之，更入烟室畅吸而返。时已二更，月夜归来，深历暗室，而室人交谪不置。

十三日癸酉 天晴。昨宵卧而不寐，晨入肆啜茗，至烟室取资买物而返。复啜茗而晤林大章，复使人送清河之礼，复入茶肆剃发。日中心不自安，不禁复入茶肆，啜茗久之。知学徒之扰于室，室人不堪交谪，余欲返而卒不返。遥晤李叟，心复难安，更晤全二及高协亭而返。昨闻沈吉田方伯逝世，今日晤沈竹安于途。向晚有人来言三儿有疾，欲招子明医之。余至肆与子明诸人啜茗，遂偕子明至号中治三儿疾。已饮友菊所开之方矣，而未效，故复请子明开方。时已黄昏，月明如昼，遂入源源畅饮而返。余复入肆啜茗，晤沈齐贤、章小梅诸人，归来已及二鼓。

十四日甲戌 天晴而仍暖。日旰仁甫至。与之入肆啜茗，而论及旧宅事，并晤章肖枚、冯月亭诸人。归而学徒已游于外，晚即西行。晤宾秋之郎于途，知宾秋现次天津。又遇轮秋诸人，立谈久之，至号中，知三儿疾犹未已，瑚儿亦无信息。返至成隆，遇少湖诸人。店中忙甚，余坐其中，左足小指有疾而疼。人或蹑之，疼甚而不敢言。少湖欲招余饮，余却之，复遇子明、介安于途。既返，夜课毕，复出门造烟室，犹徘徊道路，遂至正大信局问吕宋票价。至则门已闭，见一伙自内出，至各铺接信，余遂问其价，匆促在途，人有顾余而相讶者。时已及更，至长春茶肆，人或招之，既而吴静涵至，与之啜茗久之，林某招余入局而不果。遂偕静涵入烟室，畅吸久之，复入面馆畅叙。朱六司务以酒至，余畅饮之，再入烟室畅吸。时过二更，顾五复酌余。夜深而返，潜行入室，久之乃寝，心不自安也。今日仍晤李叟于途。

十五日乙亥　天晴而风，昨宵卧而不寐，今日晏起。以昨宵之夜深而归，门掩而不闭，旁人之同居者，殊多议论。日中费何溇使人至，向晚三儿复使人至。余至子明家不遇，遇之于肆，遂偕至木号为三儿治诊。返造烟室，晤蒋赞臣，复入酒肆畅饮，遇文波诸人，再造魏老之室，久之而返。月明如昼，时已及更。

十六日丙子　天晴而风作。候在蚯蚓结。日中云起，风甚。余至南水门，返而知道我弟见招，往而知其仍为仁甫事也。余遂入茶肆，与卓叔诸人啜茗。复造烟室畅吸，而言严氏事。再入酒肆，畅饮而面。方虑厚本之事，即遇厚本。又仁甫偕祥卿叔祖至，来寻余不值，遂晤于天轩，而论及我弟事也，至家而时已晚，心殊惴惴，而学徒皆游于外。晚至品泉，与笑山、伯溥、延宾啜茗，返而欲往烟室不果。今日葛修本四小姐使人以物致阿静，錢畹生偕蓬君来阅南宅屋。

十七日丁丑　天阴，日中即雨。余以人迫日急，不克自安。复滋自惹之口实，日不能已，中心摇摇，终日如醉。昨宵连旦不寐，今日晏起。天较寒，而小恙又侵，雨亦终日不止。闻三儿疾甫已，吕宋揭晓仅四日矣，而号尚未得，可概也夫。晚至茶肆，与章小梅方啜茗，有荡妇之饮于酒者，来与我偕，余欲却之不得。既而冯月亭诸人至，荡妇亦如之，人皆笑之。及夕，与沈齐延入室吸嗜好，并与非我族类之俦登楼叙同棋，稍胜。复入面馆，时已及更，心摇摇恐门不克启，再叙同棋而负焉。复饮酒而餐，既而大负，群小又多窥伺。余自思昨宵达旦不寐，今夕复与宵小为伍，且又伤财，又况连夜不寐，其不至于病也几希矣。犹是心如刀割，身虽在局，而心殊惴惴焉。天将明而余大胜，是夕遂至不输，而章小梅负焉。乃复吸嗜好，俟天明而与章小梅茶叙焉。

十八日戊寅　天阴。晨与小梅在肆，晤朱霭春诸人，遂入酒肆饮酒。吴沁莲及魏老亦与之偕，复过仁隆，至德馨两次，再过西，晤传筠、佩衡，招余入馆盛馔而饮。及饭，余雪生亦与之偕。既至家而复入南水门，而途遇鲁氏、俞氏也。以昨宵之不返而门不闭，同居者殊多口实。八儿殊不肯读，日挞无益，室人交谪不置。晚至茶肆，与雪庄、小梅诸人啜茗，而全二亦与焉，即偕全二入室吸嗜好，而阙氏亦与焉。复入汪独隆室观博，而与沈直斋吸嗜好久之，及更而返。门闭，扣之不启，俟之久，复扣之，仍不启，转叩南宅时氏之门，有妇人应声，知我弟已赴赵泾矣。余返，再叩己宅之门，仍不启。乃逡巡道路，不知所从。拟往独隆家借宿，即过金大，偕之入馆，饮酒而面。复遇小梅于肆而饮酒焉。更有宵人欲余博，余辞之。复造烟室畅吸，时方二鼓，复偕金大过己之门，至岳庙前烟室宿焉。天明至长春茶肆啜茗，晤吉甫、伯贞、若川及明新园、龚渭、周桂亭。赵咏琴、朱来同。

十九日己卯 天晴。昨宵叩门时，诸女均待诸室，同居者不能接应，故门不得启。邻人闻之而笑，以连宵不归，室人交谪不置。轮秋家拜喜忏，余至其家，知我弟昨已到过，以有微疾至乡。余既返，遇厚本于肆，余心恧然。至家知三儿仍要延子明治诊，余访子明不值，再入肆啜茗，晤筠庄及全二诸人。地滑甚，余不能行步，狼狈过桥，恒惴惴焉。昨宵二鼓时，方至家而跌于道，遂跃而起。今夕行路，尤觉其艰。

二十日庚辰 天阴而风甚。将晚入肆啜茗，晤小梅、齐延、印心及诸群小，亦晤小斋于途，既至子明家而返。日暮复至子明家，偕之至木号，与三儿及子良治诊。风大作，兼之小雨不绝，子明殊艰于步。返造烟室吸嗜好，晤张三。既送子明至家，乃造汤团之铺，复入茶肆，与小梅、齐延、印心及诸宵小啜茗，而荡妇亦与焉。再造烟室，晤康甫，论及新溪事。及更而返，门已闭，叩之而入。今日在号，接着瑚儿与三儿之信，余阅之为之三叹。

二十一日辛巳 天晴，候在麋角解。晚即起风而阴。余未起时，吴沁莲使绍荣来招余，余却之。及夕祭祀毕，酒后仍课读，及更而出外，皮寒懔懔，犹未返也。余自上月初十日夜半，以饮食不谨，顿起霍乱，腹疼甚，殊不可耐，旋服药而愈。至于今四十余日，尚未复原。数日间又日夜受霜露，夜半尝在外，犹或通宵不睡，受尽风露。而又损名耗财，兼之群债逼迫，而更有宵小之求我者，余实妙手空空，所谋皆左，惟切切于心，忧从中来，室人又深交谪，余实无以自堪。故尝终夜不归，将寻死路，而病遂于是乎伏矣。甫入烟室，时已更余，既吸而复偕金大啜茗。久之而印心至，再造顾五烟室畅吸。言及博事，即有宵小之窥我者。并晤章小梅，言及昨夕何二事，更深而返。风侵入骨，因之着寒。自掩十道门，暗想己之茫茫，急己急人，日夜用心，而皆无效。惟日费其茶酒烟资，而要皆无益于事，而宵小之待泽者，引领久之。噫，时至今日，余以己之急且诿之而不顾，而独为人谋，岂知人谋己谋，均如不谋，而惟是中心惴惴，身有不能自主，而室人之谪日不能已。呜呼，苦矣！睡之至中夜，气急而多梦。自想冬至令节，吕宋开彩，适逢其会，余垂涎久矣。自癸酉年以来，尝有志于此，而卒未逮。至壬午始购全张，其后常办条角，从未着得。癸未、甲申、乙酉、丙戌之间，逢冬至，亦以必得为望，而岂知亦成虚愿。今又届冬至，予日望之，而竟一条犹不能购。俟至今日，始绝望也。梦多均不及记。将曙腹痛甚，较前此稍逊，然已不可耐矣。不得已，起而泻，所泻均如水。久之而起，强而至于床，人已惫甚矣。正值霜侵时候，有此一举，而疾愈增。

二十二日壬午 天晴而霜，交冬至节。日中而起，饮糖汤。强行至周姑母家，途间仍有小人之俟余者。自周宅返，欲避萧氏而南行，而适逢钟氏。立谈之际，心殊恧然。归而饮神曲及粥，复泻，仍如水。今日仍遇厚本于途。少川夫人忽因气逆而咯血，即延子明治诊，而发信至杭。

二十三日癸未 天晴。余至清粮局返，与全二啜茗。遇吴佩衡招之入肆，复与之吸嗜好，再偕之入馆畅饮而烹鲜焉。再入茶肆而返。西邻卜氏，忽起哭声，谅有丧事也。及暮复入肆，与吴佩衡诸人啜茗而返。

二十四日甲申 天晴而风。日中新溪俞蕴甫至，以《玉章记》付余，本余所托也。记后系之以铭，云是高淡人之意也。余偕蕴甫至西河滩，造陆氏之室，晤庭舫诸人，返遇钱俊山，蕴甫遂行。八儿殊不肯读，薄责之而如故。室人不能耐，挞之甚，仍如故，以书废地。余复挞之甚，已不能胜其疼矣。余甚悔之。及暮至品泉，久之而延宾至，既而笑山亦至，所谈均不急之务，明晨广陈地保事仍无补。噫，余于此事，虑之久矣。日夜忧虑，而卒无益。既而新溪王吉斋诸人至，未几晓华诸人亦至，其后松四相及梅酉溪诸人至，而高氏父子亦至焉。余以所谋不遂，仓猝就道，至西山门而同人已往矣。唯见章小梅诸人，返拟入成隆而不果。观茶肆之有争论者，晤酒客康甫，更偕和卿入室吸烟，复入酒肆独酌，晤沈韵兰而返。忧心如醉，终夜不能寐。

二十五日己酉 天晴而霜甚浓。日中备送卜宅之礼，过成隆，知仁甫已往西郭外种树矣。余以广陈地保将至，匆促朝东。遇畹生于装池之铺，谈伯仁事，而畹犹视若茫然也。言毕，余即访伯仁，不晤，复遇畹于途。余复剀切言之，喻以利害，畹始招余入茶肆，明言其细，而并言莲君之本欲与我也。既返而遇轮秋，又急催吴氏事也。至家方悉催科之至，而催科者果至矣。室人犹疑佃户之或至，而岂知是催科者。无何而广陈地保至矣。对之，殊甚恧然。再约一卯而其人始去，今午始付住址于黄福寿家。及晚，晓华至，取舒华之庚，去付陆氏。即偕之入酒肆，与康甫畅饮，久之而散。余复偕康甫入烟室畅吸，而遇全二，未几群小毕集，余及印心竟与之博而稍逊焉。二鼓而归，门几不启，室人交谪不已。今日从魏氏过，魏老及沁莲皆晤而不言。

二十六日丙戌 天晴。候在水泉动。余晏起，闻子明寝疾，三日不食。噫，是以余故也。余前数日偕子明当西风行一二里，子明本畏风，病必由是起也。可若何。今日先妣忌日，祭祀毕而出，以广陈地保三十之约，刻难释于怀，将往东谋之。忽晤章小梅，及全老二，遂止而不果东行。在肆啜茗久之，复与小梅饮酒，及更而返。犹克夜课，想群债之交迫，而复来意外之忧，以八儿之失学，而日遭室人之谪。噫，外而强御谁当，内而顽荆莫敌，身当其境，何以堪之。

二十七日丁亥 天晴。向晚而阴。叶氏以两讣闻至，日暮出而寻成衣者，不晤。即晤三儿，亦以寻成衣也。既偕全二入烟室，晤康甫诸人，见有富人欠钱粮而执者，人云是诸生。子晦闻之，大为不平。余复偕全二入面馆食面。返复过西寻成衣。见吴佩衡诸人于肆，欲入不果，想三十之约而心惴惴焉。

二十八日戊子 天晴而暖。鸠声忽起。地滑，余出而几跌。以三十之约在即，出而求诸人。向西欲入河阳访同人，不果。遥见沁莲于水涯，疾趋而就，偕之入肆啜茗。而其子、其侄均至焉。复遇钱叔田、沈齐贤、章小梅诸人。全二者仍俟余于肆，复至西山门茶楼，与畹生、仿白、介甫、稚峰、新溪、伯慈啜茗，所谈皆不急之务，而所急者尤切切于心。再至品泉，晤笑山及徐介岩诸人。

二十九日己丑 天晴，暖甚而地仍滑。拙荆泛渔舟至华村，婴儿在室，求乳于人。李氏子两次来寻，言其父待需孔急，乞施涓滴。余不能应，伤哉！日中至号中，使三儿至家。地滑甚，踉跄而行。始遇文波，返遇陆子荣。明日广陈地保之约，势诚岌岌。余唯汲汲以图，殊无见效，门路俱绝，而求无路之路，岂不难乎。晚至轮秋家，轮已他出。更至一处，亦以人所间而不果。噫，日复一日，所约之期已至。我何以对斯人耶。至暮而雨，地滑。余足本不能行，坐叹穷庐，心殊惴惴焉。至晚强步向东，有齐贤诸人招余，余不顾。即至治后，与笑山商酌，均不如愿。唯知春塘将迁，而所弃鸡圩，得价颇厚。天方雨，坐谈久之而返。与印心、章小梅诸人啜茗而返。为明日广陈地保之迫，意欲再商诸人。将入其事，人或间之，遂止。而心愈急矣。至家知室人已归，所得仅一元，以乡人窘甚，故不忍逼，怅怅而返。尽一日之长，抛婴儿而不哺，轻舟乘风，冒兹险浪，亦良苦矣。且取此贫病困厄之乡人，无异夺饿者之食。然此时余家尤饿甚矣。不谓余性难改，目下仍有所费，不知来处不易，或赊或借，所积甚巨，而岂知此一元之得，室人冒险而行，乡人竭力以措，而无以供我一日之用也。呜呼，忍矣。

三十日庚寅 天雨甚，仍热甚而雨，至夜不绝。夜半雨甚，余终夜不寐，听雨声而心愈急。晨方假寐，动辄惊心。日中以广城人之将至，窘极。或求诸人，尚未克遂。及暮，出而将偕全二入烟室，忽遇卓叔于茶肆，因入而啜茗焉，晤齐贤、小梅、枚伯诸人。遂入烟室，晤印心，而言及金大事，卓叔言抵款之事也。

以上仲冬月记。

十二月初一日辛卯 天晴，候在雁北乡。晚至茶肆啜茗而剃，遇伯贞、叔田、枚伯、小梅、齐贤诸人，而金大亦至。返而见全二俟诸肆。既返顿邸，以顾五房金不归而责有烦言。连日暖甚，今日虽有风而仍暖。及暮，天阴而风冷，而雪象始见。晚至茶肆，晤卓叔及我弟，啜茗久之。复入酒肆畅饮。再入小食之铺。遂入烟室，时已二更，以沈直斋之说合而同棋焉。始而稍负，嗣因印心之力，转败为胜。时已半夜，余以风帽借小梅，冒风而归，小女俟之已久，因寒而战。室人交谪已甚，余自悔不已，自不知其为何也。

初二日壬辰 天阴。余晏起，入肆与吴佩衡、张伯贞诸人啜茗。再入烟室，知昨夜小梅固败，竟至二负有奇。余闻之骇甚，遂写票送余氏之礼，并买鱼而返。邵妪来乞年庚，顿邸今日纳婢，余氏迭次来邀吃喜酒，余未赴。彼见而招之不已。晚至轮秋家，所商仍不遂。及暮至肆，与章小梅等七人啜茗，即遇卓叔于途，踵而及之，遂至烟室畅吸而托其事。余复至品泉，与笑山啜茗久之，买橘而返。接我弟一纸，由徐氏达。时近二鼓，犹至烟室，返而观余氏之婚。夜半而睡。

初三日癸巳 天阴而风。因祭祀，出而买肉。遇吴佩衡，啜茗久之，归而室人交谪深之。天将欲雪，诸事未已，心切系之。以啜茗故，而买物绌其资，复出而谋数文。入烟室，晤康甫、印心、文英、萃庭。与养真之事，康言及之。天方雨，余过鱼桶，以昨日之约未践，心殊恧然。归而祭祀。方在途，晤朱生和。将返时，晤小梅、齐贤招余，余不顾。卓叔之约，恐有未就，奈何窘极。及暮，欲雪之势愈甚，余出遇全二于途。既入肆，即晤卓叔于酒肆，乃趋而就。而茶肆中齐贤、小梅诸人皆骇。既晤卓叔，而复转家，复出至肆，与卓叔啜茗。见我弟在途，朱氏、曾氏、钱氏、钟氏、叶氏、章氏均在肆。高氏者，余见之而念李氏焉。黄氏者，以逆案而官要其人，而人已逸，其兄亦在肆。纷纷议论。唯张秀山在肆，实有难色。未几赵咏琴、钱萃庭、张庸甫偕一富人至，而言葛坚山事。余不识其富人为何如人。既而印心至，言富人系葛坚山亲戚，将欲与坚山同置住屋者也。余闻之而益信坚山固有迁居之议。余入烟室，偕文英畅吸，复偕印心饮酒而面，更买物赐诸诸人。复偕印心入室畅吸，遇朱五，余因言周氏屋事。云史与静园至，余与静园复入肆，言陆氏买屋事。既返，廉生言清卿事，知我弟亦言时氏事也。

初四日甲午 天阴而风，细雨不绝。余至南水门，返遇伯仁于途。既偕文卿啜茗，晤朗仙、云史、书华诸人，见朗仙之儿四五岁。归而顿邱以顾五房金事而有言，后复以所挑之烟甚次，所付之房金亦次，即以烟膏及烟，欲余持去付还。余忍而取之以行，即晤康甫，及齐贤诸人于肆，余亦入而饮酒焉。即入烟室畅吸，而晤文英。烟已，复偕小梅、齐贤入酒肆，遇和卿而畅饮焉。既而入汪氏室，吸烟而登楼博焉。余心欲转家而身弗能从，更愈深而心愈危，欲已不已，竟至通宵犹未已也。而所与之人，且多不类。天明犹数局，乃至茶肆，晤我弟也，言及时氏事。至家知四女、五女、六女守至天将曙而睡，受风寒而疾至。女皆饮泣，而荆人交谪殊不可当。

初五日乙未 天阴，风吹寒甚，细雨不绝。日中方虑广陈地保之将至，而李登不堪之恶佃妇即至矣，非特不输租而反来，不堪其扰。未几而广陈地保至，直达余室。余窘极，不知所从，乃出外谋之，不果。过成隆，欲入而不入，向西而行，无所筹画。转而再约之，而地保不可。势不能已，遂至成隆商之，强而后可，乃至肆付与地保。时厚本亦在肆，余遂与之啜茗焉。既而沈介安及云翔均至，而更遇徐氏者。及暮，至酒肆，引觞自酌，遇吴成斋，而言及广陈地保，王秋和者、于小莱诸人亦至,久之而我弟亦至。归而造徐氏之室,叶氏二代问吊,备礼送之。

初六日丙申 天晴而风,候在鹊始巢。昨以恶佃妇之来扰,骂不绝口,邻人皆笑,余以他事方扰,置而不问。今日室人因是而已交谪不置,余实无以堪。顿邱以顾五房金而有言,室人因之复深交谪。以买柴之故,亦多言语。纷纭之际,而徐文波至,以求笑山事也。日暮阴甚而寒,余至品泉,与伯溥、贤宾、莱畦啜茗。既而笑山亦至,言及初八日事,若有未遂者。乃入烟室畅吸,复入酒肆饮,晤于小莱。既而与朱老虎吸嗜好。久之,而与印心及诸宵小博,负焉。二鼓后归,小女已待之久矣。

初七日丁酉 天晴。晨出买物而返。方课读,八儿顽甚,遂挞之。晚愈阴而朱生和至,偕之入肆,遇卓叔诸人,复入肆,而康甫、小梅、齐延至,畅饮久之,极醉而返。买饽饽局物,即入室畅吸嗜好。久之而印心诸人至,侧山之郎亦至焉。二鼓而返,交谪难堪。今夕闻全二言陆伯壎事。

初八日戊戌 天晴。以事迫之故,不能坐定,踉跄至署中。返与小梅啜茗,晤贞吉之郎。既而群小毕至。返望成隆之后,以今日之不践约,而心殊恧然。及暮,沁莲至,而不识气之荆人交谪不置。晚至茶肆,晤佩衡、愚卿,与之入酒肆畅饮。而沁莲至,复入烟室畅吸,至饽饽局买物,再入酒肆,与傅筠等七人饮酒久之。

初九日己亥 天晴。日中至肆,与胡新园啜茗,而遇何伟卿及俞福清之伙,沈蔚如亦在。余复偕新园入酒肆畅饮而饭,又招邵子君入肆焉。返而接着田氏之信,蒙廉叔发之也。日暮三儿至,出瑚儿近日一函,所言殊属不伦。余遂出,晤厚本于肆,谈治后事。复至一肆,与小梅、齐贤、萃庭、康甫、秋亭啜茗,而子美、筠庄、介生及赵氏诸人亦与焉。方言山长徐管侯病厄,即有人言已没世矣。沈韵兰之病危,人皆言之。余思数日前在酒肆,韵兰自言潦倒之甚,并言余亦潦倒,闻之窃有感,而复自嗟也。及数日不见,余因疑韵兰之病也,既而人皆言其不起。茶已，余偕小梅入酒肆，和卿与余九相亦至，徐伴梅、张小斋、冯朗君及徐氏子亦在焉。余复偕朗君、小斋入烟室畅吸，而康甫、印心均至。余使全二送徐氏之信，又与朗君言吴氏子事，而攀亲之说亦与焉。及更而返，中途闻哭泣声，是在韵兰家也。山长出阙，余告廉叔，廉即发信新仓，为其师谋山长也。

初十日庚子 天晴。日中恐广陈地保来逼，出而避之。乃至河阳博焉。始胜，仍稍负。既返而室人交谪不置。出而与小梅、筠庄啜茗，遂入酒家畅饮，而遇康甫焉，既而兰修诸人至，咏吟诸人亦在焉，差役黄梅生亦在。酒已，偕康甫入烟室畅吸，而沈希贤及全二均至。有宵小仍有求于我，而我不与焉。

十一日辛丑 天晴。候在雉始鸲。晨出买肉。晤胡新园、何伟卿于茶肆。日中问字廉叔、沈生。四官顽甚，挞之，自去矣。余过东，遇小梅于肆，招余，余却之。即至品泉，与伯溥、延宾、兰畦、笑山啜茗。笑山言昨日清卿接着田氏一函，并余所致田氏之函，大为不然。遂发复函致辨，而又遍告同人。噫，亦甚矣。此事惟天可表。少川夫人今日又咯血，病势有增。夜课毕后，犹至廉叔家，乞其作札致田氏，时陆伯埙犹在。余月夜造烟室，久之，而复观群小之博。既而复偕小梅、齐贤入肆饮酒，二鼓而返。接廉叔所作之札，拟明晨付舟人也。廉叔与申华有隙，恐致涉讼。余以清卿之重违我意，亦不能无憾焉。

十二日壬寅 天晴。余晏起，不及寄芦川之信，心殊歉然。日中买柴，借钱不遂，拟典衣。甫食中饭，而仁甫至，亦迫债者也。今日风大作，至晚尤甚。余至东门外寄信，返遇李氏子之迫我者，既返复出，与小梅等六七人啜茗。复入肆饮酒极醉，入馆晤养吾、赞臣，余复入烟室，与印心畅吸。更既深，又入顾氏烟室，归而人又与我滋口实者。

十三日癸卯 天晴。以所谋之不遂，动辄招尤，而加以群债之逼迫，中心摇摇，靡所定止。及晚而出，晤朗君、小斋于途，遂至河阳观博久之，取饼而返。再至茶肆，偕小梅赴酒肆饮，晤和卿、惕三、萃庭、仲渠者，自荆州来，其妄如故，性之也。

十四日甲辰 天晴。日中徐文波至，以笑山事也。宵尝寝而不寐，今日将曙时，梦在西南城隅老宅。忽而又若在舟夜行，不克抵城，心诚惴惴。忽而又在破大屋中，势将欲倾，余遂出，又涉荆棘中，实艰于行，遇水涯而返。又在一破屋中遇一人，余告之故，且言欲至平湖。其人抱孩在手，置孩于灶上，因命驾舟送余。余见其孩跃起，将以手捧之，而遂觉。及旦自思，恐非吉兆。及晚无聊，独行至署中，返遇于泾杨冠英，立谈少顷，返而入烟室畅吸，并晤卓叔。返至饽饽局，及德馨，途遇小梅及宾鸿等四人。返家，及更复出，与小梅等七人啜茗。

十五日乙巳 天晴。日中避卯，遂至河阳博焉。始而大胜，既而负焉，终犹小胜。取一枚返，与佩衡等入酒肆畅饮，遇伯承诸人。既至家，犹恐广城地保之见迫，入门复出，竟至烟室。小梅、印心俱在，群小因之而萃焉。余竟不察，强与之博。观者甚众，竟负焉。悔之何及。半夜乃返，小女尚俟诸室，不禁欲泣，言地保之来已不数次，学生竟游于街，至夕而返。室人闻余归，交谪之声惊起邻家，而仍不已。余空腹，达旦不寐，方曙而起，而地保顶门至矣，余固知之矣。

十六日丙午 天阴。余晨起而地保至，偕之入茶肆，而我弟亦在。有郑姓者，代余缓约，而地保返。既而介安至，我弟因言相者知我弟明年有难，故诸事不想，□朝不及夕，苦我家耳。虽然命运如此，尚何言哉。噫，我弟之言，何其伤哉。今日候在鸡始乳，天方欲雪，诸事不及，中心摇摇，昼夜不舍。日中至河阳，观博久之，思及学生之在家待教，心实不安。故既入局，实有所馁，而卒负焉。又昨夜与宵小博，佩衡知之，乃诮之曰："昨日一洋已去之矣。"余昨日果取河汤一元也。噫，余本深恨昨宵之事，而复愧今日之触空枪，而又被吴佩衡道之，由是愧悔无地，心无所用，竟至大负焉。恧然而出，将过汤氏之门，不敢行而返。由治后行，心又悚然。遂至笑山家，所商仍不遂。偕至肆中，与徐介岩啜茗而返，仍入烟室，与印心诸人吸嗜好。言及昨宵之博，印心犹代为之悔也。又知余今日必负，余言之果然。群小听之，亦为余惜。既复偕小梅饮酒而返，时已二鼓，犹至廉叔家，晤谈至半夜。小女又俟之而泣，其景象如此，言之恻然。

十七日丁未 天晴。日中过东一次，朱生和以农糠至。及晚出而访朱生和，不晤，乃入佑圣宫，返而途遇朱生和，然遇仍如不遇也。及暮出门，遇顾五使以雄鸡糯米至。余方入肆，遇筠庄、小梅，久之而萃庭至。萃始得一郎，人皆贺之。既偕入酒肆畅饮，萃欲以其子与余幼子结为兄弟，以余子小名雍熙，乃名其子曰宝熙，字鸣盛。并欲余取寄名。余拟之曰时和，在座有康甫、小梅，亲见其议，襁褓中结为兄弟，亦竟见之事。复入烟室畅吸嗜好，及更犹叙茶而返。

十八日戊申 天晴。余未起而新溪张氏至，并备金及礼物，遂以其弟行。余送出门外，既复过东，仍晤及其兄弟。既返，与卓叔茶叙，而晤印心诸人。既偕卓叔过东吸嗜好。欲晤协卿，而反晤小泉及老备，知恂如家有赌。复晤杏山而返。入馆叙酒面，再入茶肆晤小梅诸人。卓叔先返。余方剃而钱萃庭至，偕之入室畅吸嗜好，而康甫至，既而复入酒馆畅叙。而小梅、康甫及王氏子均至。时已及更，复偕康甫入烟室吸嗜好，河汤未了，心殊愧悔。今日仍□其子，二鼓而返，室人交〔谪〕，殊弗能堪。

十九日己酉 天晴。以顿邱易婢事，室人与之有隙。日中出遇印心、小□于肆，萃庭至，而偕之入酒肆畅饮。晤江俣庭及金氏子，返而进城门，游施家坟，至吴氏之室而返，与小梅啜茗久之，而萃庭至，入馆饮酒而粥，再造烟室畅吸，仍啜茗而返。日夜所为，如是而已。

二十日庚戌 天晴。日中入肆晤小梅及武举顾盛福，盛福恂恂儒雅，甚是可人。既偕小梅往东，晤恂如于肆，遂游于典，而出东门也。始至南廊下，晤曾氏，亦过北廊下，遇黄某，又从庙街游，入周新畲室。既而入馆叙酒面，遇袁凤于途，以痔发，猝入烟室畅吸。晤潘氏、余氏、沈氏，再入顾氏烟室，又至汪氏烟室畅吸，而遇齐贤、康甫，既而萃庭亦至。宵小招余，余却之。再偕康甫食粥焉，返而更已深，自不知其所为为奚若也。

二十一日辛亥 天晴，候在征鸟厉疾。日中入肆，与小梅、齐贤、印心诸人啜茗，遇仲毓于途，既而晤卓叔而造烟室畅吸，遇赵咏琴、陈景亭、潘二弟、唐寅卿等，复入肆与丽川、兰修啜茗，而萃庭、筠庄至。日既夕，至西山门茶楼，遇畹生于途，返遇朱生和，入汤团店而返。

二十二日壬子 天晴。余晏起，赴东门而返。晚与厚本诸人啜茗，即偕其岳沈伯墉入吴宅阅字，以痔发，入烟室吸嗜好。久之，晤蒋老德诸人，既而又晤厚本，复偕小梅寻沁莲。既晤而小梅行，乃与沁莲啜茗谈心，及更而返。

二十三日癸丑 天晴。晏起啜茗，晤兰修、齐贤、康甫而返。店账连至，室人交谪不置，所□无着，奈何。晚至茶肆，与高协亭啜茗而谈玉泉事，既偕小梅，复至肆啜茗，晤丽川诸人，论及吴某事，小梅深为不平。又厚本访余于肆，问及前项，我心蕴结。又偕小梅入烟室畅吸，遂至治后与笑山晤谈久之，出至品泉啜茗。所谈均未遂意，心窃忧之，及更而返，行弗能正履也。

二十四日甲寅 天晴。余以群债之逼，而复加以账项并起，终夜不寐。晏起，东过出城，晤金波于途，即至新畲家，新畲烹鲜酌余，既又加程光第啜茗。知陈九相已去世，而遗腹生雄。余返而玉泉之郎相逼于道，既而胡仲渠亦然。以痔发，造烟室畅吸，复至品泉，与笑山茶叙，归而送灶。

二十五日乙卯 天晴。余晏起，入肆与印心、齐贤、卓叔啜茗，既返复出，从南湖头游，遇蒋氏赞臣，言及养真田事，余遂至伯溥家商之，并及清卿事，因晤朱霭春诸人。既而沁莲亦至，言及厚本事，余辞伯溥而行，腹肌甚，欲食乏资，仓皇入沈锦园家，所商养真事，仍不遂。途遇文英，借钱入馆上饭，途遇宾秋之郎，遂至宾鸿家，所商养真事，仍不遂。入陈升华家，所谋亦然无效。欲晤徐莱山，亦不果，乃由施家坟避河阳也。行，出西门，访及赞臣，约明晨再议。又至茶肆，晤小梅、晓帆诸人，更晤卓叔于烟室。又入品泉访笑山不晤，踉跄至治后，仍不晤。地滑，黑暗夜行，殊不能堪。途遇小梅、拟入太场，亡资不果。再入烟室，与印心、晓帆畅吸嗜好。归而与钱竹筠、徐廉生晤谈至二鼓。

二十六日丙辰 天阴仍暖，候在水入腹坚。余未起，室人已交谪不已。知昨日广陈黄秋和又至也。日中细雨初放，鸠声四起。日中蒋赞臣至，以养真之事也。余出而晤卢柳溪，知河阳竟待余于肆。余闻之失色，遂知升华有能为办养真事，至其家，而我弟及华村曹万珍俱在。万珍论顾氏买田事，余遂至伯溥家，伯以洋托余送玉泉。余又至锦园家，欲入而又止，中心摇摇，徘徊道路，腹饥入馆食面。既而造烟室畅吸。晤康甫诸人，入肆啜茗，遇文英及悍齐之郎，伯贞告我厚本寻余，余闻之失色，既而厚本果偕人至而迫债焉。余窘甚，自咎不已。既而偕小梅至品泉啜茗，遇笑山、延宾，复偕小梅入酒肆饮，返而天雨。趁徐介岩之灯，入陈升华之室，知所托之事已弗及也，怅然而返。入烟室畅吸，仍遇廉甫诸人，及更而返，雨犹未已也。

二十七日丁巳 天晴。日中郑氏来迫，余出而约之以明日。遂出门还陆氏、卢氏、唐氏之账。仓猝至汤家浜，遇王良卿于途。将欲至周宅，甫上城门桥而复返。无聊之甚，入肆啜茗。遥遇伯康父子，又见良卿在徐氏之室，冀其出而余偕之入其室，见冯子湘也。未几良卿果返，余乃偕之入室，晤子湘，所谈均不遂，怅然而返。将至周宅，甫过桥，而钱萃庭至，约余城外啜茗。余至周氏之宅，不入而返。出东城门，南行仍至水洞口，欲进不敢，恍若曾梦及此。地实滑甚，欲跌者屡矣。再至白地上，入馆食面。进城至周宅，仍不敢入。回首见竹生于途，恧然而言其事，竹果允之。返遇萃庭，入烟室而吸，再入酒肆饮。遂至钱宅，伯溥以两枚借余，晤谈已久。即入肆俟竹生，久之未晤。再至品泉，与笑山啜茗久之，晤小梅于途，并晤清卿于途。既偕小梅入茂林馆饮酒，晤孙偶石。既而入烟室吸，解衣衣小梅，并以伯溥所借之资，托彼生财也。返而与廉叔晤谈及更，知赞臣已数次访余也。怅图事之不谐，而心实懔然也矣。

二十八日戊午 天晴。清晨，吴蓉蹊至，以功圩事也。余即至赞臣家，偕之入肆啜茗，转至升华家。既返，知李氏子已来寻余矣。未几，申华至，而赞臣又偕养真至，晤谈久之。遂入烟室畅吸，晤周远山、章小梅。既而入馆食面，入升华家不晤，乃俟诸肆久之。余复入笑山家，取二圩一纸，仍入茶肆，俟之又久。而升华至，言事不谐，窘甚。赞臣即至南地求人，余入北段求人。余将至宾鸿家，忽念蓉蹊，乃至锦园家，不晤，遂至蓉蹊家，所商仍不遂。更造钱氏之室，晤伯溥诸人，接着昨日竹生所寄一函。及夕，访宾鸿不晤，其侄云在鹤云楼。余仓皇返，黑暗行荒址，屡迷于道。闻犬吠，始入治后，至鹤云楼，宾鸿仍不晤，怅怅而返。途遇沈迪新，偕之入烟室吸嗜好，见王晓帆之被讼而将执者。复偕迪新入汤团店，复访陈升华，叩门不启，强之而始纳，所商均不遂，怅然而返。入酒肆，复遇王晓帆，及更而返，知赞臣又屡次访余矣。甫欲酬神，叩门之声甚急，启之，乃赞臣使人以信至。余遂至养真家，晤谈久之，仍约之以明日更求诸人。养真极力相托，然余亦无能为力也。再造蒋氏之室，叩门不启，中心摇摇，莫能自主。在傍晚时候，亦造厚本之室，不晤，唯晤秀山。既入肆，厚本果俟余于肆，余不能还债，反有所商，厚本约之以明日。余与子明介安，议养真事，恐难就也，心殊歉然。而所托小梅之事，亦未见效。

二十九日己未 天雨。昨宵和衣而睡，闻雨声而起，立于床下，怅谋事之不成，而心殊惴惴。以养真事拟晨访宾鸿。平明惊起，至肆啜茗，情急而气惛，俯仰如失所倚。晤顾五诸人，天雨，借伞而行，至宾鸿家，商之不允。约即午再筹，返而知玉泉之郎已俟诸肆。余出而再约之以明日。遂造蒋氏之室，晤养真赞臣议其事。余遂至蓉蹊家，不晤。入鹤云楼，俟宾鸿也。俟之又久，不晤，唯晤可群、□甫、琴余诸人。收账者纷纷在途，见之益急。既而小梅至，问余博之可否，余□其自主。未几赞臣偕养真至，登楼相叙，因宾鸿之不至而急甚，乃谋浅就。余访少岩不果，再至升华家，升已他出。再上鹤云楼，与养真、赞臣踌躇再肆，念切而情愈急，瞻顾彷徨，束手无策。再至升华家，知宾鸿亦既回绝，余尽失所望，怅然在道。日既中，犹未食也，冒雨而行，跋涉行潦，鞋袜尽湿，屡换屡湿。再至蓉蹊家，不晤。复至锦园家，商之不允。亦晤蓉蹊，蓉亦辞以无术。再走入南地，遇微村于途，言方氏可商。余遂至方宅，至门而卒不入。再向北行，将谋诸吉甫，途遇朴如，言戈氏亦不可商。又遇口福田，言有处可商。余返见养真，尚俟于天泉茶肆。余方祭祀而福田至，言计春园已允矣。余喜及〔极〕，而亦尚有疑，遂造养真家，偕赞臣出，疾趋至肆。余复入酒肆，使福田至计宅言定，复入肆招赞臣入酒肆。甫至茶肆，而厚本已俟余于肆，言余所商之款，已克勉就。至是而已口事始有头绪。既而与赞臣入酒肆饮，遇康甫、萃庭诸人，及福田至，言春园已他往矣，今夕恐不及。